“十四五”国家重点出版物出版规划项目

着力推动高质量发展丛书
主编　张卓元　迟福林

全面推进乡村振兴

宋洪远　主编

Promoting All-round Rural Revitalization

SPM 南方传媒 | 广东经济出版社
·广州·

图书在版编目（CIP）数据

全面推进乡村振兴 / 宋洪远主编．—广州：广东经济出版社，2024. 10（2024. 11 重印）
（着力推动高质量发展丛书）
ISBN 978-7-5454-8963-7

Ⅰ. ①全… Ⅱ. ①宋… Ⅲ. ①农村—社会主义建设—研究—中国 Ⅳ. ① F320.3

中国国家版本馆 CIP 数据核字（2023）第 167149 号

策划编辑：王成刚　周伊凌
责任编辑：陈　潇　刘　燕　许　璐
责任校对：李玉娴　黄思健
责任技编：陆俊帆
封面设计：集力書裝　彭　力

全面推进乡村振兴
QUANMIAN TUIJIN XIANGCUN ZHENXING
出 版 人：刘卫平
出版发行：广东经济出版社（广州市水荫路 11 号 11 ～ 12 楼）
印　　刷：广州市豪威彩色印务有限公司
（广州市增城区宁西街新和南路 4 号一楼 106 房）

开　　本：787 毫米 ×1092 毫米　1/16　　印　　张：22
版　　次：2024 年 10 月第 1 版　　印　　次：2024 年 11 月第 2 次
书　　号：ISBN 978-7-5454-8963-7　　字　　数：380 千字
定　　价：88.00 元

发行电话：（020）87393830
广东经济出版社常年法律顾问：胡志海律师
如发现印装质量问题，请与本社联系，本社负责调换

着力推动高质量发展丛书

编委会

主编

张卓元　迟福林

编委

（按姓氏音序排列）

迟福林　宋洪远　王一鸣　肖金成　张卓元

总　　序

以结构转型推动高质量发展

党的二十大报告提出，“高质量发展是全面建设社会主义现代化国家的首要任务”。面对世界百年未有之大变局，我国作为具有巨大发展潜力的经济大国，实现高质量发展，关键是抓住机遇、应对挑战，通过结构转型充分释放14亿多人潜在的增长动力和发展活力，以结构转型推动高质量发展，以结构转型赢得主动、赢得未来。

以结构性改革释放转型新动力

经济转型的本质，是通过结构调整和制度变革，实现结构再平衡和结构升级。结构转型既是发展问题，也是改革问题。实现高质量发展离不开结构转型。我国经济结构转型具有自身的突出特点：一方面，我国14亿多人口的消费结构正在发生重要变化；另一方面，全球经济格局变化深刻影响我国经济结构转型的外部环境。未来10年左右，我国产业结构、消费结构、科技结构、城乡结构、贸易结构都至少有10～15个百分点的升级空间，蕴藏着高质量发展的巨大潜力。以消费结构为例，预计到2025年，服务型消费占比有望从2021年的44.2%提升到50%左右，带来10万亿元左右的新增消费市场，形成我国高质量发展的重要支撑。在新发展阶段，要稳步推进产业结构、消费结构等方面的转型升级，以结构转型赢得高质量发展的主动。

作为拥有14亿多人口的大国，我国经济结构转型有巨大空间，同时面临的问题非常复杂、任务也非常艰巨。这既有发展不平衡带来的结构性失衡，也有体制性摩擦带来的结构性失衡。解决结构性矛盾与问题，既需要结构性政策调整，更需要结构性改革的突破；既要以稳定经济增长为主要目标推进结构性政策调整，推动形成更具弹性的经济转型政策和社会发展政策，也要推进与结构转型相适应的结构性改革。

从当前情况看，推进结构转型，需要不断破解政策与体制、体制与体制、短期与中长期等方面的结构性矛盾；需要不断化解需求与供给、工业与服务业、经济增长与社会发展等结构性问题。从实践看，结构转型需要稳定并增强发展预期、充分激发市场活力、形成公平竞争的市场环境，这些都直接依赖于结构性改革的突破。从结构转型的具体任务来看，适应产业结构、消费结构转型趋势，要以服务领域为重点，着力打破市场垄断和行政垄断，促进现代服务业与先进制造业深度融合，并实现消费与供给的良性循环；适应科技结构升级趋势，要深化科教体制、人才管理体制改革，完善企业投入基础研发的体制机制，激发科技创新活力，释放科技创新潜力；适应城乡结构转型趋势，要推进公共资源与生产要素双向自由流动的体制改革，加快完善城乡基础设施；等等。

14亿多人口大国的结构转型，既是中国发展的重大机遇，也是世界经济增长的重大利好。作为世界第二大经济体，中国的经济转型升级具有国内国际的双重意义，在推动自身转型发展的同时，也将促进全球经济的复苏和增长，为全球经济转型发展和治理变革注入新活力，促进形成更加稳定、多元、平衡、包容的世界经济格局。

以高水平开放推动结构转型

我国经济发展是在开放条件下取得的，未来实现高质量发展也必须在更加开放的条件下进行。未来几年，我国推进高质量发展，既有结构转型的巨大潜力与空间，也面临着外部环境变化的重大挑战。促进高水平开放与推动经济结构调整密切相关。为应对世界之变、时代之变、历史之变，我们必须把高水平开放与结构转型结合起来，以高水平开放推动经济高质量发展。

稳定经济增长，实现高质量发展，既取决于消费结构、产业结构、城乡结构、能源结构等方面的调整优化，又取决于结构转型与国际市场的融合程度。构建新发展格局是与我国结构转型趋势相适应的中长期发展战略，需要高水平开放与高质量发展的相互促进、国际市场与国内市场的相互融合。为此，要把高水平开放与结构转型结合起来，协同推动高水平开放与强大国内市场建设。例如，以开放创新破解“卡脖子”难题，实现新型工业化的重要突破；以适度扩大优质商品与服务进口满足国内消费需求，促进消费结构升级；等等。

要以高水平开放拓展要素配置空间，提高全要素生产率。从要素流动型开放向制度型开放升级，将给提高资源配置效率带来更大促进作用。一是以主动开放释放超大规模市场潜力，推动内外市场联通、要素资源共享，实现国内循环和国际循环的良性互动。二是以服务贸易为重点建设高水平开放型经济新体制，加快打破服务业领域的市场垄断与行政垄断，推进服务业领域国有资本布局优化和结构调整。三是强化服务贸易自由便利的制度安排。加快制定并实行全国跨境服务贸易负面清单，减少制约要素流动的“边境上”和“边境后”壁垒；以海南自由贸易港等为依托，着力打造服务贸易开放新高地。四是以制度型开放推进制度性变革。例如，要加快深化服务领域资金、人才、数据等要素流动型开放，突出规则、规制、管理、标准等制度建设，在对接国际经贸规则中推动全面深化改革。

我国推动高水平开放，不仅为推进双边、区域、多边自由贸易进程提供了重要动力，也将进一步提升我国参与全球经济治理的影响力和制度性话语权。未来，要主动参与全球治理，塑造我国国际经济合作和竞争新优势。一是务实推进RCEP进程。2021年，我国与RCEP其他成员国贸易额同比增长18.1%，占我国外贸总值的30.9%。未来几年，以RCEP为抓手，与其他成员国合力建设全球最大自由贸易区，是我国推动高水平开放的重中之重。二是以服务贸易和数字贸易为重点积极参与全球经贸规则制定。要积极推动加入《数字经济伙伴关系协定》，加快构建我国数字贸易规则方案，制定数字贸易规则设计工作计划、实现路径和时间表，建立统筹协调机制，推动各规则模块有序构建。三是在广泛协商、凝聚共识基础上改革和完善全球经济治理体系，推动经济全球化朝着更加开放、包容、普惠、平衡、共赢的方向发展。

党的二十大报告对推动高质量发展进行了战略谋划和战略部署，指出了推动高质量发展重要的五个着力点：构建高水平社会主义市场经济体制，建设现代化产业体系，全面推进乡村振兴，促进区域协调发展，推进高水平对外开放。这五个方面，是未来高质量发展的重心，为高质量发展指明了方向，为实现中国式现代化奠定了坚实基础。基于对党的二十大对推动高质量发展作出战略部署的学习、理解和研究，中国（海南）改革发展研究院与广东经济出版社联合策划组织出版这套“着力推动高质量发展丛书”。我们希望，这套丛书能对加快构建新发展格局、着力推动高质量发展进行开创性的探索和实践总结，推动我国经济社会发展焕发新活力，以高质量发展全面推进中国式现代化。

这套丛书的作者大多是相关领域的知名专家学者。张卓元、王一鸣、宋洪远、肖金成等在百忙之中参与了丛书的撰写工作。我对为丛书出版付出艰辛努力的各位作者表示感谢，对为丛书出版给予大力支持的广东经济出版社表示感谢！

迟福林

2023年10月

前　言

实施乡村振兴战略，是党的十九大作出的重大决策部署，是决胜全面建成小康社会、全面建设社会主义现代化国家的重大历史任务，是新时代做好“三农”工作的总抓手。党的十九大以来，实施乡村振兴战略，加快农业农村现代化，推动“三农”工作取得历史性成就、发生历史性变革，为国民经济持续较快发展和社会长期稳定提供了重要支撑。党的二十大报告明确提出：全面推进乡村振兴。坚持农业农村优先发展，坚持城乡融合发展，畅通城乡要素流动。加快建设农业强国，扎实推动乡村产业、人才、文化、生态、组织振兴。对当前和今后一个时期的“三农”工作作出了重要部署和安排，为加快建设农业强国、全面推进乡村振兴提供了根本遵循和行动指南。

本书紧扣全面推进乡村振兴这一主题，以保障粮食和重要农产品供给安全和促进农民收入增加为根本要求，以推动乡村产业振兴、人才振兴、文化振兴、生态振兴、组织振兴为重点任务，以扎实推进乡村建设、全面深化农村改革、促进城乡融合发展为重要举措，系统阐述全面推进乡村振兴的实现路径和主要措施，以期为做好当前和未来一个时期的“三农”工作提供参考借鉴。

在本书研究和写作过程中，我们深入学习了习近平总书记关于“三农”工作的一系列重要论述，系统收集整理了党和政府出台的有关政策文件、规划纲要、法律法规，阅读了大量的有关研究成果。主编与各位作者进行了多次交流与沟通，先后三次修改完善写作提纲，各位作者多次修改充实书稿内容，最后由主编统稿审定。

本书的研究主题、框架结构、主要内容、逻辑思路、编写体例的确定和统稿由宋洪远承担。本书写作的具体分工是，导言由宋洪远、江帆承担，第一章、第二章、第八章由中国农业大学魏佳朔承担，第三章、第四章、第七章由中国农业大学彭洁锞承担，第五章、第六章由中国农业大学郑兆峰承担，第九章、第十章、第十一章由中国农业大学江帆承担。

值此书出版之际，我们要特别感谢本书责任编辑陈潇、刘燕、许璐的辛勤付出！

由于我们的学识有限，书中难免有疏漏和不足之处，希望学界同仁和读者朋友们批评指正。新时代新征程推进强国建设、民族复兴，加快建设农业强国是基础支撑，全面推进乡村振兴是根本途径。作为“三农”研究工作者，我们将继续深入研究，以期为全面推进乡村振兴、加快农业农村现代化贡献我们的智慧和力量。

农业农村部农村经济研究中心原主任
华中农业大学乡村振兴研究院院长
宋洪远
2023年7月1日

目 录

Contents

导言

| 第一节 | 全面推进乡村振兴的重要意义 /2

| 第二节 | 全面推进乡村振兴的目标要求 /5

| 第三节 | 全面推进乡村振兴的实现路径 /9

| 第四节 | 全面推进乡村振兴的主要措施 /13

| 第一章 |

保障粮食和重要农产品供给安全

| 第一节 | 努力实现粮食和重要农产品稳产保供 /23

| 第二节 | 全方位夯实粮食安全根基 /30

| 第三节 | 构建多元化食物供给体系 /39

| 第四节 | 完善农产品市场体制和贸易机制 /46

｜第二章｜

拓展农民增收致富渠道

｜第一节｜　稳定增加经营性收入　/55

｜第二节｜　提高工资性收入　/61

｜第三节｜　逐步增加财产性收入　/68

｜第四节｜　逐步扩大转移性收入　/73

｜第五节｜　提高欠发达地区和低收入群体收入　/75

｜第三章｜

推动乡村产业振兴

｜第一节｜　大力推动农业绿色发展　/80

｜第二节｜　做大做强农产品加工流通业　/89

｜第三节｜　加快发展现代乡村服务业　/97

｜第四节｜　培育乡村新产业新业态　/104

｜第五节｜　培育壮大县域富民产业　/109

｜第四章｜

推动乡村人才振兴

｜第一节｜　加快培养农业生产经营人才　/116

｜第二节｜　培养壮大农村产业发展人才　/120

| 第三节 | 加快培养乡村服务治理人才 /125

| 第四节 | 培养壮大农业农村科技人才 /131

| 第五节 | 健全乡村人才振兴体制机制 /136

| 第五章 |

推动乡村文化振兴

| 第一节 | 弘扬和践行社会主义核心价值观 /142

| 第二节 | 深化拓展农村群众性精神文明创建 /146

| 第三节 | 深入推进农村移风易俗 /149

| 第四节 | 繁荣发展乡村优秀文化 /151

| 第五节 | 发展农村新兴文化业态 /154

| 第六节 | 增加农村公共文化产品和服务供给 /157

| 第六章 |

推动乡村生态振兴

| 第一节 | 加强乡村生态保护与修复 /162

| 第二节 | 推进农村人居环境综合整治 /164

| 第三节 | 推动绿色技术和模式创新 /175

| 第四节 | 健全农村生态文明体制机制 /180

| 第七章 |

推动乡村组织振兴

| 第一节 |　加强农村基层党组织建设　/187

| 第二节 |　推进基层政权治理能力建设　/196

| 第三节 |　健全基层群众自治制度　/200

| 第四节 |　推进基层法治和德治建设　/204

| 第五节 |　加强基层智慧治理能力建设　/210

| 第八章 |

扎实推进乡村建设

| 第一节 |　加强村庄规划建设与管理　/216

| 第二节 |　加强农村基础设施建设　/218

| 第三节 |　加强农村公共服务体系建设　/226

| 第四节 |　强化农村资金投入保障　/231

| 第九章 |

全面深化农村改革

| 第一节 |　深化农村土地制度改革　/238

| 第二节 |　创新农业经营体制机制　/247

| 第三节 |　深化农村集体产权制度改革　/260

| 第四节 |　完善农业支持保护制度　/264

| 第五节 |　扩大农业对外开放　/268

| 第十章 |

促进城乡融合发展

| 第一节 | 健全城乡资源要素合理配置体制机制 /274

| 第二节 | 健全城乡基本公共服务普惠共享体制机制 /276

| 第三节 | 健全城乡基础设施一体化发展体制机制 /279

| 第四节 | 推进以县城为重要载体的城镇化建设 /281

| 第五节 | 推动易地扶贫搬迁集中安置区融入城镇化 /294

| 第十一章 |

强化乡村振兴政治法律保障

| 第一节 | 加强党对乡村振兴的全面领导 /302

| 第二节 | 为乡村振兴提供法治保障 /305

| 第三节 | 强化责任落实，扩大农民参与 /307

参考文献 /322

导　言

党的十八大以来，以习近平同志为核心的党中央坚持把解决好“三农”问题作为全党工作的重中之重。党和政府以习近平总书记关于“三农”工作的重要论述为理论指引，打赢脱贫攻坚战，历史性地解决了绝对贫困问题，全国人民一道迈进全面小康社会。党的十九大以来，实施乡村振兴战略，加快农业农村现代化，推动“三农”工作取得历史性成就、发生历史性变革，为国民经济持续较快发展和社会长期稳定提供了重要支撑。党的二十大报告明确提出：全面推进乡村振兴。坚持农业农村优先发展，坚持城乡融合发展，畅通城乡要素流动。加快建设农业强国，扎实推动乡村产业、人才、文化、生态、组织振兴。对当前和今后一个时期的“三农”工作作出了重要部署和安排，为加快建设农业强国、全面推进乡村振兴提供了根本遵循和行动指南。

▶▶▶

第一节

全面推进乡村振兴的重要意义

全面建设社会主义现代化国家，最艰巨最繁重的任务依然在农村，最大的潜力和后劲依然在农村，最广泛最深厚的基础依然在农村。以中国式现代化全面推进中华民族伟大复兴，解决好发展不平衡不充分问题，重点难点在“三农”，迫切需要补齐农业农村短板弱项，推动城乡协调发展，这是实现中华民族伟大复兴战略全局的重大任务；加快构建以国内大循环为主体、国内国际双循环相互促进的新发展格局，实施扩大内需战略同深化供给侧结构性改革有机结合，潜力后劲在“三农”，迫切需要扩大农村农民的需求，畅通城乡经济循环，这是加快构建新发展格局的重大选择；面对世界百年未有之大变局，应对国内外各种风险挑战，基础支撑在“三农”，迫切需要稳住农业基本盘，守好农村战略后院，这是应对百年未有之大变局的重大举措。从“三个大局”看“三农”，加快建设农业强国、全面推进乡村振兴，是解决我国“三农”发展问题、实现高质量发展的重要路径，是解决人民日益增长的美好生活需要和不平衡不充分的发展之间的矛盾的必然要求，对推进“四化”同步发展、全面建成社会主义现代化强国具有重要意义。

一、农业强国是社会主义现代化强国的根基

农业是基础，基础不牢大厦不稳。无论社会现代化程度有多高，14亿多人口的粮食和重要农产品稳定供给始终是头等大事。满足人民美好生活需要，离不开农业发展。全面建设社会主义现代化国家，出发点和落脚点是让人民群众生活越过越

好。现代化越往前走、物质生活越丰富，人民群众越喜欢山清水秀的田园风光，农业在保障粮食和重要农产品供给之外的生态涵养、休闲观光、文化传承等功能就越能发挥积极作用。农业是近2亿人就业的产业，农村是近5亿农民常住的家园，只有把农业农村搞好了，广大农民安居乐业，他们才有充足的获得感、幸福感、安全感。

从当前的情况看，我国经济发展还面临着来自内部和外部的双重挑战和压力。从国内看，我国正处在转变发展方式、优化经济结构、转换增长动力的关键时期，经济发展面临下行压力；从国际看，贸易保护主义抬头、地缘冲突加剧等，使得经济不稳定性、不确定性日益增加，世界进入动荡变革期。对于中国这样一个拥有14亿多人口的大国而言，化解国内外各类风险挑战，基础支撑在“三农”，“三农”向好，全局主动。加快建设农业强国，确保农业基础稳固、农村和谐稳定、农民安居乐业，是我国应对经济社会发展风险挑战的特殊优势。

二、乡村振兴是实现中华民族伟大复兴的重大任务

我国是农业大国，重农固本是安民之基、治国之要。从我国社会历史发展进程来看，农业、农村、农民问题是贯穿我国现代化建设和实现中华民族伟大复兴进程中的基本问题。习近平总书记指出，我们要坚持用大历史观来看待农业、农村、农民问题，只有深刻理解了“三农”问题，才能更好地理解我们这个党、这个国家、这个民族。我国已经历史性地解决了绝对贫困问题，全面建成了小康社会，实现了第一个百年奋斗目标。新发展阶段“三农”工作依然极端重要，须臾不可放松。要坚持把解决好“三农”问题作为全党工作重中之重，把全面推进乡村振兴作为实现中华民族伟大复兴的一项重大任务，举全党全社会之力全面推进乡村振兴，让广大农民过上更加美好的生活。

三、建设农业强国是构建新发展格局、推动高质量发展的必然要求

习近平总书记指出，构建新发展格局是事关全局的系统性、深层次变革，是立足当前、着眼长远的战略谋划①。构建新发展格局，要以国内大循环为主体，城乡经济循环是国内大循环的重要方面；扩大内需是战略基点，农村市场是我国完整内需体系的重要组成部分。2022年，我国农村常住人口为4.91亿人，占全国总人口的比重为34.8%②。2021年，我国第一产业从业人员为1.71亿人，占全部就业人员数的22.9%③。庞大的农村人口规模和辽阔的农村地域，决定了我国农村存在广阔的市场空间和巨大的消费潜力。全面推进乡村振兴，实现农业强、农村美、农民富，能够释放巨大的消费潜能和创造强劲动能，为畅通国内经济大循环、增强我国经济韧性、促进经济社会发展注入强大动力。

党的十九大报告强调，我国经济已由高速增长阶段转向高质量发展阶段；党的二十大报告提出，高质量发展是全面建设社会主义现代化国家的首要任务。农业的基础性地位，决定了加快建设农业强国对更好实现高质量发展具有重要意义。一方面，建设农业强国要求农业发展由追求规模、速度转向注重质量、效益和竞争力，要求生产方式由依靠传统要素驱动转向强调科技创新和提高劳动者素质，要求产业链由相对单一转向集聚融合发展，这在很大程度上是与高质量发展要求的转方式、调结构、增动能相契合的。另一方面，农业部门能够为其他部门提供生产资料和生活条件，只有加快农业强国建设，推动农业兴、百业旺，确保农产品供给有保障，才能安定人心，进而稳住经济社会发展大局。

---

① 习近平：《新发展阶段贯彻新发展理念必然要求构建新发展格局》，2022年8月31日，http://www.qstheory.cn/dukan/qs/2022-08/31/c_1128960034.htm。

② 国家统计局：《中华人民共和国2022年国民经济和社会发展统计公报》，2023年2月28日，http://www.stats.gov.cn/sj/zxfb/202302/t20230228_1919011.html。

③ 国家统计局编《中国统计年鉴—2022》，中国统计出版社，2022，第112页。

▶▶▶

| 第二节 |

全面推进乡村振兴的目标要求

2018年中央一号文件对实施乡村振兴战略作出了全面部署和战略安排，明确提出了乡村振兴的阶段性目标和任务：到2020年，乡村振兴取得重大进展，制度框架和政策体系基本形成；到2035年，乡村振兴取得决定性进展，农业农村现代化基本实现；到2050年，乡村全面振兴，农业强、农村美、农民富全面实现。习近平总书记强调，要坚持农业农村优先发展，按照产业兴旺、生态宜居、乡风文明、治理有效、生活富裕的总要求，建立健全城乡融合发展体制机制和政策体系，加快推进农业农村现代化[①]。实施乡村振兴战略，是一项推进融生产、生活、生态、文化等多要素于一体的系统工程，要走中国特色乡村振兴道路，让农业成为有奔头的产业，让农民成为有吸引力的职业，让农村成为安居乐业的美丽家园。

一、产业兴旺

发展是第一要务，农业兴、百业旺，乡村才会有活力。乡村振兴，产业兴旺是重点。必须牢牢扭住经济建设这个中心，坚持发展是硬道理、发展是科学发展和高质量发展的战略思想，坚持质量兴农、绿色兴农，以农业供给侧结构性改革为主线，积极转变发展方式、优化经济结构、转换增长动力，加快构建现代农业产业体系、生产体系、经营体系，提高农业创新力、竞争力和全要素生产率，努力实现农

① 习近平：《决胜全面建成小康社会 夺取新时代中国特色社会主义伟大胜利——在中国共产党第十九次全国代表大会上的报告》，《人民日报》2017年10月28日第1版。

业和农村经济更高质量、更有效率、更可持续的发展，加快实现由农业大国向农业强国转变，夯实全面推进乡村振兴的物质基础。

二、生态宜居

乡村振兴，生态宜居是关键。人与自然是生命共同体，建设生态文明是中华民族永续发展的千年大计，良好生态环境是农村最大优势和宝贵财富。习近平总书记指出，推进农业绿色发展是农业发展观的一场深刻革命[①]。党的十九大将坚持人与自然和谐共生作为新时代坚持和发展中国特色社会主义基本方略的重要内容。在新发展理念中绿色发展是重要一环，在三大攻坚战中污染防治是一个重大战役。长期以来，为解决农产品总量不足的问题，我国一直维持着粗放型的农业生产模式，导致农村生态环境的欠账问题较为突出。习近平总书记强调，要保持加强生态文明建设的战略定力，探索以生态优先、绿色发展为导向的高质量发展新路子，加大生态系统保护力度，打好污染防治攻坚战[②]。农业农村的现代化是人与自然和谐共生的现代化，保护好农村的宁静、和谐、美丽，是建设美丽中国的应有之义。必须尊重自然、顺应自然、保护自然，推动乡村自然资本加快增值，实现百姓富、生态美的统一。

三、乡风文明

乡村振兴，乡风文明是保障。建设社会主义现代化强国必然要求建设一个文明强国，建设现代化农村也必然需要建立一个高度文明的农村。乡风文明是整个社会文明的重要组成部分，乡村文化具有独特魅力，中华优秀传统文化的根基就在乡

---

① 习近平：《习近平主持召开中央全面深化改革领导小组第三十七次会议强调 敢于担当善谋实干锐意进取 深入扎实推动地方改革工作 李克强刘云山张高丽出席》，《人民日报》2017年7月20日第1版。

② 谢环驰：《习近平在参加内蒙古代表团审议时强调 保持加强生态文明建设的战略定力 守护好祖国北疆这道亮丽风景线》，《人民日报》2019年3月6日第1版。

村。加强乡风文明建设，不仅是乡村振兴的内在要求，也是社会文明达到新高度、国家软实力显著增强、中华文化影响更加广泛深入的要求。必须坚持物质文明和精神文明一起抓，提升农民精神风貌，培育文明乡风、良好家风、淳朴民风，不断提高乡村社会文明程度。

四、治理有效

乡村振兴，治理有效是基础。党的十九大报告明确提出，要加强农村基层基础工作，健全自治、法治、德治相结合的乡村治理体系。推进乡村治理能力提升，关键是要健全现代乡村治理体系，只有治理体系得到完善，治理能力和治理成效才会体现出来。习近平总书记强调，要以党的领导统揽全局，创新村民自治的有效实现形式，推动社会治理和服务重心向基层下移①。尽可能把资源、服务、管理放到基层，使基层有职有权有物，更好为群众提供精准有效的服务和管理②。必须把夯实基层基础作为固本之策，建立健全党委领导、政府负责、社会协同、公众参与、法治保障的现代乡村社会治理体制，坚持自治、法治、德治相结合，确保乡村社会充满活力、和谐有序。

五、生活富裕

乡村振兴，生活富裕是根本。习近平总书记指出，消除贫困、改善民生、实现共同富裕是社会主义的本质要求③。全面建成社会主义现代化强国，必须坚持以人民为中心的发展思想，不断促进人的全面发展、全体人民共同富裕。实现生活富裕不仅要求促进农民收入持续增加，缩小城乡居民收入差距，而且强调在发展中保障

---

① 汪晓东、李翔、刘书文：《谱写农业农村改革发展新的华彩乐章——习近平总书记关于“三农”工作重要论述综述》，《人民日报》2021年9月23日第1版。

② 习近平：《〈习近平总书记系列重要讲话读本〉七、让老百姓过上好日子——关于改善民生和创新社会治理》，《人民日报》2014年7月10日第8版。

③ 习近平：《在全国脱贫攻坚总结表彰大会上的讲话》，《人民日报》2021年2月26日第2版。

和改善民生，包括教育、就业、基础设施、社会保障等一系列农村公共服务，提高农村居民的生活质量。要充分尊重广大农民意愿，调动广大农民积极性、主动性、创造性，把广大农民对美好生活的向往转化为推动乡村振兴的动力，把维护广大农民根本利益、促进广大农民共同富裕作为出发点和落脚点。要坚持人人尽责、人人享有，按照抓重点、补短板、强弱项的要求，围绕农民群众最关心最直接最现实的利益问题，一件事情接着一件事情办，一年接着一年干，把乡村建设成为幸福美丽新家园。

第三节

全面推进乡村振兴的实现路径

习近平总书记指出，实施乡村振兴战略是一篇大文章[①]，要举全党全社会之力推动乡村振兴[②]。要以习近平总书记关于“三农”工作重要论述为科学指引，坚持走中国特色社会主义乡村振兴道路，科学把握全面推进乡村振兴的基本原则，正确处理全面推进乡村振兴的重要关系，推动农业全面升级、农村全面进步、农民全面发展。

一、走中国特色乡村振兴之路

一是必须重塑城乡关系，走城乡融合发展之路。要坚持以工补农、以城带乡，把公共基础设施建设的重点放在农村，推动农村基础设施建设提档升级，优先发展农村教育事业，促进农村劳动力转移就业和农民增收，加强农村社会保障体系建设，推进健康乡村建设，持续改善农村人居环境，逐步建立健全全民覆盖、普惠共享、城乡一体的基本公共服务体系，让符合条件的农业转移人口在城市落户定居，推动新型工业化、信息化、城镇化、农业现代化同步发展，加快形成工农互促、城

① 姚大伟：《习近平李克强王沪宁赵乐际韩正分别参加全国人大会议一些代表团审议》，《人民日报》2018年3月9日第1版。

② 习近平：《坚持把解决好“三农”问题作为全党工作重中之重 举全党全社会之力推动乡村振兴》，2022年3月31日，http://www.qstheory.cn/dukan/qs/2022-03/31/c_1128515304.htm。

乡互补、全面融合、共同繁荣的新型工农城乡关系。

二是必须巩固和完善农村基本经营制度，走共同富裕之路。要坚持农村土地集体所有，坚持家庭经营基础性地位，坚持稳定土地承包关系，壮大集体经济，建立符合市场经济要求的集体经济运行机制，确保集体资产保值增值，确保农民受益。

三是必须深化农业供给侧结构性改革，走质量兴农之路。坚持质量兴农、绿色兴农，实施质量兴农战略，加快推进农业由增产导向转向提质导向，夯实农业生产能力基础，确保国家粮食安全，构建农村一二三产业融合发展体系，积极培育新型农业经营主体，促进小农户和现代农业发展有机衔接，推进“互联网 + 现代农业”的发展，加快构建现代农业产业体系、生产体系、经营体系，不断提高农业创新力、竞争力和全要素生产率，加快实现由农业大国向农业强国转变。

四是必须坚持人与自然和谐共生，走乡村绿色发展之路。以绿色发展引领生态振兴，统筹山水林田湖草系统治理，加强农村突出环境问题综合治理，建立市场化多元化生态补偿机制，增加农业生态产品和服务供给，实现百姓富、生态美的统一。

五是必须传承发展提升农耕文明，走乡村文化兴盛之路。坚持物质文明和精神文明一起抓，弘扬和践行社会主义核心价值观，加强农村思想道德建设，传承发展农村优秀传统文化，加强农村公共文化建设，开展移风易俗行动，提升农民精神风貌，培育文明乡风、良好家风、淳朴民风，不断提高乡村社会文明程度。

六是必须创新乡村治理体系，走乡村善治之路。建立健全党委领导、政府负责、社会协同、公众参与、法治保障的现代乡村社会治理体制，健全自治、法治、德治相结合的乡村治理体系，加强农村基层基础工作，加强农村基层党组织建设，深化村民自治实践，严肃查处侵犯农民利益的“微腐败”，建设平安乡村，确保乡村社会充满活力、和谐有序。

二、科学把握乡村振兴基本原则

一是坚持党管农村工作。毫不动摇地坚持和加强党对农村工作的领导，健全党管农村工作领导体制机制和党内法规，确保党在农村工作中始终总揽全局、协调各方，为乡村振兴提供坚强有力的政治保障。

二是坚持农业农村优先发展。着眼乡村的全面振兴，坚持农业农村优先发展，抓好各项硬任务的落实，对把我国建成富强民主文明和谐美丽的社会主义现代化强国意义重大。需要把实现乡村振兴作为全党的共同意志、共同行动，做到认识统一、步调一致，在干部配备上优先考虑，在要素配置上优先满足，在资金投入上优先保障，在公共服务上优先安排，加快补齐农业农村短板。

三是坚持农民主体地位。农民主体地位是指让广大农民成为乡村振兴的主体力量，坚持让农民成为乡村振兴实践的参与主体、成果享受主体以及效果评价主体。要充分尊重农民的意愿和经营自主权，切实发挥他们在乡村振兴中的主体作用。切实把维护农民群众的根本利益、促进农民共同富裕作为出发点和落脚点，调动亿万农民的积极性、主动性、创造性，提升农民的获得感、幸福感、安全感。

四是坚持乡村全面振兴。要准确把握乡村振兴的科学内涵，深入挖掘乡村的多种功能和价值，统筹谋划农村经济建设、政治建设、文化建设、社会建设、生态文明建设和党的建设，注重协同性、关联性，整体部署，协调推进。

五是坚持因地制宜，循序渐进。我国幅员辽阔，各乡村经济社会发展水平迥异，要科学把握乡村的差异性和发展走势分化特征，做好顶层设计，注重规划先行、因势利导、分类施策、突出重点，体现特色、丰富多彩。既尽力而为，又量力而行，不搞层层加码，不搞一刀切，不搞形式主义和形象工程，久久为功，扎实推进。

三、正确处理乡村振兴重要关系

一是处理好长期目标和短期目标的关系。立足当前，着眼长远，必须遵循乡村建设规律，坚持科学规划、注重质量、从容建设，聚焦阶段性任务、找准突破口、排出优先度，一件事情接着一件事情办，一年接着一年干。要有足够的历史耐心，切忌贪大求快、刮风搞运动，防止走弯路、翻烧饼。

二是处理好顶层设计和基层探索的关系。当前，党中央已经明确了乡村振兴的顶层设计，立下了推进乡村振兴的四梁八柱。我国幅员辽阔，乡村分散且风格迥异，编制村庄规划不能完全照搬城镇规划，更不能按照一种模式发展。要科学把握不同乡村之间的差异性，因地制宜制定符合乡村实际的乡村振兴方案，打造符合乡村特色的现代版“富春山居图”。要充分发挥广大农民群众的主体作用和首创精神，充分调动他们的积极性、主动性、创造性。要善于发现和总结基层的实践创造，丰富和完善顶层设计。

三是处理好充分发挥市场决定性作用和更好发挥政府作用的关系。乡村振兴是一个具有广阔前景的超级蓝海，为实现乡村振兴目标，既要充分发挥市场的决定性作用，又要更好发挥政府的引导作用，两者缺一不可。一方面，政府不能大包大揽、包办代替，要发挥市场的决定性作用，利用市场汇集资金、人才、技术等资源要素，推动农业全面升级、农村全面进步、农民全面发展。另一方面，政府要优化农村创新创业环境，更好发挥自身在规划引导、政策支持、市场监管、法治保障等方面的积极作用。

四是处理好增强群众获得感和适应发展阶段的关系。中国特色社会主义已经进入新时代，广大农民群众对美好生活有着更好的向往。实现农民群众对美好生活的向往不能脱离实际，要紧紧围绕农民群众最关心、最直接、最现实的利益问题，加快补齐农村发展和民生短板，让亿万农民有更多实实在在的获得感、幸福感、安全感。政府要科学评估财政收支状况、集体经济实力和群众承受能力，合理确定投资规模、筹资渠道、负债水平，合理设定阶段性目标任务和工作重点，坚持尽力而为、量力而行，形成可持续发展的长效机制。

▶▶▶

第四节

全面推进乡村振兴的主要措施

新时代新征程全面推进乡村振兴，要坚持农业农村优先发展，坚持城乡融合发展，以保障粮食和重要农产品供给安全和促进农民增加收入为根本要求，以推动乡村产业振兴、人才振兴、文化振兴、生态振兴、组织振兴为重点任务，以扎实推进乡村建设、全面深化农村改革、促进城乡融合发展为重要举措，突出强弱项、补短板、抓重点、固根基，加快建设农业强国，加快农业农村现代化，为全面建设社会主义现代化国家提供物质基础和战略支撑。

一、保障粮食和重要农产品供给安全

一是努力实现粮食和重要农产品稳产保供。牢牢守住保障国家粮食安全这一底线，全面落实粮食安全党政同责，严格粮食安全责任制考核，稳定粮食播种面积。实施新一轮千亿斤粮食产能提升行动。开展吨粮田创建。推动南方省份发展多熟制粮食生产，鼓励有条件的地方发展再生稻。实施玉米单产提升工程。推动出台粮食安全保障法。通过建设大豆油料高标准生产基地、提升大豆油料生产技术水平、强化大豆油料产业综合开发、加强扩种大豆油料政策支持等方式，加力扩种大豆油料。大力发展现代设施农业，构建现代设施农业建设体系，推进生产作业机械化和设施装备智能化。

二是全方位夯实粮食安全根基。深入实施藏粮于地、藏粮于技战略，合理保障农民种粮收益，健全粮食主产区利益补偿机制。

三是构建多元化食物供给体系。加快构建现代养殖体系，推动渔业高质量发展，促进果菜茶多样化发展，提高农产品质量安全水平。

四是完善农产品市场体制和贸易机制。加强粮食和重要农产品应急保障能力建设，强化粮食和重要农产品储备和购销领域监管，充分发挥农产品国际贸易和农业对外投资作用，推进全链条节约减损。

二、拓展农民增收致富渠道

一是稳定增加经营性收入。发展农业适度规模经营，加快发展农业社会化服务，培育提升农业品牌，深化农产品价格形成机制。

二是提高工资性收入。支持稳定农民工就业岗位，引导农村劳动力有序外出务工，促进农村劳动力就地就近就业创业，强化农民工就业服务保障。

三是逐步增加财产性收入。稳步推进农村承包地“三权分置”改革，稳慎推进农村宅基地制度改革，稳妥有序推进农村集体经营性建设用地入市，稳步发展新型农村集体经济，持续完善农村基础金融服务。

四是逐步扩大转移性收入。整合城乡居民基本养老保险制度，完善城乡居民基本医疗保险制度；进一步健全特困人员救助供养制度，全面建立针对经济困难的高龄、失能老年人的补贴制度；加强城乡各项养老保险制度、医疗保险制度的衔接，畅通参保人员双向流动的制度转换通道。

五是提高欠发达地区和低收入群体收入。强化防止返贫监测帮扶机制落实，确保“三保障”和饮水安全水平巩固提升。健全农村低收入人口和欠发达地区常态化长效化帮扶机制，健全完善农村社会保障制度，加大对乡村振兴重点帮扶县等欠发达地区支持力度。实施贫困村“一村一品”产业推进行动，加大以工代赈投入力度，支持农村中小型公益性基础设施建设，深入实施乡村旅游、林业特色产业、光伏、小水电、电商扶贫工程，强化支持低收入人口增收。

三、推动乡村产业振兴

一是推进农业绿色高质量发展。推进农业全程标准化，稳步提高农产品质量安全水平，大力推进现代农业发展。完善产业结构，打造加工产业集群，支持加工业技术改造，推动农产品加工业稳步提升。

二是推进乡村一二三产业融合发展。以拓展二三产业为重点，延伸产业链条，开发特色化、多样化产品，提升乡村特色产业的附加值，促进农业多环节增效、农民多渠道增收。利用“旅游 +”“生态 +”等模式，发展乡村共享经济、创意农业、特色文化产业，推进农业、林业与旅游、教育、文化、康养等产业深度融合，大力发展休闲农业和乡村旅游产业。提升生产性服务业，拓展生活性服务业，大力发展农村电子商务，推进乡村新型服务业发展。加快培育农村新产业、新业态、新模式，促进农村产业深度融合发展。

四、推动乡村人才振兴

一是加快培养农业生产经营人才。深入实施现代农民培育计划、农村实用人才培养计划，加大高素质农民队伍和农村实用人才培养力度。深入推进家庭农场经营者培养，实施家庭农场主素质提升计划。建立农民合作社带头人人才库，加强对农民合作社骨干的培训，加快培养农民合作社带头人。

二是着力培养农村产业发展人才。深入实施农村创新创业带头人培育行动，开展“百千万”农业企业家培育工程，壮大新一代乡村企业家队伍。加快建立农村电商人才培养载体及师资、标准、认证体系，大力培育乡村工匠，打造农民工劳务输出品牌。

三是加快培养乡村公共服务和治理人才。加强乡村教师队伍、乡村卫生健康人才队伍、乡村文化旅游体育人才队伍、乡村规划建设人才队伍建设，培养乡村公共服务人才。加强乡镇党政人才队伍、农村社会工作人才队伍、农村经营管理人才队伍、农村法律人才队伍建设，推动村党组织带头人队伍整体优化提升，实施“一村一名大学生”培育计划，加快培养乡村治理人才。

四是培育发展农业农村科技人才。加快培养农业农村高科技领军人才、科技创新人才、科技推广人才，发展壮大科技特派员队伍。

五是健全乡村人才振兴体制机制。健全农村工作干部培养锻炼制度，完善乡村人才培养制度，建立各类人才定期服务乡村制度，健全鼓励人才向艰苦边远地区和基层一线流动激励制度，建立县域专业人才统筹使用制度，完善乡村高技能人才职业技能等级制度，建立健全乡村人才分级分类评价体系，建立科技成果入乡转化机制，完善乡村人才振兴保障机制。

五、推动乡村文化振兴

一是弘扬和践行社会主义核心价值观。积极动员和组织广大农民进行宣传教育，推动社会主义核心价值观的广泛传播和学习。充分发挥基层党组织的整合动员能力，综合运用多元载体、多样形式、多种场合，在农村广泛开展群众性活动。将社会主义核心价值观融入农村普法宣传教育中，让广大农民深刻认识法律法规所蕴含的价值观，牢固树立法治意识、增强法治观念。

二是深化拓展农村群众性精神文明创建。深入实施公民道德建设工程，推进诚信建设，强化农民的社会责任意识、规则意识、集体意识和主人翁意识。深入宣传道德模范、身边好人的典型事迹，建立健全先进模范发挥作用的长效机制。

三是深入推进农村移风易俗。加强宣传教育，有针对性地开展舆论监督，坚决抵制婚丧陋习、天价彩礼、孝道式微和老无所养等不良社会风气。推动在相关法律法规修订中增加文明乡风相关内容，推动建立正面激励机制。

四是繁荣发展乡村优秀文化。实施农耕文化传承保护工程，划定乡村建设的历史文化保护线，实施非物质文化遗产传承发展工程。深入挖掘乡村特色文化符号，盘活地方和民族特色文化资源。大力推动农村地区实施传统工艺振兴计划，启动实施文化产业赋能乡村振兴计划。

五是发展农村新兴文化业态。引导创意设计赋能乡村振兴，鼓励数字文化赋能乡村振兴，支持特色文化赋能乡村振兴，推动文旅融合赋能乡村振兴。健全农村现代公共文化服务体系，增加农村公共文化产品和服务供给，创新农村公共文化服务方式。

六、推动乡村生态振兴

一是加强乡村生态保护与修复。保护乡村自然生态，稳步增加乡村绿量，着力提升绿化质量。

二是推进农村人居环境综合整治。扎实推进农村“厕所革命”，加快推进农村生活污水治理，全面提升农村生活垃圾治理水平，推动村容村貌整体提升，建立健全长效管护机制。

三是推进绿色技术和模式创新。推进绿色技术创新，加快绿色农机装备创制，建设农业绿色技术创新载体，推进绿色科技成果转化，推进绿色技术先行先试，引导小农户应用绿色技术。构建农业绿色供应链，推进农产品加工业绿色转型，建立健全绿色流通体系，促进绿色农产品消费；推进产业集聚循环发展，实施农业生产“三品一标”行动。

四是健全农村生态文明体制机制。推进农业绿色发展领域立法，强化重点区域农业绿色发展法制保障。强化重点领域执法，严格执行农业资源环境保护、农产品质量安全、农业投入品生产使用等领域法律法规。完善农业资源环境保护政策，健全绿色价格机制，建立绿色产品市场价格实现机制，健全生态产品市场体系，培育绿色农业交易市场。

七、推动乡村组织振兴

一是加强农村基层党组织建设。健全基层治理党的领导体制，持续提升农村基层党组织战斗力，强化党员在乡村治理中的先锋模范作用，加强农村基层党组织监督管理，进一步增强农村基层党组织的凝聚力、创造力和执行力。

二是加强基层政权治理能力建设。构建党委领导、党政统筹、简约高效的乡镇管理体制，增强乡镇行政执行能力、组织引领能力、为民服务能力、议事协商能力、应急管理能力、平安建设能力、基层干部工作能力。

三是健全基层群众自治制度。加强村民委员会规范化建设和农村群众性自治组织建设，健全和创新村党组织领导的充满活力的村民自治机制，完善村民（代表）

会议制度，推进民主选举、民主协商、民主决策、民主管理、民主监督实践。丰富村民议事协商形式，全面实施村级事务阳光工程，健全村（社区）“两委”班子成员联系群众机制，增强村组织动员能力。

四是推进基层法治和德治建设。健全乡村基本公共法律服务体系，规范农村基层行政执法程序。加大农村普法力度，深入开展农村法治宣传教育。加强农村思想道德建设，健全村（社区）道德评议机制，开展道德模范评选表彰活动，注重发挥家庭家教家风在基层治理中的重要作用。强化道德教化作用，建立道德激励约束机制，深入实施公民道德建设工程，提升乡村德治水平。

五是加强基层智慧治理能力建设。完善网络信息基础设施、整合数据资源、提升服务效能、拓展服务场景，以技术促服务，以服务促治理，加快推进乡村治理体系和治理能力现代化。

八、扎实推进乡村建设

一是加强乡村规划建设管理。坚持县域规划建设一盘棋，明确村庄布局分类，细化分类标准。合理划定各类空间管控边界，优化布局乡村生活空间，因地制宜界定乡村建设规划范围，严格保护农业生产空间和乡村生态空间。积极有序推进村庄规划编制。发挥村庄规划指导约束作用，确保各项建设依规有序开展。建立政府组织领导、村民发挥主体作用、专业人员开展技术指导的村庄规划编制机制，共建共治共享美好家园。

二是加强农村基础设施建设。实施农村道路畅通工程，强化农村防汛抗旱和供水保障，实施乡村清洁能源建设工程、农产品仓储保鲜冷链物流设施建设工程、数字乡村建设发展工程、农房质量安全提升工程等，健全完善农村公共基础设施建设。

三是加强农村基本公共服务体系建设。实施村级综合服务设施提升工程，推进“一站式”便民服务，加强村级综合服务设施建设，进一步提高村级综合服务设施覆盖率。加大投入力度，加快实施农村基本公共服务提升行动，优化公共服务资源配置，推动城镇公共服务向农村覆盖，切实增强农村基本公共服务可及性、便利性，更好满足农村居民过上现代文明生活的需求。

四是强化资金投入保障。健全投入保障制度，创新投融资机制，拓宽资金筹集渠道，加快形成财政优先保障、金融重点倾斜、社会积极参与的多元投入格局。

九、全面深化农村改革

一是深化农村土地制度改革，赋予农民更加充分的财产权益。抓紧制定第二轮土地承包到期后再延长30年试点工作指导意见，深入开展第二轮土地延包工作，确保绝大多数农户原有承包地继续保持稳定。稳慎推进农村宅基地制度改革试点，深化集体经营性建设用地入市试点。

二是巩固提升农村集体产权制度改革成果，激发农村资源资产要素活力。健全农村集体资产监管体系，构建产权关系明晰、治理架构科学、经营方式稳健、收益分配合理的运行机制。探索资源发包、物业出租等多样化途径发展新型农村集体经济。支持资源优势地区的农村集体经济组织，探索发展农文旅深度融合等新业态。鼓励农村集体经济组织利用集体土地等资源性资产和闲置农房等，与工商资本合作发展农村新型商业模式。

三是创新农业经营体制机制，发展农业适度规模经营。提升小农户发展能力，提高小农户组织化程度，拓展小农户增收空间。实施家庭农场培育计划，提升农民合作社规范化水平。加大对社会化服务的引导支持力度，鼓励服务主体积极创新服务模式和组织形式。在落实农村土地集体所有权的基础上，稳定农户承包权、放活土地经营权，支持小农户发展，培育新型农业经营主体，健全农业社会化服务体系，发展多种形式农业适度规模经营。

四是完善农业支持保护制度，加大农业投入力度。健全“三农”投入稳定增长长效机制，充分发挥财政投入引领作用，支持以市场化方式设立乡村振兴基金，撬动金融资本、社会力量参与。大力发展农村普惠金融，深入开展农村信用体系建设，不断健全农村金融服务体系。

五是扩大农业对外开放，建立健全农产品贸易政策体系。实施特色优势农产品出口提升行动，优化农产品贸易布局，实施农产品进口多元化战略，支持企业融入全球农产品供应链。建立农业对外合作公共信息服务平台和信用评价体系。放宽农业外资准入，促进引资、引技、引智相结合。

十、促进城乡融合发展

一是健全城乡要素合理配置体制机制。深化户籍制度改革，加快实现城镇基本公共服务常住人口全覆盖。维护进城落户农民土地承包权、宅基地使用权、集体收益分配权，支持引导其依法自愿有偿转让上述权益。制定财政、金融、社会保障等激励政策，吸引各类人才返乡入乡创业。健全农业科研成果转化推广激励机制与利益分享机制，允许农技人员通过提供增值服务合理取酬。

二是健全城乡基本公共服务普惠共享体制机制。建立以城带乡、整体推进、城乡一体、均衡发展的义务教育发展机制。健全乡村医疗卫生服务体系和全民健身服务体系。健全城乡公共文化服务体系，推动文化资源重点向乡村倾斜。完善统一的城乡居民基本医疗保险、大病保险和基本养老保险制度，巩固医保全国异地就医联网直接结算。推进低保制度城乡统筹，健全低保标准动态调整机制。

三是健全城乡基础设施一体化发展体制机制。以市县域为整体，统筹规划城乡基础设施。健全分级分类投入机制，支持有条件的地方政府将城乡基础设施项目整体打包，实行一体化开发建设。合理确定城乡基础设施统一管护运行模式，明确乡村基础设施产权归属。

四是推进以县城为重要载体的新型城镇化建设。加快发展大城市周边县城，积极培育专业功能县城，合理发展农产品主产区县城，有序发展重点生态功能区县城，引导人口流失县城转型发展。扩大县城就业岗位，增强县城产业支撑能力。完善市政设施体系，强化公共服务供给，提升县城人居环境质量。增强县城对乡村的辐射带动能力，推进县城基础设施和公共服务向乡村延伸覆盖。建立多元可持续的投融资机制，促进县区财政平稳运行。

五是推动易地扶贫搬迁集中安置区融入新型城镇化。推动县域产业特色化发展，促进搬迁群众高质量充分就业，全面提升安置区生产生活便利性，建设治理现代化的安置社区，分类引导大型安置区融入新型城镇化，加快搬迁人口市民化进程。

PART 01

第一章

保障粮食和重要农产品供给安全

党的十八大以来，以习近平同志为核心的党中央坚持把确保粮食安全作为治国理政的头等大事，确立了“以我为主、立足国内、确保产能、适度进口、科技支撑”的国家粮食安全战略。习近平总书记多次指出：粮食安全是“国之大者”；解决好吃饭问题，始终是治国理政的头等大事；越是面对风险挑战，越要稳住农业，越要确保粮食和重要副食品安全[①]。

在习近平总书记关于保障粮食和重要农产品供给安全重要论述的指引下，党和国家采取了一系列政策措施并取得明显成效。2022年我国粮食产量创历史新高，粮食播种面积17.75亿亩（1亩≈666.7平方米），产量13731亿斤，连续8年保持在

① 新华社：《习近平同志〈论“三农”工作〉主要篇目介绍》，《经济日报》2022年6月7日第2版。

1.3万亿斤以上①。随着我国粮食产量持续攀升新台阶，人均粮食产量不断提高，自2012年起，人均粮食产量持续保持在450公斤以上。当前我国粮食库存消费比超过50%，稻谷和小麦库存量超过一年的消费量，库存消费比远超联合国粮农组织的粮食安全警戒线，为有效应对国内外各种风险挑战，确保经济社会平稳健康发展打下了坚实基础。蔬菜瓜果等主要经济作物产量稳定增长，肉禽蛋奶和渔业产品市场供应充足，居民餐桌更加丰富，生活质量显著提高②。

但还应看到，当前和今后一个时期，我国粮食安全面临多重制约与挑战，农业生产基础还不牢固，仍存在一些深层次的困难和问题，保障粮食和重要农产品供给安全的任务十分艰巨。具体表现为：一是总量基本平衡，结构矛盾突出；二是基础设施薄弱，抗灾能力不强；三是资源约束趋紧，生态环境退化；四是国际环境复杂，贸易不确定性增加。

农业强，首要是粮食和重要农产品供给保障能力必须强。针对我国粮食与重要农产品供给中面临的一系列问题与挑战，当前和今后一个时期的重点是努力实现粮食和重要农产品稳产保供、全方位夯实粮食安全根基、构建多元化食物供给体系、完善农产品市场体制和贸易机制。

---

① 国家统计局：《国家统计局农村司副司长王明华解读粮食生产情况》，2021年12月6日，http://www.stats.gov.cn/sj/sjjd/202302/t20230202_1896566.html。

② 国家统计局：《农业发展成就显著 乡村美丽宜业宜居——党的十八大以来经济社会发展成就系列报告之二》，2022年9月14日，http://www.stats.gov.cn/xxgk/jd/sjjd2020/202209/t20220914_1888221.html。

▶▶▶

第一节

努力实现粮食和重要农产品稳产保供

世界上真正强大的国家，都有能力解决自己的吃饭问题。只有立足粮食基本自给，才能掌握粮食安全主动权，才能掌控经济社会发展大局。全面推进乡村振兴、加快建设农业强国，保障粮食和重要农产品稳定安全供给是头等大事。

一、全力抓好粮食生产

无农不稳，无粮则乱，粮食安全是“国之大者”。我国粮食连年丰收，但粮食供求关系总体呈紧平衡的态势没有改变，保障国家粮食安全还面临诸多风险挑战，必须全力抓好粮食生产。

（一）压实粮食安全政治责任

1.严格落实粮食安全党政同责。牢牢守住保障国家粮食安全这一底线，全面落实粮食安全党政同责，严格粮食安全责任制考核，稳定粮食播种面积。省（区、市）应当落实粮食安全党政同责，完善粮食安全省长责任制，承担保障本行政区域粮食安全的主体责任，在国家宏观调控下，负责本行政区域粮食的总量平衡和地方储备粮等的管理。县级以上地方人民政府粮食和储备行政管理部门负责本行政区域粮食流通的行政管理、行业指导；县级以上地方人民政府市场监督管理、卫生健康等部门在各自的职责范围内负责与粮食流通有关的工作。各省（区、市）都要稳住面积、主攻单产、力争多增产，确保全国粮食产量保持在1.3万亿斤以上。主产区要不断提高粮食综合生产能力，主销区要切实稳定和提高粮食自给率，产销平衡区要确保粮食基本自给。

2.完善粮食安全责任制考核。按照问题导向、从严考核的总要求，科学设置考核指标和分值权重，对耕地保护、粮食生产、种植结构调整等重点事项设置“一票否决”项，明确考核红线，守住安全底线。国务院各有关部门根据职责分工，结合日常工作对各省（区、市）人民政府粮食安全省长责任制落实情况进行监督检查。检查结果作为年度考核的重要内容，纳入考核评分体系。对考核结果为优秀的省（区、市）人民政府给予表扬，有关部门在相关项目资金安排和粮食专项扶持政策上优先予以考虑。考核结果为不合格的省（区、市）人民政府，应在考核结果通报后一个月内，向国务院作出书面报告，提出整改措施与时限，同时抄送考核工作组各成员单位；逾期整改不到位的，约谈该省（区、市）人民政府有关负责人，必要时由国务院领导同志约谈该省（区、市）人民政府主要负责人。对因不履行职责、存在重大工作失误等对粮食市场及社会稳定造成严重影响的，年度考核为不合格，并依法依纪追究有关责任人的责任。

（二）完善粮食生产扶持政策

实施新一轮千亿斤粮食产能提升行动。开展吨粮田创建。推动南方省份发展多熟制粮食生产，鼓励有条件的地方发展再生稻。支持开展小麦“一喷三防”。实施玉米单产提升工程。严防“割青毁粮”。推动出台粮食安全保障法。稳定种粮农民补贴，完善稻谷、小麦最低收购价政策和玉米、大豆生产者补贴政策。完善粮食主产区利益补偿机制，健全产粮大县支持政策体系。鼓励粮食主产区与主销区之间开展多种形式的产销合作，引导主销区与主产区合作建设生产基地。扩大稻谷、小麦、玉米三大粮食作物完全成本保险和种植收入保险实施范围，支持有条件的省份降低产粮大县三大粮食作物农业保险保费县级补贴比例。

（三）分区推进粮食稳产保供

落实《农业生产力布局和结构调整规划（2021—2030年）》和《国家粮食安全产业带建设总体方案》的部署，着力调整和优化农业产业结构，提高粮食产业发展质量。黄淮海等冬小麦主产区重点要应对小麦晚播等不利影响，配合有关部门加强春季田间管理，促进弱苗转壮。双季稻主产区要大力开展集中育秧、机插机播等社会化服务，切实稳住早稻面积。东北地区要统筹处理好大豆和玉米的关系，科学安排种植结构，发挥好国家粮食安全“压舱石”作用。西南地区要努力挖掘撂荒地潜力，着力扩大玉米种植面积。西北地区要努力稳定和扩大春小麦面积，提高粮食产量。

二、加力扩种大豆油料

针对我国大豆自给率长期偏低的突出问题，努力实现粮食和重要农产品稳产保供，特别要加力扩种大豆油料，提高其单位面积产量。当前和今后一个时期，加力扩种大豆油料要多措并举、综合施策，形成补贴、保险、收储协同发力的一套政策“组合拳”。

（一）建设大豆油料高标准生产基地

在大豆油料主产区大力推进高标准农田建设，因地制宜发展高效节水灌溉、水肥一体化等配套设施，加快补上农业基础设施短板。加大投入力度，利用化学、物理、生物、工程等措施，在松嫩平原、环渤海和西北内陆等适宜地区改造盐碱地开展大豆种植示范。整建制建设区域布局合理、基础设施完善、生产装备先进、产业优势突出的大豆油料全产业链基地县。

（二）提升大豆油料生产技术水平

将大豆和油料品种选育纳入种业振兴的重点内容，启动实施大豆和油料作物良种攻关。实施制种大县（农场）奖励政策和现代种业提升工程，加快建设大豆和油料良种繁育基地。启动实施农业生物育种重大项目，有序推进转基因大豆产业化应用。加大农机购置补贴支持力度，将大豆和油料作物生产初加工所需成套设施装备纳入农机新产品补贴试点范围，推动耕种收综合机械化率提升。建设“百亩攻关田、千亩示范方、万亩创建片”，开展大豆亩产超200公斤、油菜亩产超200公斤、花生亩产超300公斤的“223”高产高效技术示范。

（三）强化大豆油料产业综合开发

培育大豆和油料规模化专业化种植大户和家庭农场，扶持代育代插、代耕代管、代收代储等全过程托管或多环节托管的专业化服务组织，促进农业节本增效和农户增产增收。打造现代大豆和油料产业园，培育规模实力强、技术水平高的龙头企业，提升大豆油料加工转化能力，促进一二三产业融合，带动全产业链发展。

（四）加强扩种大豆油料政策支持

完善玉米、大豆生产者补贴政策，增加补贴总额，指导东北四省区合理确定玉米、大豆补贴标准，调高大豆补贴标准，并着力加大高油高产大豆支持力度，促进稳定东北大豆生产。加大产粮大县奖励力度，引导大豆主产区发展大豆生产，持续巩固和扩大稳粮扩豆成效。加大大豆金融信贷支持力度，支持大豆完全成本保险和种植收入保险试点县扩大覆盖面。持续支持建设大豆国家现代农业产业园、产业集群、产业强镇。扩大东北地区耕地轮作实施面积，支持开展粮豆轮作，促进用地养地相结合，探索科学有效轮作模式，引导农民合理安排种植结构扩种大豆。扩大黄淮海、西南、长江中下游和西北地区大豆玉米带状复合种植示范面积，鼓励地方探索发展幼龄果树、高粱等作物套种大豆种植模式。加强技术指导服务，指导农民做好大豆春耕备耕工作。对大豆生产县形成“一县一策”的综合性提单产解决方案，聚焦重点县整建制实施大豆单产提升行动，集成推广高产高油品种和良法良机，带动大豆大面积稳产增产、提质增效。引导家庭农场、农民合作社、农业企业等经营主体，承担大豆生产。组织专业化、社会化服务主体，通过全程托管或环节托管，为大豆生产提供低成本、便利化、全方位的服务。加快组织大豆收储，指导中储粮集团在黑龙江、内蒙古两个主产区新增国产大豆收购计划，加大收储力度，发挥市场引导作用。积极引导中储粮集团、中粮集团等国有大型企业及规模以上大豆加工企业，与主产区市县对接，做好大豆产销衔接。加密大豆生产和市场调度，及时了解掌握大豆生产、收储进度和价格情况，及时发布信息合理引导市场预期。

统筹油菜综合性扶持措施，推行稻油轮作，大力开发利用冬闲田种植油菜。支持木本油料发展，实施加快油茶产业发展三年行动，落实油茶扩种和低产低效林改造任务。

三、发展现代设施农业

设施农业的快速发展，为有效保障我国蔬菜、肉蛋奶等农产品季节性均衡供应，改善城乡居民生活发挥了十分重要的作用。但是，我国设施农业的整体发展水平不高，还面临着机械化、自动化、智能化和标准化程度较低等问题。努力实现粮食和重要农产品稳产保供，不仅要全力抓好粮食生产、加力扩种大豆油料，还要重视发展现代设施农业。

（一）构建现代设施农业建设体系

立足种植、畜牧、渔业等行业特点，因地制宜探索推广先进性与实用性相结合的设施农业类型，加快走适合我国国情农情的现代设施农业发展之路。

1.建设以节能宜机为主的现代设施种植业。统筹强化粮食与“菜篮子”产品稳产保供，坚持存量改造与增量拓展并重，发展节能节本、高产高效新型现代设施种植业，加强非耕地资源开发利用，创新研发引领性、前瞻性关键技术，推进绿色化标准化机械化智能化生产，稳步提升优质果蔬等的供给能力。

2.建设以高效集约为主的现代设施畜牧业。坚持稳定生猪家禽产能、拓展肉牛肉羊与奶牛产能，改造提升设施畜牧养殖，推广不同区域、不同畜种的设施养殖标准和技术模式，加快畜牧设施养殖向高效集约型升级。

3.建设以生态健康养殖为主的现代设施渔业。坚持扩产能、优结构相结合，以水域滩涂承载力为前提，优化设施渔业生产力布局，推进池塘标准化改造，大力发展工厂化循环水和深远海大型养殖渔场等设施渔业，积极拓展设施渔业绿色养殖空间。

4.建设以仓储保鲜和烘干为主的现代物流设施。强化设施农业产业链的配套建设，重点提升粮食产地烘干能力，完善产地仓储保鲜冷链物流设施，有效减少粮食和“菜篮子”产品的产后损失和流通环节浪费，为构建双循环新格局提供有力支撑。

（二）推进设施农业作业机械化

加大设施种植装备科技创新投入力度，支持产学研推用协同攻关，突破精量播种、育苗嫁接、移栽和收获等环节技术装备短板。加快提升环境调控、植保作业的机械化水平，推广普及土地耕整、灌溉施肥技术装备。推动电动运输、水肥一体化设施以及多功能作业平台等与温室结构集成配套。加力推广尾菜、植株秸秆、残膜等资源化高效利用技术装备，实现设施种植清洁生产。开展联合攻关，加快选育、推广宜机化设施专用品种，示范推广宜机化种植技术模式，推进各环节机具装备的协同配套，积极构建区域化、标准化的设施种植全程机械化技术体系，促使良种、良法、良机配套，为机械化生产创造良好条件。有条件的地区要率先实现设施种植全程机械化。

（三）推进设施农业装备智能化

加快信息化和机械化融合，推广环境自动调控、水肥一体化智能控制和作物生长信息监测等技术，降低生产成本，提升设施种植机械化水平。加大科技攻关力度，重点突破设施种植装备专用传感器、自动作业、精准作业和智能运维管理等关键技术装备，研制嫁接、授粉、巡检、采收等农业机器人和全自动植物工厂，实现信息在线感知、精细生产管控、高效运维管理。

专栏1-1　粮食等重要农产品安全保障工程

1. 国家粮食安全产业带建设。立足水稻、小麦、玉米、大豆等生产供给，统筹布局生产、加工、储备、流通等能力建设，打造东北平原、黄淮海地区、长江中下游地区等粮食安全产业带。

2. 优质粮食工程。推进粮食优产、优购、优储、优加、优销“五优联动”，统筹开展粮食绿色仓储、品种品质品牌、质量追溯、机械装备、应急保障能力、节约减损健康消费“六大提升行动”，加快建设现代化粮食产业体系。

3. 棉油糖胶生产能力建设。改善棉田基础设施条件，加大采棉机械推广力度。加快坡改梯和中低产蔗田改造，建设一批规模化机械化、高产高效的优质糖料生产基地。推进油茶等木本油料低产低效林改造。加快老残胶园更新改造。

4. 绿色高质高效行动。选择一批粮油作物生产基础好、产业集中度高的县（市、区），集成推广区域性、标准化高产高效技术，示范带动大面积均衡增产增效、提质增效。

5. 动物防疫和农作物病虫害防治。提升动物疫病国家参考实验室和病原学监测区域中心设施条件，改善牧区动物防疫专用设施和基层动物疫苗冷藏设施，建设动物防疫指定通道和病死动物无害化处理场。建设水生动物疫病监控监测中心和实验室。分级建设农作物病虫害监测、应急防治和农药风险监控等中心。

6. 生猪标准化养殖。启动实施新一轮生猪标准化规模养殖提升行动，推动一批生猪标准化养殖场改造养殖饲喂、动物防疫及粪污处理等设施装备，继续开展生猪调出大县奖励，加大规模养猪场信贷支持。

7. 草食畜牧业提升。实施基础母畜扩群提质和南方草食畜牧业增量提质行动，引导一批肉牛肉羊规模养殖场实施畜禽圈舍标准化、集约化、智能化改造。

8. 奶业振兴工程。改造升级一批适度规模奶牛养殖场，推动重点奶牛养殖大县整县推进生产数字化管理，建设一批重点区域生鲜乳质量检测中心，建设一批优质饲草料基地。

9. 水产养殖转型升级。实施水产健康养殖提升行动，创建一批国家级水产健康养殖和生态养殖示范区。发展深远海大型智能化养殖渔场。

10. 渔船更新改造和渔港建设。推动渔船及装备更新改造和减船转产，建造新材料、新能源渔船。加强沿海现代渔港建设，提高渔港避风能力。

资料来源：《“十四五”推进农业农村现代化规划》。

▶▶▶

第二节

全方位夯实粮食安全根基

保障粮食安全，关键在于落实藏粮于地、藏粮于技战略，要害是种子和耕地。当前和今后一个时期，全方位夯实粮食安全根基要重点强化藏粮于地、藏粮于技的物质基础，健全农民种粮挣钱得利、地方抓粮担责尽义的机制保障。

一、深入实施藏粮于地战略

耕地是粮食生产的重要基础，解决好14亿多人口的吃饭问题，必须守住耕地这个根基。近年来，中共中央、国务院出台了一系列严格耕地保护的政策措施，但一些地方仍然存在违规占用耕地开展非农建设的行为，不少地方还面临耕地质量不高的压力，不利于保障国家粮食安全。深入实施藏粮于地战略，既要在数量上加强耕地保护和用途管控，又要在质量上加强高标准农田建设。

（一）加强耕地保护和用途管控

第三次全国国土调查的结果显示，截至2019年末，全国耕地12786.19万公顷（191792.79万亩）；10年间，全国耕地地类减少了1.13亿亩。全方位夯实粮食安全根基，首先要加强耕地保护和用途管控，各地区各部门要充分认识实行最严格耕地保护制度的极端重要性，实行耕地保护党政同责，严守18亿亩耕地红线。

1.*严格落实耕地保护党政责任。*落实“长牙齿”的耕地保护硬措施，按照耕地和永久基本农田、生态保护红线、城镇开发边界的顺序，统筹划定落实三条控制线，把耕地保有量和永久基本农田保护目标任务足额带位置逐级分解下达，由中央和地方签订耕地保护目标责任书，作为刚性指标实行严格考核、一票否决、终身追责。

各省、自治区、直辖市人民政府对《全国土地利用总体规划纲要（2006—2020年）》确定的本行政区域内的耕地保有量、永久基本农田保护面积以及高标准农田建设任务负责，省长、自治区主席、直辖市市长为第一责任人。省级政府耕地保护责任目标考核在耕地占补平衡、高标准农田建设等相关考核评价的基础上综合开展，实行年度自查、期中检查、期末考核相结合的方法。国务院根据考核结果，对认真履行省级政府耕地保护责任、成效突出的省份给予表扬；有关部门在安排年度土地利用计划、土地整治工作专项资金、耕地提质改造项目和耕地质量提升资金时予以倾斜。考核发现问题突出的省份要明确提出整改措施，限期进行整改；整改期间暂停该省、自治区、直辖市相关市、县农用地转用和土地征收审批。

2.落实和完善耕地占补平衡政策。建立补充耕地立项、实施、验收、管护全程监管机制，确保补充可长期稳定利用的耕地，实现补充耕地产能与所占耕地相当。改进跨省域补充耕地国家统筹管理办法。严格耕地占补平衡管理，实行部门联合开展补充耕地验收评定和“市县审核、省级复核、社会监督”机制，确保补充的耕地数量相等、质量相当、产能不降。

3.分类明确耕地用途加强耕地用途管制。严格落实耕地利用优先序，耕地主要用于粮食和棉、油、糖、蔬菜等农产品及饲草饲料生产，永久基本农田重点用于粮食生产，高标准农田原则上全部用于粮食生产。引导新发展林果业上山上坡，鼓励利用“四荒”资源，不与粮争地。加大耕地执法监督力度，严厉查处违法违规占用耕地从事非农建设的行为。严格控制耕地转为其他农用地。加大撂荒耕地利用力度。

（二）加强高标准农田建设

当前，我国已建成高标准农田占耕地面积的比例约40%，但大部分耕地仍然存在着基础设施薄弱、抗灾能力不强、耕地质量不高、田块细碎化等问题。随着高标准农田建设的深入推进，集中连片、施工条件较好的地块越来越少，建设难度不断增大，建设成本持续攀升，资金需求大、筹措难。一些地方存在重建设、轻管护的问题，未能有效落实管护责任，管护措施和手段薄弱，后续监测评价和跟踪督导机制不完善，日常管护不到位，设施设备损毁后得不到及时有效的修复，常年带病运行，工程使用年限明显缩短。部分地区存在建成高标准农田被占用问题，个别地区甚至出现撂荒现象。

针对高标准农田建设中面临的不平衡不充分等问题，当前和今后一个时期的重点是完成高标准农田新建和改造提升年度任务，重点补上土壤改良、农田灌排设施等短板，统筹推进高效节水灌溉，健全长效管护机制。制定逐步把永久基本农田全部建成高标准农田的实施方案。加强黑土地保护和坡耕地综合治理。严厉打击盗挖黑土、电捕蚯蚓等破坏土壤行为。强化干旱半干旱耕地、红黄壤耕地产能提升技术攻关，持续推动由主要治理盐碱地适应作物向更多选育耐盐碱植物适应盐碱地转变，做好盐碱地等耕地后备资源综合开发利用试点。

当前和今后一个时期，高标准农田建设的主要目标包括：到2025年建成10.75亿亩高标准农田，改造提升1.05亿亩高标准农田，以此稳定保障1.1万亿斤以上粮食产能。到2030年建成12亿亩高标准农田，改造提升2.8亿亩高标准农田，以此稳定保障1.2万亿斤以上粮食产能。把高效节水灌溉与高标准农田建设统筹规划、同步实施，规划期内完成1.1亿亩新增高效节水灌溉建设任务。到2035年，通过持续改造提升，全国高标准农田保有量和质量进一步提高，绿色农田、数字农田建设模式进一步普及，支撑粮食生产和重要农产品供给能力进一步提升，形成更高层次、更有效率、更可持续的国家粮食安全保障基础。

二、深入实施藏粮于技战略

农业科技是确保国家粮食安全和重要农产品供给的基础支撑，是突破资源环境约束的必然选择，是加快现代农业建设的决定力量。全方位夯实粮食安全根基，要深入实施藏粮于技战略，解决好各自为战、低水平重复、转化率不高等突出问题，提升农业科技创新水平并加快推广使用，让农民用最好的技术种出最好的粮食。

（一）推动农业关键核心技术攻关

第六次国家技术预测结果显示，农业农村领域目前我国有10％的技术处于国际领跑地位，处于并跑和跟跑阶段的技术分别占39％和51％，与发达国家相比，总体仍然处于“少数领跑、多数并跑和跟跑”的格局，基础研究薄弱、原创性创新能力不强的局面并未发生根本性转变，农业农村科技战略力量不强，科技成果与生产实际应用衔接不紧密问题依然存在[①]。

针对以上问题，深入实施藏粮于技战略应坚持产业需求导向，构建梯次分明、分工协作、适度竞争的农业科技创新体系，加快前沿技术突破。支持农业领域国家实验室、全国重点实验室、制造业创新中心等平台建设，加强农业基础性长期性观测实验站（点）建设。完善农业科技领域基础研究稳定支持机制。

（二）深入实施种业振兴行动

目前，我国种业发展成效显著，水稻、小麦、大豆都是自主选育品种，水稻亩产较世界平均水平高70%，主要粮食作物种子自给率较高、自主性较强。但我国玉米和大豆单产不到美国的60%，亟须从强化基础、培优企业、净化市场、突破前沿等方面补短板强弱项，推动种业振兴取得新成效。

1.大力推进种业创新攻关。启动种源关键核心技术攻关，实施生物育种重大项目，有序推进产业化应用。推进育种联合攻关，重要大宗品种以国家为主、省级配合，地方特色品种以省为主、国家统筹，实施好新一轮畜禽遗传改良计划。各地要组建一批育种攻关联合体，推进科企合作，推动要素聚合、技术集成、机制创新，促进种质资源、数据信息、人才技术交流共享，加快突破一批重大新品种。

2.扶持优势种业企业发展。全面研究梳理种业企业阵型，分类型拉出重点龙头企业名单，强化具体指导、重点支持，促进种业龙头企业与科研院所、金融机构、种业基地紧密对接。要以企业为主体，一体化配置资金、项目、人才、技术等创新要素，搭建规模化技术集成应用平台，建立健全商业化育种体系。要让更多优

① 中华人民共和国农业农村部发展规划司：《农业现代化辉煌五年系列宣传之六：加强农业关键核心技术攻关 科技创新支撑引领农业农村现代化》，2021年5月14日，http://www.ghs.moa.gov.cn/ghgl/202105/t20210514_6367690.htm。

势企业牵头承担种业科研攻关任务，鼓励金融机构创设品种权、土地经营权、养殖设施、机械设备等抵押质押贷款，提高企业融资可及性、便利性。要着力培育一批具有较强研发能力、产业带动力和国际竞争力的种业重点龙头企业，发展一批具有差异化竞争优势、专业化服务能力强的“专精特新”企业。

3.提升种业基地建设水平。持续推进海南南繁、甘肃玉米、四川水稻等育制种基地建设，启动建设黑龙江大豆种子基地，抓好100个区域性作物良种繁育基地，支持结合高标准农田建设，完善配套设施和专业服务。优先保障国家级种业基地设施用地、融资等需求。

4.加大政策支持力度。中央财政要加大制种大县奖励支持力度，落实种质资源普查保护、生产性能测定等经费。各地要积极创设出台更多更有力度的政策举措，对地方品种资源保护开发、良种繁育基地建设、企业主体培育、良种推广应用、种子储备救灾等方面给予持续稳定的财政支持，通过税费减免、贷款贴息等措施引导企业加大研发投入力度，吸引社会和金融资本参与。

（三）着力提升粮食作物生产全程机械化水平

随着农业生产进入机械化为主导的新阶段，广大农民群众和农业生产经营组织、服务组织对机械化生产的需求越来越广泛、越来越迫切，农业生产各领域对农业机械化的需求结构发生深刻变化，农业机械化在区域、产业、品种、环节上发展不平衡不充分的矛盾凸显。推进农业机械化全程全面和高质量发展，还有许多制约因素需要攻克。

1.补齐粮食生产全程机械化短板。围绕双季水稻机械化育秧移栽、南方丘陵山区玉米机种机收、冬小麦节水灌溉、马铃薯机种机收、夏大豆免耕播种、玉米大豆带状复合种植等薄弱环节，以及适宜稻区再生稻、西南丘陵山区玉米和马铃薯、南方大豆、高原青稞等生产机械化，推进适用机具研发，提高机具适应性、可靠性，强化机械、栽培、品种集成配套，加强试验示范，总结推广适宜技术路线和解决方案。到2025年，水稻种植机械化率达到65%，马铃薯种植、收获机械化率均达到45%，南方玉米、大豆机种机收等水平显著提升。

2.推进粮食机械化生产关键环节减损提质。牢固树立“减损就是增产”意识，切实将减少粮食作物机收损耗浪费工作常态化，推动降低粮食生产各环节损耗浪费。完善粮食作物精量播种、机收减损作业标准和操作规范，加强粮食作物在用播种机、收获机质量调查和作业机具田间测评选型，引领企业改进播种、收获机械产品性能。多形式开展机播机收操作技能大赛、作业能手评选，提高机手规范化操作、标准化作业的意识、能力和水平。精心组织重要农时机械化生产，注重提高机具技术状态，促进作业有序高效，最大限度减少损失。

3.构建粮食全程机械化高效生产体系。大力推进保护性耕作，促进粮食生产机械化与耕地保护相得益彰。加快选育宜机化粮食品种，提升育种机械化水平，推进良种良机协同。深入推进主要粮食作物生产全程机械化，探索适合不同作物、不同区域、不同规模的全程机械化生产模式，形成高效机械化技术路线和解决方案。加快种子处理、高效植保、产地烘干、秸秆综合利用等环节与耕种收环节机械化集成配套，推动建立健全区域化、标准化的高质量粮食机械化生产体系。

三、合理保障农民种粮收益

保障粮食安全，亿万农民是主体。稳定发展粮食生产，一定要让农民种粮有利可图。“十三五”时期，农民的种粮收益下降较快（见图1-1）。从稻谷、小麦、玉米三种粮食的平均现金收益看，“十三五”时期（541.4元/亩）比“十二五”时期（650.0元/亩）减少了108.6元/亩；从净利润看，“十三五”时期三种粮食的平均净利润为负（-32.4元/亩），比“十二五”时期（127.3元/亩）减少了159.7元/亩。针对种粮收益下降、农民种粮积极性不高等问题，当前和今后一个时期要健全农民种粮收益保障机制，重点从价格、补贴、保险三个方面健全农民种粮收益保障机制。

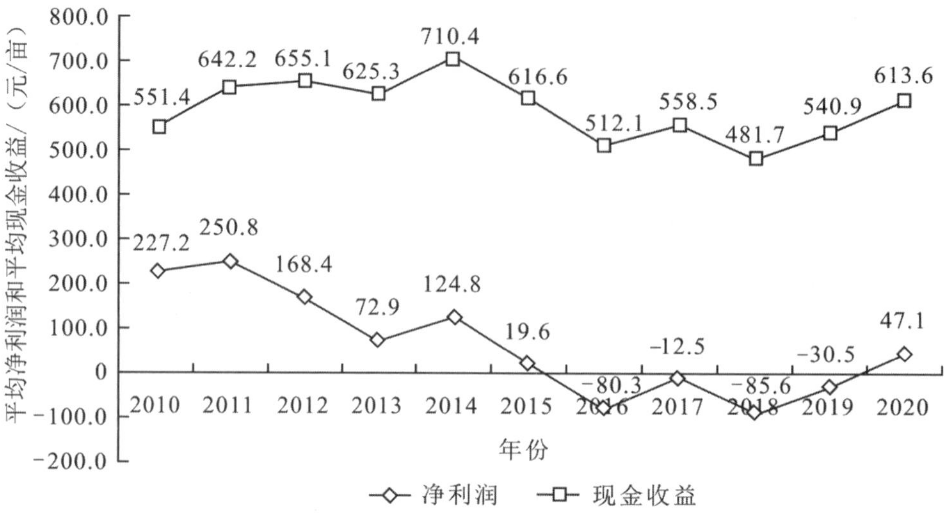

图1-1　2010—2020年三种粮食（稻谷、小麦、玉米）的平均净利润和平均现金收益变化

资料来源：2010—2020年《全国农产品成本收益资料汇编》。

（一）坚持实施稻谷、小麦最低收购价政策

坚持稻谷、小麦最低收购价政策框架不动摇，着力增强政策灵活性和弹性，合理调整最低收购价水平，切实保护农民利益和提高种粮积极性，确保口粮生产稳定，同时充分发挥市场机制作用，促进优质优价。

（二）构建新型农业补贴政策体系

调整优化“绿箱”“黄箱”和“蓝箱”支持政策，提高农业补贴政策精准性、稳定性和时效性。稳定玉米、大豆生产者补贴和稻谷补贴政策。按照建立绿色生态为导向的农业补贴制度要求，进一步完善耕地地力保护补贴与耕地保护挂钩的有效机制，并探索推广农业生产社会化服务技术补贴方式。用好农业适度规模经营补贴资金，采取先建后补、以奖代补的方式，着力支持管理规范的家庭农场和农民合作社建设仓储保鲜、清选包装、烘干等产地初加工设施，进一步增强家庭农场和农民合作社两类主体的服务能力和市场竞争力。继续加大农业信贷担保的担保费补助和业务奖补力度，支持农业信贷担保机构扩大业务规模，降低农业贷款融资成本。

（三）逐步提高农业保险保障水平

大力推进农业保险产品和服务创新，不断提高农业保险保障水平，实现产业有保障、农民得实惠、补贴高效率、机构可持续。

1.提高大宗农产品政策性保障水平。深化农业保险试点探索，推动扩大农业大灾保险试点覆盖面，稳步推进三大粮食作物完全成本保险和种植收入保险试点，推动大宗农产品保险费率决定、保障水平动态调整以及承保、损失核定、理赔等机制改革，提升农业保险效率和农民获得感。

2.推进以需求为导向的农业保险创新。支持承保机构开发满足农户和新型农业经营主体需要的、保障水平更高的新型险种，探索构建“基本保障＋附加保障”多层次农业保险体系，满足各类农业经营主体差异化、多层次风险保障需求。逐步完善再保险制度，向农业保险经营机构提供稳定的政策性再保险服务以及巨灾救助。

四、健全粮食主产区利益补偿机制

近年来，粮食主产区的粮食产业取得长足发展，为我国实现谷物基本自给、口粮绝对安全作出了重要贡献，但也客观存在主产区“粮财倒挂”问题突出、主产区与主销区缺乏利益协同机制、现行补偿政策亟待完善等诸多问题。为保障国家粮食安全，确保粮食主产区生产积极性，应该着手解决上述问题。

（一）逐步增加对粮食主产区和产粮大县的转移支付

完善均衡性转移支付机制，健全粮食主产区利益补偿机制，逐步提高产粮大县人均财力保障水平，保护好地方政府抓粮积极性，强化对主产省和主产县的财政奖补力度。进一步优化财政支农结构，创新资金投入方式和运行机制，推进粮食主产区各类涉农资金整合和统筹使用。

（二）加快建立粮食产销区的利益协同机制

按照谁受益谁补偿和近邻原则，探索建立产销区互相配对、风险共担、利益共享的利益协同机制，推动粮食主产区经济发展。在国家层面统筹安排、引导主销区主动参与主产区粮食生产基地、仓储设施、加工园区、网络营销、物流运输的建设，变以前的供需合作为供应链合作，加快形成多元化、规模化、现代化的粮食产销合作新局面。

（三）培育建设特色粮食产业集群

依托粮食主产区、特色粮油产区和关键物流节点，推动粮食产业集群发展，建设一批粮食产业经济发展示范市县。支持主产区依托县域发展粮食加工，就地就近实现转化增值，让农民更多分享产业增值收益。引导粮食企业向各类园区集聚，优化提升仓储、加工、物流、质检、科研、电子商务等配套服务功能，建设一批粮食产业经济发展示范园区。以“粮头食尾”“农头工尾”为抓手，支持主产区依托县域形成农产品加工产业集群，尽可能把产业链留在县域，改变农村卖原料、城市搞加工的格局。以产粮大县集中、基础条件良好的区域为重点，打造生产基础稳固、产业链条完善、集聚集群融合、绿色优质高效的国家粮食安全产业带。

第三节

构建多元化食物供给体系

进入新时代，人们更加关注食物的营养与健康，不仅要“吃得饱”，更要“吃得好”“吃得放心”。加快建设农业强国，要从更好满足人民美好生活需要出发，掌握食物结构变化趋势，树立大食物观，在确保粮食供给的同时，着力构建多元化食物供给体系，保障肉类、蔬菜、水果、水产品等各类食物有效供给。

一、加快构建现代养殖体系

畜牧业是关系国计民生的重要产业，肉蛋奶是百姓“菜篮子”的重要品种。近年来，我国畜牧业综合生产能力不断增强，在保障国家食物安全、繁荣农村经济、促进农牧民增收等方面发挥了重要作用，但也存在产业发展质量效益不高、支持保障体系不健全、抵御各种风险能力偏弱等突出问题，亟须加快构建现代养殖体系。

（一）加强良种培育与推广

实施畜禽遗传改良计划和现代种业提升工程，健全产学研联合育种机制，重点开展白羽肉鸡育种攻关，推进瘦肉型猪本土化选育，加快牛羊专门化品种选育，逐步提高核心种源自给率。实施生猪良种补贴和牧区畜牧良种补贴，加快优良品种推广和应用。强化畜禽遗传资源保护，加强国家级和省级保种场、保护区、基因库建设，推动地方品种资源应保尽保、有序开发。

（二）健全饲草料供应体系

因地制宜推行粮改饲，增加青贮玉米种植，提高苜蓿、燕麦草等紧缺饲草自给率，开发利用杂交构树、饲料桑等新饲草资源。推进饲草料专业化生产，加强饲草料加工、流通、配送体系建设。促进秸秆等非粮饲料资源高效利用。建立健全饲料原料营养价值数据库，全面推广饲料精准配方和精细加工技术。加快生物饲料开发应用，研发推广新型安全高效饲料添加剂。调整优化饲料配方结构，促进玉米、豆粕减量替代。

（三）提升畜牧业机械化水平

制定主要畜禽品种规模化养殖设施装备配套技术规范，推进养殖工艺与设施装备的集成配套。落实农机购置补贴政策，将养殖场（户）购置自动饲喂、环境控制、疫病防控、废弃物处理等农机装备按规定纳入补贴范围。遴选推介一批全程机械化养殖场和示范基地。提高饲草料和畜禽生产加工等关键环节设施装备自主研发能力。

（四）发展适度规模经营

因地制宜发展规模化养殖，引导养殖场（户）改造提升基础设施条件，扩大养殖规模，提升标准化养殖水平。加快养殖专业合作社和现代家庭牧场发展，鼓励其以产权、资金、劳动、技术、产品为纽带，开展合作和联合经营。鼓励畜禽养殖龙头企业发挥引领带动作用，与养殖专业合作社、家庭牧场紧密合作，通过统一生产、统一服务、统一营销、技术共享、品牌共创等方式，形成稳定的产业联合体。完善畜禽标准化饲养管理规程，开展畜禽养殖标准化示范创建。

（五）扶持中小养殖户发展

加强对中小养殖户的指导帮扶，不得以行政手段强行清退。鼓励新型农业经营主体与中小养殖户建立利益联结机制，带动中小养殖户专业化生产，提升市场竞争力。加强基层畜牧兽医技术推广体系建设，健全社会化服务体系，培育壮大畜牧科技服务企业，为中小养殖户提供良种繁育、饲料营养、疫病检测诊断治疗、机械化生产、产品储运、废弃物资源化利用等实用科技服务。

二、推动渔业高质量发展

当前，我国渔业正处在由传统向现代转变时期，渔业大而不强，还存在一些突出问题。例如，渔业法律政策保障体系尚不健全，渔业水域生态环境脆弱、保护难度大，渔业基础设施薄弱、装备落后，水产品冷链物流体系尚未建立，渔业产业效益亟须提升，渔政执法满足不了监管需求等。未来，要坚持把保障水产品供给作为渔业发展第一要务，保障生产空间，转变养殖方式，促进种业振兴，发展可持续捕捞业和远洋渔业。

（一）稳定水产养殖面积

1.落实养殖水域滩涂规划和养殖证制度。全面落实省、市、县三级养殖水域滩涂规划，按照养殖水域滩涂规划确定禁止养殖区、限制养殖区、养殖区。研究建立重要养殖水域滩涂保护制度，巩固现有养殖面积，稳定和保护水产养殖业发展空间。加快水域滩涂养殖发证登记，依法拆除全民所有水域无证养殖设施，保障养殖者的合法权益。

2.优化调整养殖生产力布局。落实“菜篮子”市长负责制，守住中东部地区池塘养殖基本盘，建设改造成高标准、高质量、高效益的水产品生产优势区。依法合理开发利用淡水湖泊、水库和一般农用地等水域土地资源，建设成生态和品质优良、产业融合发展的内陆生态养殖生产优势区。调优北方沿海工厂化、南方沿海网箱养殖和筏式、底播等近海养殖分布，推进深远海大型装备养殖试验，建设成环保、碳汇、装备技术先进的养殖海产品生产优势区。充分利用东南沿海和中部地区育种条件，建设成标准高、技术强的现代化水产种业聚集区。

3.科学拓展水产养殖新空间。在充分保护现有养殖空间的基础上，科学拓展其他宜渔水域。坚持耕地粮食生产功能，科学合理利用稻田资源，稳步发展稻渔综合种养。合理布局、稳妥发展深远海养殖，将深远海养殖打造成技术先进、装备优良、生态和谐的新型养殖业态。科学规划大水面生态渔业发展，合理确定大水面生态渔业发展空间。加强低洼盐碱荒地渔业开发利用，选择适宜品种，推广节水、治碱水产养殖。

（二）优化捕捞水产品供给

1.优化调整近海捕捞。严格控制海洋捕捞强度，优化捕捞作业结构，实施海洋渔业资源总量管理。实施重要经济鱼类最小可捕标准及幼鱼比例管理，发展负责任捕捞，向市场提供合法合规的捕捞水产品。实施海洋渔船及装备设施更新改造，推进捕捞机械化，提高人工替代水平。

2.推进远洋渔业高质量发展。巩固提升公海渔业，做优做强过洋性渔业，稳妥有序发展极地渔业。加强国际渔业资源调查评估，开拓新渔场新资源。研发远洋渔船捕捞机械化、自动化装备，实行以机代人。加快远洋渔业基地建设，加大远洋产品国内市场培育力度，引导企业逐步提高自捕鱼运回比例，促进全产业链发展。鼓励企业兼并重组做大做强，提升规范发展和国际竞争力。

三、促进果菜茶多样化发展

解决吃饭问题不能光盯着有限的耕地，要树立大食物观，多途径开发食物来源。随着居民生活水平的提高，水果、蔬菜、茶叶等特色农产品在食品消费中的占比不断提高。当前和今后一个时期，构建多元化食物供给体系还应促进果菜茶多样化发展。

（一）优化果菜茶结构布局

强化“菜篮子”市长负责制，积极发展南菜北运、夏秋蔬菜和设施蔬菜生产。支持果菜茶优势区域发展，提高产业集中度。进一步优化早熟、晚熟水果品种比例，稳步提升鲜果周年均衡供应水平。稳定茶叶面积，加快推进生态茶园建设，促进茶产业提质增效。加快构建品种互补、档期合理、区域协调的“菜篮子”产品供应格局。

（二）发展果菜茶特色产业

稳定果茶菌花药等特色作物面积，科学布局、合理控制产业发展规模，坚持适区适种、适种适制、适度发展，巩固提升优势产区，引导非适宜区逐步退出生产，防止同质化低水平重复发展。按照多样化、专用化、优质化、市场化的要求，积极发展独特品种、特殊品质和特定区域的产品，促进差异化发展。

（三）提升果菜茶质量效益

持续开展种植业“三品一标”提升行动，集成组装推广绿色高质高效技术模式，提升果菜茶标准化生产水平。加快机械化、智能化、现代化生产模式和轻简化栽培新技术推广，推进冷链贮运保鲜设施和技术应用。加强农产品质量安全监管，加大农药残留监测力度，严格管控上市农产品常规农药残留超标问题，试行承诺达标合格证制度，让生产者牢固树立“不合格不上市”的意识。建立健全种植业生产全链条管理制度，探索构建重点产品从田头到餐桌的全程质量安全可追溯系统。打造一批有影响力的果菜茶知名品牌。

四、提高农产品质量安全水平

提高农产品品质，增加绿色优质农产品供给，既是农业供给侧结构性改革的主攻方向，也是建设现代农业的重要任务。构建多元化食物供给体系，还应坚持数量质量并重，注重农产品质量和食品安全，注重生产源头治理和产销全程监管，提高农产品质量安全水平，切实保障人民群众“舌尖上的安全”。

（一）加强农产品质量安全监测

制定全国统一的农产品质量安全监测计划，形成以国家为龙头、省为骨干、地市为基础、县乡为补充的农产品质量安全监测网络。改进监测方法，扩大监测范围，提升抽检科学性、针对性和准确性，及时发现问题隐患。深化农产品和食用林产品质量安全例行监测和监督抽查，加强粮食质量安全风险监测，强化监测结果通报与应用，建立健全市场计量保障体系，提升农产品监测数据质量。加强农产品质检体系建设和运行管理，强化质检机构资质认定与考核，提升农产品质检专业化水平。推动实施农产品食品检验员职业资格制度，确定一批农产品质量安全检测技术实训基地。按照“双随机”要求组织开展农业质检机构监督检查，探索建立质检机构诚信档案和重点监管名单制度，充分运用资质评审、能力验证、飞行检查等措施强化农业质检机构证后监管。组织开展农产品质量安全检测技术能力验证，进一步强化检测实验室质量控制，提升检测数据可靠性。

（二）提高农产品质量安全执法监管能力

以国家农产品质量安全县为基础，健全省、市、县、乡、村五级农产品质量安全监管体系，充实基层监管机构条件和手段。加快建设并扩建农产品质量安全指挥调度中心和监管区域服务站，建设一批监管实训基地，提升农产品质量安全跨区域协调处置能力。将农产品质量安全作为农业综合执法的重点，强化基层执法能力，会同有关部门建立农产品质量安全案件移送机制和重大案件督查督办制度，制定农产品质量安全举报奖励办法。加快农业信用体系建设，出台黑名单管理办法，实施联合惩戒。探索推进智慧监管，建设国家农产品质量安全追溯管理信息平台，推动建立互联共享、上下贯通的数据链条。加快建设农产品质量安全追溯示范点，形成农产品追溯与农业农村重大创建认定、农业品牌推选、农产品认证、农业展会等工作“四挂钩”机制。推动建立食用农产品合格证制度，健全产地准出与市场准入衔接机制。深入开展国家农产品质量安全县创建活动，打造农产品质量安全样板。

（三）强化农产品质量安全风险评估及预警

完善农产品质量安全风险评估体系，深入开展生物毒素、农兽药残留、重金属、致病微生物等危害因子风险评估及对农产品营养品质影响评价，全面提升我国农产品质量安全风险评估技术能力。深入推进农产品质量安全风险评估，启动农产品“一品一策”行动，制定农产品质量安全风险管控措施。加快建设农产品质量安全风险评估实验室和大数据平台，改善提升实验室和试验基地配套设施条件。建立农产品质量安全风险预警机制，修订农产品质量安全应急预案，组建新的农产品质量安全专家组，快速锁定风险因子，及时发布风险预警信息，有效应对农产品质量安全风险。加强农产品质量安全科技研发，加大快速检测等技术攻关力度。坚持“产、研、管、推”一体化发展，建立农产品质量安全风险防控基地，集成制定农产品全产业链质量安全管控技术措施和对策，推动风险评估服务于农产品质量安全监管和现代农业发展。

▶▶▶

第四节

完善农产品市场体制和贸易机制

当前，气候变化大、局部冲突动荡频发、全球通货膨胀加剧，不确定难预期因素增多，全球与我国农业产业链供应链稳定安全面临诸多风险挑战。保障粮食和重要农产品供给安全，不仅要全力抓好农业生产，还要通过完善农产品市场体制和贸易机制，加强供应链建设，增强产业链韧性。

一、加强粮食和重要农产品应急保障能力建设

确保粮食和重要农产品供给安全，不仅要着眼平时，还要提升应急保供能力，完善粮食和重要农产品应急保障体制机制。

（一）提升粮食和重要农产品应急保障能力

发展壮大“中国好粮油”示范企业，提升粮食应急生产、加工、物流和储存能力，拓展“好粮油”门店应急功能，增强粮食保供能力，健全地方粮食应急保障网络，加强粮情监测预警和应急指挥，健全平时服务、急时保供、战时应急的供应体系，充分发挥粮食产业优势，确保市场粮油供应充足、价格稳定、响应迅速。

（二）完善粮食和重要农产品应急保障体制机制

1.优化中央和地方分级响应机制。坚持分级负责、属地为主的原则，健全应急物资保障中央与地方分级响应机制，落实应急物资分级储备责任。推动建立重特

大灾害事故应急物资跨区域协同保障机制，理顺应急物资互助和结算流程，在京津冀、黄河流域、长江经济带、粤港澳大湾区等重点区域和川滇等灾害多发易发区开展试点探索。

2.健全跨部门合作机制。健全由发展改革部门牵头，应急管理、财政、粮食和储备、工业和信息化、交通运输、铁路、民航等部门共同参与的应急物资保障机制，进一步明确各部门工作职责，建立健全应急物资协同保障和应急联动机制。健全完善应急物资需求计划制定、储备管理、保养维护、协调调度、运输保障、补充更新、回收报废等机制。

二、强化粮食和重要农产品储备和购销领域监管

保障国家粮食和重要农产品供给安全，涉及生产、收购、储存等多个环节。当前和今后一个时期，完善农产品市场体制和贸易机制，特别是要强化粮食和重要农产品储备和购销领域监管，切实守住管好“天下粮仓”，全链条保障国家粮食安全。

（一）强化各垂直管理局与地方粮食和储备部门的协同监管

中央储备粮行政监管、中央储备粮棉管理情况和中央事权粮食政策执行情况年度考核，以垂直管理局为主，地方粮食和储备部门配合实施；其他中央事权粮食以地方粮食和储备部门属地监管为主，垂直管理局配合实施。同时，各地粮食和储备部门要按照地方人民政府要求，做好本区域内地方储备粮和粮食流通的行政监管，依法依职责履行食品安全属地管理责任。各垂直管理局要充分总结运用中储粮年度考核、全国政策性粮食库存数量和质量大清查中行之有效的经验做法，不断加强中央储备监管体系和监管能力建设，充分发挥在地监管作用。各地粮食和储备部门要切实履行好属地监管职责，针对本辖区监管重点难点，加强对重点环节、重点企业的监督检查，牢牢守住储备粮食库存数量真实、质量良好、储存安全和运作合规的底线。

（二）强化日常业务与执法督查的协同监管

各地粮食和储备部门、各垂直管理局要按职责做好承储企业轮换计划执行、信息统计报送、仓储管理、质量管理、安全生产等各项政策制度落实情况的日常监管。要结合承储企业定期检查（春秋普查）、收储轮换、销售出库等业务环节，进一步加大对日常经营管理活动的监督与检查力度，对苗头性倾向性问题及时预警、及时通报，抓早抓小、防微杜渐，并做好问题整改处置，做到监管重心下移、监管关口前移。要进一步强化开展综合性监督检查、专项检查、随机检查等执法监管工作，严肃查办违法违规案件线索。要建立信息共享机制，互通数据信息，定期会商日常监管工作与案件查办情况，加强综合研判，不断完善业务管理机构事前事中监管和执法督查机构事后行政执法相结合的工作机制。

（三）强化区域协同监管

要坚持统一领导、分级负责工作机制，全面强化监管责任落实。要争取地方党委、政府支持，加强与其他部门的会商和联合执法监管，形成工作合力，不断增强本辖区内的跨部门协同执法监管力量。要发挥粮食安全省长责任制考核“指挥棒”作用，抓细任务分解，抓实考核约束，一级对一级负责，让执法监管工作有抓手、能落地。要充分发挥综合执法机构对粮食储备执法监管作用，确保监管无盲区、全覆盖。进一步充实基层执法督查队伍，规范执法监管程序，逐渐形成分级负责、各有侧重、齐抓共管的区域协同监管局面。

（四）强化跨区域协同监管

要不断建立健全跨区域联合执法、联动响应和协作机制，推动产销合作区、业务关联地区、毗邻地区、监管重点难点相似区域建立执法监管协作机制。学习借鉴京津冀地区，江苏、安徽、山东、河南四省协同执法监管等做法经验，通过签订执法督查合作协议、召开区域执法督查联席会议、联合开展跨区域检查等方式，不断强化跨区域协同监管，提升执法能力水平；加大对违法违规责任主体的惩戒力度，探索实行联合惩戒措施，逐步实现违法线索互联、标准互通、结果依法互认，始终保持打击粮食储备违法违规行为的高压态势。

（五）强化粮食和储备部门与其他部门单位的协同监管

在按规定履行自身职责的同时，要主动加强与发展改革、财政、农业农村、市场监管、应急管理等相关部门的沟通衔接，形成粮食储存、流通、加工等环节的监管合力，实现多维度、全流程的粮食储备安全监管。要加强行政监管与司法的有效衔接，建立向司法机关、纪检监察机关的案件移送机制，严格涉粮违规违纪违法案件的查处，强化监督问责，建立重大问题快速处置响应机制，严防发生群体性事件。

三、充分发挥农产品国际贸易和农业对外投资作用

在国内粮食生产确保谷物基本自给、口粮绝对安全的前提下，为了减轻国内农业资源环境压力、弥补部分国内农产品供求缺口，适当增加进口和加快农业“走出去”步伐是必要的。保障国家粮食和重要农产品供给安全，要善于用好两个市场、两种资源，充分发挥农产品国际贸易和农业对外投资作用。

（一）推动高水平农业对外开放

优化对外经贸布局。实施农业贸易高质量发展专项行动，认定第三批农业国际贸易高质量发展基地。持续推进潍坊、宁夏国家农业开放发展综合试验区建设，支持杨凌上合组织农业技术交流培训示范基地建设和功能发挥。深度参与国际粮农治理。举办首届全球土壤健康论坛、国际葡萄与葡萄酒产业大会，深化国际粮食减损和全球重要农业文化遗产合作平台建设。深化农业南南和三方合作，实施新一批实地项目。实施农产品进口多元化战略，健全农产品进口管理机制，稳定大豆、食糖、棉花、天然橡胶、油料油脂、肉类、乳制品等农产品国际供应链。

（二）稳妥有序扩大农业对外投资

当今世界处于大发展、大变革、大调整时期，国际形势正发生着深刻复杂的变化，新兴市场国家和发展中国家快速崛起，民粹主义和逆全球化思潮抬头，保护主义和单边主义对世界经济的负面影响逐步显现。针对农业“走出去”面临的诸多挑

战和困难，要调整农业对外合作发展方式，培育海外数字农业、农业服务贸易等新业态。进一步优化营商环境，破解制约企业“走出去”的体制机制障碍，强化政策创设和落地。强化人才、信息、中介机构等服务保障，进一步加大国际化人才培养力度，健全海外信息采集网络并推动部门间信息共享，促进发挥智库、协会等中介机构作用。

四、推进全链条节约减损

我国粮食和重要农产品在生产、流通、加工、消费等环节存在的损失浪费问题突出，餐桌上的浪费尤为惊人。据测算，每年损失浪费的食物超过22.7%，约9200亿斤。保障粮食和重要农产品供给安全，要在增产和减损两端同时发力，持续深化食物节约各项行动，推进全链条节约减损。

（一）强化农业生产环节节约减损

着力推进粮食精细收获，强化农机、农艺、品种集成配套，提高关键技术到位率和覆盖率。制定修订水稻、玉米、小麦、大豆机收减损技术指导规范，引导农户适时择机收获。鼓励地方提升应急抢种抢收装备和应急服务供给能力。加快推广应用智能绿色高效收获机械。将农机手培训纳入高素质农民培育工程，提高机手规范操作能力。

（二）加强粮食储存环节减损

将粮食烘干成套设施装备纳入农机新产品补贴试点范围，提升烘干能力。鼓励产粮大县推进环保烘干设施应用，加大绿色热源烘干设备推广力度。鼓励新型农业经营主体、粮食企业、粮食产后服务中心等为农户提供粮食烘干服务，烘干用地用电统一按农用标准管理。加强农户科学储粮技术培训和服务。开展不同规模农户储粮装具选型及示范应用。在东北地区推广农户节约简捷高效储粮装具，逐步解决“地趴粮”问题。鼓励开展绿色仓储提升行动和绿色储粮标准化试点。升级修缮老旧仓房，推进粮食仓储信息化。推动粮仓设施分类分级和规范管理，提高用仓质量和效能。

（三）加强粮食运输环节减损保障

建设铁路专用线、专用码头、散粮中转及配套设施，减少运输环节粮食损耗。推广粮食专用散装运输车、铁路散粮车、散装运输船、敞顶集装箱、港口专用装卸机械和回收设备。加强港口集疏运体系建设，发展粮食集装箱公铁水多式联运。结合“四好农村路”建设，完善农村交通运输网络，提升粮食运输服务水平。发展规范化、标准化、信息化散粮运输服务体系，探索应用粮食高效减损物流模式，推动散粮运输设备无缝对接。在“北粮南运”重点线路、关键节点，开展多式联运高效物流衔接技术示范。

（四）加快推进粮食加工环节节粮减损

制定修订小麦粉等口粮、食用油加工标准，完善适度加工标准，合理确定加工精度等指标，引导消费者逐步走出过度追求“精米白面”的饮食误区，提高粮油出品率。提升粮食加工行业数字化管理水平。推进面粉加工设备智能化改造，推广低温升碾米设备，鼓励应用柔性大米加工设备，引导油料油脂适度加工。发展全谷物产业，启动“国家全谷物行动计划”。创新食品加工配送模式，支持餐饮单位充分利用中央厨房，加快主食配送中心和冷链配套体系建设。

（五）坚决遏制餐饮消费环节浪费

1.加强餐饮行业经营行为管理。完善餐饮行业反食品浪费制度，健全行业标准、服务规范。鼓励引导餐饮服务经营者主动提示消费者适量点餐，主动提供“小份菜”“小份饭”等服务，在菜单或网络餐饮服务平台的展示页面上向消费者提供食品分量、规格或者建议消费人数等信息。充分发挥媒体、消费者等社会监督作用，鼓励通过服务热线反映举报餐饮服务经营者的浪费行为。对餐饮服务经营者食品浪费违法行为，依法严肃查处。

2.落实单位食堂反食品浪费管理责任。单位食堂要加强食品采购、储存、加工动态管理，推行荤素搭配、少油少盐等健康饮食方式，制定实施防止食品浪费措施。鼓励采取预约用餐、按量配餐、小份供餐、按需补餐等方式，科学采购和使用食材。抓好机关食堂用餐节约，实施机关食堂反食品浪费工作成效评估和通报制度。开展单位食堂检查，纠正浪费行为。

3.建立健全学校餐饮节约管理长效机制。强化学校就餐现场管理，加大就餐检查力度，落实中小学、幼儿园集中用餐陪餐制度。加强家校合作，强化家庭教育，培养学生勤俭节约、杜绝浪费的良好饮食习惯。广泛开展劳动教育，积极组织多种形式的粮食节约实践教育活动。

4.减少家庭和个人食品浪费。加强公众营养膳食科普知识宣传，倡导营养均衡、科学文明的饮食习惯，鼓励家庭科学制定膳食计划，按需采买食品，充分利用食材。提倡采用小分量、多样化、营养搭配的烹饪方式。

PART 02

第二章

拓展农民增收致富渠道

增加农民收入是“三农”工作的中心任务，事关农民安居乐业和农村和谐稳定，事关巩固党在农村的执政基础，事关经济社会发展大局。2015年7月，习近平总书记在吉林调研时指出，“检验农村工作成效的一个重要尺度，就是看农民的钱袋子鼓起来没有”①。2018年6月，习近平总书记在山东考察时指出，“农业农村工作，说一千、道一万，增加农民收入是关键”②。党的十八大以来，党和政府努力构建农民持续较快增收的长效机制，促进农民经营性收入、工资性收入、转移性收入和财产性收入增长取得明显成效。

但也要看到，随着经济发展进入新常态，农业发展进入新阶段，支撑农民增收的传统动力逐渐减弱，农民收入增长有所放缓。“十三五”时期，农民人均可支配收入的年均增速为

---

① 习近平：《论“三农”工作》，中央文献出版社，2022，第45页。

② 同上书，第46页。

8.4%（名义增速），低于“十二五”时期12.8%、“十一五”时期13.3%的年均增速[①]，迫切需要拓宽新渠道、挖掘新潜力、培育新动能。同时，城乡收入差距仍然较大，区域之间、农民内部之间的收入差距也很明显，平均数掩盖了大多数。从按农村居民收入五等份分组的情况看，2022年中间收入组家庭和低收入组家庭的人均可支配收入之比达到3.47∶1（低收入组家庭为1）；高收入组家庭和低收入组家庭的人均可支配收入之比达到9.17∶1，收入差距还有待缩小[②]。

与农民对美好生活的期待相比，农民增收致富还是一项极为艰巨的任务。实现第二个百年奋斗目标，需要凝聚起亿万农民的力量，把广大农民对美好生活的向往转化为全面推进乡村振兴的动力，促进农民农村共同富裕。全面推进乡村振兴、加快建设农业强国，要坚持把增加农民收入作为“三农”工作的中心任务，千方百计拓宽农民增收致富渠道，稳定增加经营性收入、提高工资性收入、逐步增加财产性收入、逐步扩大转移性收入并提高欠发达地区和低收入群体收入。

---

① 数据来源于国家统计局。

② 数据来源于国家统计局。

第一节

稳定增加经营性收入

到2022年，农村居民人均可支配经营净收入达到6972元，占人均可支配收入的比重为34.63%①，是农民的重要收入来源。经营性收入事关农民的农业生产积极性、种粮积极性。促进农民增收致富，要通过发展农业适度规模经营、加快发展农业社会化服务、培育提升农业品牌、深化农产品价格形成机制等方式，多渠道稳定增加农民经营性收入。

一、发展农业适度规模经营

伴随我国工业化、信息化、城镇化和农业现代化进程，农村劳动力大量转移，农业物质技术装备水平不断提高，农户承包土地的经营权流转明显加快，发展适度规模经营已成为必然趋势。适度规模经营是发展现代农业的必由之路，有利于优化土地资源配置和提高劳动生产率，有利于保障粮食安全和主要农产品供给，有利于促进农业技术推广应用和农业增效、农民增收。

（一）提倡“增人不增地、减人不减地”

为避免承包地的频繁变动，防止耕地经营规模不断细分，进入新的承包期后，因承包方家庭人口增加、缺地少地导致生活困难的，要帮助其提高就业技能，提供

① 数据来源于国家统计局。

就业服务，做好社会保障工作。总结地方“小田并大田”等经验，探索在农民自愿的前提下，结合农田建设、土地整治逐步解决细碎化问题。

（二）促进家庭农场高质量发展

一方面，要继续强化示范创建引领。按照“自愿申报、择优推荐、逐级审核、动态管理”的原则，健全工作机制，加强示范家庭农场创建。支持有条件的地方积极开展家庭农场示范县创建。继续推介家庭农场典型案例，强化典型引领带动。鼓励各类人才创办家庭农场。另一方面，要推动支持家庭农场的各类政策落实落地。依法保障家庭农场用地和土地经营权，加强基础设施建设，强化面向家庭农场的社会化服务供给，健全家庭农场经营者培训制度，进一步完善和落实财政税收政策，加强金融保险服务，支持发展“互联网+”家庭农场，运用信息化手段推动家庭农场发展。

（三）推进农民合作社质量提升

一方面，要因地制宜探索农民合作社多种发展模式。在创新内部合作机制、拓展合作要素、选择产业业态、丰富联合合作方式等方面，鼓励农民合作社探索符合本地实际、符合发展需要、反映农民需求的发展模式和路径。另一方面，要增强服务带动能力。鼓励农民合作社壮大优势特色产业，推行绿色生产方式，延伸产业链条，发展新产业新业态，培育自有品牌，强化服务功能。积极扶持农民合作社，发挥政策引导作用，推进生产要素向农民合作社优化配置、扶优扶强。

（四）提升龙头企业联农带农水平

农业产业化龙头企业是引领带动乡村全面振兴和农业农村现代化的生力军，是带动农民就业增收的重要主体。稳定增加农民经营性收入，要重点打造农民紧密参与的农业产业化联合体。发挥龙头企业在产业链中的引领带动作用，联合农民合作社、家庭农场、农户以及从事农业技术研发、储运销售、品牌流通、综合服务等全产业链各类主体，共同开发优势特色资源、优化配置创新要素，建设国家、省、市、县级农业产业化重点联合体。引导农业产业化联合体成员间紧密合作，开展技术共享、信息共享、品牌共享、渠道共享、利益共享等，提高资源要素的利用和产出效率，提升产业综合效益和竞争力。引导农业产业化联合体健全章程，完善契约合同，规范理事会等议事决策制度，建立更加稳定、更加有效、更加长效的利益联结机制，让农民合理分享全产业链增值收益。

二、加快发展农业社会化服务

发展土地托管等形式的农业社会化服务是稳定增加农民经营性收入的有效路径之一，当前和今后一个时期要加快发展农业社会化服务。

（一）推动各类服务主体共同发展

以提供农业社会化服务为主的各类专业公司、农民合作社、供销合作社、农村集体经济组织、服务专业户等主体，各具优势、各有所长，要推动各尽其能、共同发展。发挥供销、农垦、邮政的系统优势，着力完善服务机制，不断增强为农服务能力。鼓励各类服务主体以资金、技术、服务等要素为纽带，加强联合合作，促进融合发展。推动服务主体与银行、保险、邮政等机构深度合作，实现优势互补、互利共赢。

（二）拓展农业社会化服务领域

坚持需求导向，聚焦粮棉油糖等重要农产品主产区，聚焦生产的关键薄弱环节，加大对社会化服务的引导支持力度，为保障粮食安全和重要农产品有效供给提供支撑。在此基础上，引导服务主体积极开辟新的服务领域，探索开展社会化服务的有效方法路径，推动服务范围从粮棉油糖等大宗农作物向果菜茶等经济作物拓展，从种植业向养殖业等领域推进，从产中向产前、产后等环节及金融保险等配套服务延伸，不断提升社会化服务对农业全产业链及农林牧渔各产业的覆盖率和支撑作用。

（三）创新农业社会化服务机制

鼓励服务主体积极创新服务模式和组织形式，大力发展多层次、多类型的专业化服务。要把农业生产托管作为推进农业社会化服务、发展服务带动型规模经营的重要方式，因地制宜发展单环节、多环节、全程生产托管等服务模式，有效满足多样化的服务需求。大力推广行之有效的“服务主体＋农村集体经济组织＋农户”“服务主体＋各类新型经营主体＋农户”等组织形式，促进各主体紧密联结，形成利益共享、风险共担的利益共同体。推动农资企业、农业科技公司、互联网平台等各类涉农组织向农业服务业延伸，采取“农资＋服务”“科技＋服务”“互联网＋服务”等方式，推进技物结合、技服结合，实现业务拓展、创新发展。

（四）提升农业社会化服务科技水平

充分发挥农业社会化服务在集成推广应用绿色优质新品种、先进适用技术和现代物质装备中的重要作用，促进服务与科技深度融合，着力解决农业科技落地的“最后一公里”问题。鼓励服务主体充分利用互联网、大数据、云计算、区块链、人工智能等信息技术和手段，推广应用遥感、航拍、定位系统、视频监控等成熟的智能化设备和数据平台，对农牧业生产过程、生产环境、服务质量等进行精准监测，提升农业的信息化、智能化水平。鼓励服务主体与高等院校、职业学校、科研院所等加强合作，开展服务行业重大关键技术和装备研发，解决服务主体普遍面临的技术、装备、人才等难题。

三、培育提升农业品牌

近年来，我国农业品牌发展取得了长足进步，但整体上，我国农业品牌尚处在初级发展阶段，在建设主体、监管保护、影响力等方面仍存在突出问题。要针对农业品牌建设中面临的一系列问题和挑战，坚持培育提升农业品牌，实现农产品优质优价，稳定增加农民经营性收入。

（一）构建农业品牌体系

实施农业品牌提升行动，培育叫得响、过得硬、有影响力的农产品区域公用品牌、企业品牌、农产品品牌，加快建立差异化竞争优势的品牌战略实施机制，构建特色鲜明、互为补充的农业品牌体系。围绕特色农产品优势区建设，塑强农产品区域公用品牌，以县域为重点加强区域公用品牌授权管理和产权保护。结合粮食生产功能区、重要农产品生产保护区和现代农业产业园建设，积极培育粮棉油、肉蛋奶等“大而优”的大宗农产品品牌。以新型农业经营主体为主要载体，创建地域特色鲜明“小而美”的特色农产品品牌。推进农业企业与原料基地紧密结合，加强自主创新、质量管理、市场营销，打造具有较强竞争力的企业品牌。

（二）完善品牌发展机制

建立农业品牌目录制度，组织开展目录标准制定、品牌征集、审核推荐、推选认定、培育保护等工作，发布品牌权威索引，引导社会消费。建立健全农业品牌管理制度，推行品牌目录动态管理，对进入目录的品牌实行定期审核与退出机制。全面加强农业品牌监管，强化商标及地理标志商标注册和保护，构建我国农业品牌保护体系。加大对套牌和滥用品牌行为的惩处力度，加强品牌中介机构行为监管。构建农业品牌危机处理应急机制，推进品牌危机预警、风险规避和紧急事件应对。完善农业品牌诚信体系，构建社会监督体系，将品牌信誉纳入国家诚信体系。

（三）加强品牌宣传推介

深入挖掘品牌文化内涵，讲好农业品牌故事，充分利用各种传播渠道，大力宣传推介中国农业品牌文化。创新品牌营销方式，充分利用农业展会、产销对接会、电商等营销平台，借助互联网、大数据、云计算等现代信息技术，加强品牌市场营销，提升品牌农产品市场占有率，促进农产品优质优价。探索建立品牌农产品公共服务平台，鼓励发展农业品牌建设中介服务组织和服务平台，提供农业品牌设计、营销、咨询等专业服务。

（四）打造国际知名农业品牌

聚焦重点品种，着力加强市场潜力大、具有出口竞争优势的农业品牌建设。巩固果蔬、茶叶、水产等传统出口产业优势，扩大高附加值农产品出口。建设出口农产品质量安全示范基地（区），支持农产品出口交易平台、境外农产品展示中心建设。加强境外农业合作示范区和农业对外开放合作试验区建设，支持农机、种子、农药、化肥和农产品加工等优势产能国际合作。培育具有国际竞争力的大粮商和农业企业集团，推动企业抱团出海，促进产业聚集。支持鼓励有条件的农业企业参加国际知名农业展会，提升中国农业品牌影响力和号召力。

四、深化农产品价格形成机制

进一步健全价格、补贴、保险“三位一体”的农业政策支持体系，稳定种粮预期，增强种粮信心，让农民一心一意发展粮食生产，在提高单产上下功夫。完善稻谷和小麦最低收购价政策，继续实施稻谷补贴和玉米大豆生产者补贴，继续推进三大粮食作物完全成本保险和收入保险试点工作。完善棉花目标价格政策，健全风险分担机制，合理调整棉花目标价格水平，继续探索可持续的新型支持政策。进一步加强农产品成本调查工作，为制定价格政策提供支撑。

▶▶▶

第二节

提高工资性收入

到2022年，农村居民人均可支配工资性收入达到8449元，占人均可支配收入的比重达到41.97%[①]，已成为农民最主要的收入来源。促进农民增收致富，要坚持把提高农民工资性收入水平作为最主要的发力点。

一、支持稳定农民工就业岗位

（一）强化稳岗扶持政策

全面落实社保费缓缴、稳岗返还、留工培训补助、社会保险补贴等政策，结合实际实行“免申即享”“直补快办”，重点支持农民工就业集中的建筑业、制造业、服务业企业渡过难关，最大限度稳定农民工就业岗位。加速落地吸纳农民工就业数量较多、成效较好的项目，尽快发挥带动农民工就业作用。

（二）健全稳岗服务机制

加强对农民工所在企业的用工指导，会同相关行业主管部门依托公共就业服务机构、经营性人力资源服务机构开通省或地市范围内共享用工服务，组织暂时停工企业与用工短缺企业开展用工余缺调剂。坚持协商一致、依法依规组织开展用工余缺调剂，保障好共享用工中劳动者的权益，同步推动稳就业、保用工，努力将农民工稳在当地。

---

① 数据来源于国家统计局。

二、引导农村劳动力有序外出务工

2022年，全国农民工中外出农民工规模占58.15%，比2013年下降了3.61个百分点；跨省流动农民工规模占23.89%，比2013年下降了4.89个百分点（见图2-1）。农村劳动力的外出务工倾向虽有减弱，但外出农村劳动力的规模仍大于在本地非农就业的农村劳动力，外出农民工的体量仍然较大。提高农民的工资性收入水平，未来还应继续引导农村劳动力有序外出务工。

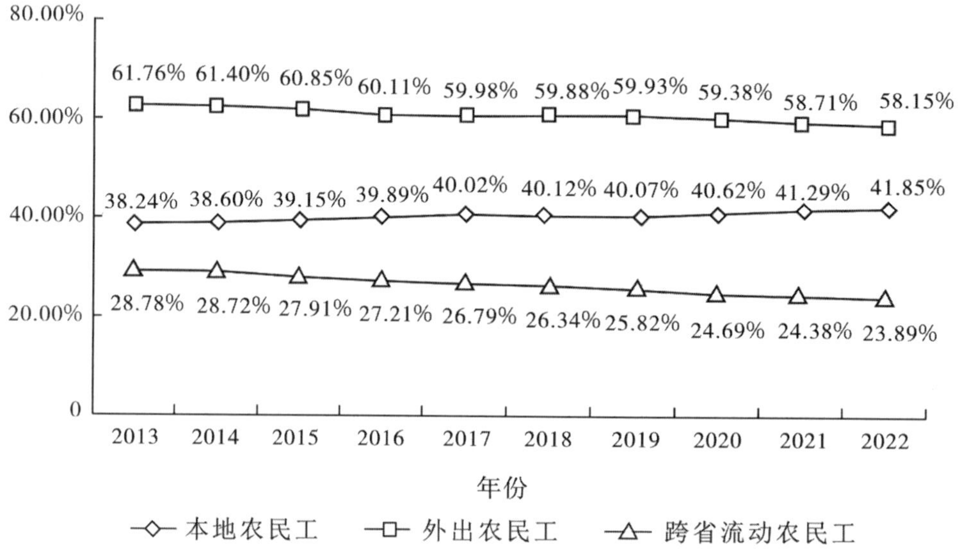

图2-1　2013—2022年不同农民工规模占比变化

资料来源：国家统计局网站。

（一）健全劳务协作机制

在东西部协作、对口支援和省内协作机制的基础上，地理相邻、人员往来密切的省份可探索组建区域劳务协作联盟，推动区域内信息对接、培训联动，为农民工外出务工提供支持，根据需要提供“点对点”劳务输出。动态掌握农民工返乡情况，及时形成就业人员清单、失业人员清单和有意愿外出人员清单。健全跨区域就业服务机制，动员市场化服务机构参与，完善岗位收集、精准匹配、高效输出全流程服务，帮助有意愿外出的农民工再次外出。

（二）培育发展劳务品牌

着眼劳务品牌行业特征、区域特色、经营服务模式等，结合当地资源禀赋、文化特色分类打造知名劳务品牌，培育劳务品牌龙头企业，推动做大做强做优，提高农民工就业质量。举办劳务品牌推介活动，搭建展示交流平台，形成比学赶超的良好氛围，推动壮大更多劳务品牌。

（三）健全输出服务平台

在农民工及脱贫人口输出较多的市县、乡村和就业集中地区，合理设置就业服务站点，扩大服务供给，为农民工即时提供跨区域就业岗位信息，帮助农民工有序外出务工。充分发挥各级各类人力资源服务机构作用，为农民工提供高效率、低成本、全流程的劳务输出服务。对组织农民工外出务工数量较多、成效较好的人力资源服务机构，按规定给予就业创业服务补助。

三、促进农村劳动力就地就近就业创业

2022年，全国农民工中本地农民工的占比为41.85%，比2013年提高了3.61个百分点（见图2-1）。农村劳动力的就业半径正逐渐缩短，外出农村劳动力呈回流趋势。提高农民工资性收入水平，还应顺应农村劳动力的流动趋势，依托县域经济、乡村产业发展，为农村劳动力创造更多就地就近就业岗位。

（一）大力发展乡村特色产业

突出“土特产”要求，实施全国乡村重点产业提升行动，建立完善工作推进体系，加快农业全链条升级。做强重点产业。培育资源优势明显、成长性好、带动力强的支柱产业。指导地方因地制宜制定重点产业清单，推动标准化生产、规模化发展、品牌化营销。做精特色产业。立足乡村特色资源，开发具有鲜明地域特点、

民族特色、乡土特征的产品产业，培育提升农民广泛参与、深度受益的乡村特色产业。打造平台载体。支持建设优势特色产业集群、国家现代农业产业园、农业产业强镇，深入推进农业现代化示范区创建，推介农业全产业链重点链和典型县，认定全国“一村一品”示范村镇。

（二）做大做强农产品加工流通业

实施农产品加工业提升行动，发展农产品初加工、精深加工和综合利用加工。建设国际农产品加工园、中国农业食品创新产业园区和加工技术科研试验基地，大力发展中央厨房、直供直销等业态。培育壮大龙头企业队伍，支持龙头企业在县域布局原料基地和加工产能，发展农业产业化联合体。健全流通网络。深入实施农产品仓储保鲜冷链物流设施建设工程，支持家庭农场、农民合作社、农村集体经济组织等主体建设产地仓储保鲜设施，在重要流通节点建设产地冷链集配中心。推进国家级农产品产地市场建设，加强大型冷藏保鲜、仓储物流等保供公益性基础设施建设。

（三）培育新产业新业态

一是优化乡村休闲旅游业。依托田园风光、绿水青山、村落建筑、乡土文化、民俗风情等资源优势，建设休闲农业重点县、休闲农业精品园区和乡村旅游重点村镇。推动农业与旅游、教育、康养等产业融合，发展田园养生、研学科普、农耕体验、休闲垂钓、民宿康养等休闲农业新业态。

二是加快农村电子商务发展。扩大电子商务进农村覆盖面，加快培育农村电子商务主体，引导电商、物流、商贸、金融、供销、邮政、快递等市场主体到乡村布局。深入推进“互联网+”农产品出村进城工程。优化农村电子商务公共服务中心功能，规范引导网络直播带货发展。实施“数商兴农”，推动农村电商基础设施数字化改造、智能化升级，打造农产品网络品牌。

（四）推进农村创新创业

支持农民工、大中专毕业生、退役军人、科技人员和工商业主等返乡入乡创业，鼓励能工巧匠和“田秀才”“土专家”等乡村能人在乡创业。推动城市各类人才投身乡村产业发展。依托各类园区、企业、知名村镇等，建设农村创新创业园区（孵化实训基地）、农民工返乡创业园，打造众创空间、星创天地等创新创业孵化载体。依托现有资源建立农村创新创业导师队伍，为农村创业人员提供精准指导服务。依托普通高等院校、职业院校和相关培训机构，让有意愿的创新创业人员参加创新创业培训，对符合条件的人员按规定给予培训补贴。制定分区域、差异化创新创业扶持政策，推动落实创业补贴政策，加大创业贷款等支持力度。支持有条件的县乡政务大厅设立创新创业服务窗口，提供“一站式”服务。

（五）健全产业链利益联结机制

深入总结各地经验，引导龙头企业创办或入股合作组织，支持农民合作社入股或兴办龙头企业，发展农业产业化经营联合体。创新发展订单农业，支持龙头企业为农户提供贷款担保和技术服务，资助农户参加保险。探索建立新型农民合作社管理体系，拓展合作领域和服务内容。鼓励大型粮油加工企业与农户以供应链融资等方式结成更紧密的利益共同体。以土地、林地为基础的各种形式合作，凡是享受财政投入或政策支持的承包经营者均应成为股东方，并采取“保底收益＋按股分红”等形式，让农户分享加工、销售环节的收益。

（六）组织农村劳动力参与工程建设

对于采取以工代赈方式实施的农业农村基础设施项目，有关行业主管部门要鼓励引导项目实施单位按照就地就近的原则，优先吸纳脱贫不稳定户、边缘易致贫户、其他农村低收入群体参与工程建设，在确保工程质量和项目进度的前提下，尽量动员当地农村劳动力参与，最大可能提供更多就业岗位。在项目可行性研究报告等前期各类报告中要对用工计划包括吸纳当地农村劳动力情况等予以说明。要组织项目所在地乡镇政府和村委会与项目实施单位建立劳务信息沟通机制，根据项目实施单位用工需求，做好当地农村劳动力的动员组织工作，为项目实施提供劳务保障。对于采取以工代赈方式实施的农业农村基础设施项目，按照招标投标法和村庄建设项目施行简易审批的有关要求，可以不进行招标。鼓励村集体经济组织或其领办的合作社，组织当地农村劳动力组建施工队伍进行建设。每年汛期过后，受暴雨洪涝等灾害影响较重的地区，应在农业农村基础设施建设特别是水毁工程修复中采取以工代赈方式实施项目，帮助受灾群众稳就业、促增收、渡难关，防止因灾致贫返贫。

四、强化农民工就业服务保障

（一）精准提供就业服务

允许失业农民工在常住地、就业地、参保地进行失业登记，同等提供职业指导、职业介绍等基本公共就业服务，落实就业扶持政策，促进尽快实现转岗就业。优化零工服务，加大零工信息归集推介力度，建立“即时快招”服务机制，动员人力资源服务机构提供优质高效的专业服务。推广“隔屏对话”“无接触面试”等线下服务新模式，有序组织线下招聘活动，优化“互联网 + 就业”线上服务，满足农民工求职就业需求。

（二）开展各级各类培训

围绕市场急需紧缺工种，为有意愿外出的农民工开展针对性的技能培训、安全知识培训，大力开展新职业新业态培训，鼓励支持获得技能等级证书，加快推进产训结合行动，提升培训的针对性和有效性，对符合条件的按规定给予补贴。积极推进乡村建设所需的农业农村本地人才技能培训，为不愿外出的农民工提供种养殖等各类现代农业技术培训和其他涉农技术培训，提升农业农村产业发展能力和新型农业经营主体经营管理能力，帮助稳定收入水平，培养农业农村高技能人才和乡村工匠。

（三）切实维护农民工合法劳动权益

指导企业依法合规用工，保障农民工合法劳动权益。对企业依法解除、终止农民工劳动合同的，督促企业依法支付劳动报酬和经济补偿。持续深化推进根治欠薪，畅通线上线下维权渠道，依法查处拖欠农民工工资等违法问题，加大劳动争议处理力度，努力做到案结事了。支持有条件的地区在农民工就业集中地区建立劳动维权咨询服务点，设立维权信息告示牌，明示劳动维权相关信息，提供免费维权咨询服务。

（四）做好大龄农民工就业扶持

收集适合大龄农民工的就业岗位、零工信息，在农民工专场招聘活动中持续发布。尊重大龄农民工就业需求和企业用工需要，指导企业根据农民工的身体状况合理安排工作岗位，强化安全生产管理，定期开展职业健康体检，不得以年龄为由一刀切清退。大龄农民工有就业需求的，可以到公共就业服务机构进行求职登记，享受免费的公共就业服务。

▶▶▶

第三节

逐步增加财产性收入

到2022年，农民的财产净收入达到509元，占人均可支配收入的2.53%[①]，未来农民的财产净收入仍有较大的提升空间。特别是与城镇居民相比，农村居民的财产性收入明显较低，是促进农民增收致富的短板弱项。在全面推进乡村振兴的战略背景下促进农民增收致富，特别要深化农业农村改革，健全城乡融合发展体制机制，逐步增加农民的财产性收入。

一、稳步推进农村承包地“三权分置”改革

农村承包地的承包经营权是农民重要的财产权利，逐步增加农民财产性收入，要在有序开展第二轮土地承包到期后再延长30年试点，保持农村土地承包关系稳定并长久不变的基础上，丰富集体所有权、农户承包权、土地经营权的有效实现形式，发展多种形式适度规模经营。

（一）严格规范土地流转行为

在农村承包地经营权流转中，落实“依法自愿有偿”原则，严格规范土地流转行为，保障农民的土地承包经营权。土地是否流转、价格如何确定、形式如何选择，应由承包农户自主决定，流转收益应归承包农户所有。流转期限应由流转双方在法律规定的范围内协商确定。没有农户的书面委托，农村基层组织无权以任何方

① 数据来源于国家统计局。

式决定流转农户的承包地，更不能以少数服从多数的名义将整村整组农户承包地集中对外招商经营。防止少数基层干部私相授受，谋取私利。

（二）加强土地流转管理和服务

依托农村经营管理机构健全土地流转服务平台，完善县乡村三级服务和管理网络，建立土地流转监测制度，为流转双方提供信息发布、政策咨询等服务。土地流转给非本村（组）集体成员或村（组）集体受农户委托统一组织流转并利用集体资金改良土壤、提高地力的，可向本集体经济组织以外的流入方收取基础设施使用费和土地流转管理服务费，用于农田基本建设或其他公益性支出。引导承包农户与流入方签订书面流转合同，并使用统一的省级合同示范文本。依法保护流入方的土地经营权益，流转合同到期后流入方可在同等条件下优先续约。加强农村土地承包经营纠纷调解仲裁体系建设，健全纠纷调处机制，妥善化解土地承包经营流转纠纷。

（三）加强对工商企业租赁农户承包地的监管和风险防范

针对部分地区在农地流转中出现的“毁约弃耕”、经营主体“跑路”等现象，各地对工商企业长时间、大面积租赁农户承包地要有明确的上限控制，建立健全资格审查、项目审核、风险保障金制度，对租地条件、经营范围和违规处罚等作出规定。工商企业租赁农户承包地要按面积实行分级备案，严格准入门槛，加强事中事后监管，防止浪费农地资源、损害农民土地权益，防范承包农户因流入方违约或经营不善遭受损失。定期对租赁土地企业的农业经营能力、土地用途和风险防范能力等开展监督检查，查验土地利用、合同履行等情况，及时查处纠正违法违规行为，对符合要求的可给予政策扶持。

二、稳慎推进农村宅基地制度改革

宅基地“三权分置”改革是实现城乡资源合理配置、落实乡村振兴战略的重要保障，有助于实现好、维护好、发展好农民权益。农村宅基地的资格权、使用权是农民重要的财产权利，推进农村宅基地制度改革是促进农民财产性收入增长的重要途径。当前和今后一个时期，稳慎推进农村宅基地制度改革要重点做好以下方面。

（一）鼓励盘活利用闲置宅基地和闲置住宅

在稳慎推进农村宅基地制度改革中，鼓励村集体和农民盘活利用闲置宅基地和闲置住宅，通过自主经营、合作经营、委托经营等方式，依法依规发展农家乐、民宿、乡村旅游等。鼓励村集体积极稳妥开展闲置宅基地整治，整治出的土地优先用于满足农民新增宅基地需求、村庄建设和乡村产业发展。闲置宅基地盘活利用产生的土地增值收益要全部用于农业农村。鼓励农村村民在本集体经济组织内部向符合宅基地申请条件的农户转让宅基地。探索通过制定宅基地转让示范合同等方式，引导规范转让行为。转让合同生效后，应及时办理宅基地使用权变更手续。对进城落户的农村村民，各地可以多渠道筹集资金，探索通过多种方式鼓励其自愿有偿退出宅基地。

（二）依法保护农民合法财产权益

充分保障宅基地农户资格权和农民房屋财产权，不得以各种名义违背农民意愿强制流转宅基地和强迫农民“上楼”，不得违法收回农户合法取得的宅基地，不得以退出宅基地作为农民进城落户的条件。严格控制整村撤并，规范实施程序，加强监督管理。严禁城镇居民到农村购买宅基地，严禁下乡利用农村宅基地建设别墅大院和私人会馆。严禁借流转之名违法违规圈占、买卖宅基地。

三、稳妥有序推进农村集体经营性建设用地入市

当前和今后一个时期，稳妥有序推进农村集体经营性建设用地入市要在符合国土空间规划、用途管制和依法取得的前提下，积极探索实施农村集体经营性建设用地入市制度，明确农村集体经营性建设用地入市范围、主体和权能。严格管控集体经营性建设用地入市用途。允许农村集体在农民自愿的前提下，依法把有偿收回的

闲置宅基地、废弃的集体公益性建设用地转变为集体经营性建设用地入市。健全集体经济组织内部的增值收益分配制度，保障进城落户农民的土地合法权益。

四、稳步发展新型农村集体经济

农村集体经济是社会主义公有制经济在农村的主要实现形式，是农民农村实现共同富裕的物质基础。《中华人民共和国国民经济和社会发展第十四个五年规划和2035年远景目标纲要》提出，要“深化农村集体产权制度改革……发展壮大新型农村集体经济”。新形势下，进一步发展壮大新型农村集体经济，有利于巩固完善家庭经营为基础、统分结合的双层经营体制，对于推动脱贫攻坚成果与乡村振兴有效衔接、带领广大农民群众实现共同富裕具有十分重要的现实作用和长远意义。当前和今后一个时期，稳步发展新型农村集体经济，促进农民财产性收入增长，重点应做好以下方面。

（一）积极探索农村集体经济发展路径

发展壮大新型农村集体经济是发挥其“富民效应”的基础和前提。要积极开展资源发包、物业出租、居间服务、资产使用权入股等风险较小、收益稳定的经营活动。支持资源优势地区的农村集体经济组织探索发展休闲旅游、健康养生、农耕体验等深度融合的新业态。鼓励有条件的地区探索开展跨村联合发展，与各类经营主体建立紧密利益联结机制，逐步增加农民财产性收入。

（二）积极探索农村集体经济组织成员财产权利多种实现形式

要围绕完善农村集体经济组织成员集体资产收益权权能，鼓励有条件的地区积极探索开展集体资产收益权抵押担保、有偿退出等试点，研究制定进城落户农民依法自愿有偿退出集体收益分配权的具体办法，拓宽农民财产性收入增长的有效途径。因地制宜加快建设农村产权流转交易市场，促进农村资源要素规范流动和优化配置。

五、持续完善农村基础金融服务

（一）推动储蓄国债下乡

积极开展储蓄国债下乡活动，支持符合条件的农村商业银行加入国债承销团，进一步丰富农村居民购债渠道，鼓励承销团成员在农村销售储蓄国债。

（二）开展金融知识宣传教育和金融消费者权益保护

加强农村金融教育，开展集中性金融知识普及活动，推进金融教育示范基地建设。深入实施“金惠工程”项目，推动金融知识纳入国民教育体系，实现脱贫地区和脱贫人口金融宣传教育全覆盖，探索数字化智能化服务。提升农村居民数字金融能力，逐步弥合城乡数字鸿沟。畅通金融消费者投诉渠道，完善诉调对接、小额纠纷快速解决、中立评估等金融纠纷多元化解机制，加强农村地区金融消费者权益保护。

第四节

逐步扩大转移性收入

2022年，农村居民的转移净收入达到4203元，占可支配总收入的比重达到20.88%，是农民的第三大收入来源①。逐步扩大农民的转移性收入，要加大惠农富农政策力度，给农民的补贴能增加的还要增加，社会保障水平能提高的还要提高。

一、优化农业补贴政策

构建新型农业补贴政策体系，调整优化“绿箱”“黄箱”和“蓝箱”支持政策。探索推广农业生产社会化服务技术补贴方式。加大农业信贷担保的担保费补助和业务奖补力度，支持农业信贷担保机构扩大业务规模，降低农业贷款融资成本。稳定玉米、大豆生产者补贴和稻谷补贴政策，实现三大粮食作物完全成本保险和种植收入保险主产省产粮大县全覆盖。

二、完善城乡统一的社会保险制度

（一）完善城乡居民基本医疗保险、大病保险和基本养老保险制度

巩固医保全国异地就医联网直接结算。建立完善城乡居民基本养老保险待遇确定和基础养老金正常调整机制。做好社会保险关系转移接续工作，建立以国家政

① 数据来源于国家统计局。

务服务平台为统一入口的社会保险公共服务平台。构建多层次农村养老保障体系，创新多元化照料服务模式。扩大养老保险覆盖面，逐步实现基本养老保险法定人员全覆盖。尽快实现企业职工基本养老保险全国统筹。健全基本养老保险待遇调整机制，保障领取待遇人员基本生活。健全农民工、灵活就业人员、新业态就业人员参加社会保险制度，健全退役军人保障制度，健全老年人关爱服务体系，完善帮扶残疾人、孤儿等社会福利制度，提高农民转移性收入水平。

（二）统筹城乡社会救助体系

做好城乡社会救助兜底工作，织密兜牢困难群众基本生活安全网。推进低保制度城乡统筹，健全低保标准动态调整机制，确保动态管理下应保尽保。全面实施特困人员救助供养制度，提高托底保障能力和服务质量。做好困难农民重特大疾病救助工作。健全农村留守儿童和妇女、老年人关爱服务体系。健全困境儿童保障工作体系，完善残疾人福利制度和服务体系。改革人身损害赔偿制度，统一城乡居民赔偿标准。

▶▶▶

第五节

提高欠发达地区和低收入群体收入

促进共同富裕，最艰巨、最繁重的任务仍然在农村。促进农民农村共同富裕，要巩固拓展脱贫攻坚成果，对易返贫致贫人口要加强监测、及早干预，对脱贫县要扶上马送一程，确保不发生规模性返贫和新的致贫。脱贫攻坚战取得全面胜利后，农村低收入群体的增收速度明显下降。2022年，农村低收入组的人均可支配收入同比增长3.48%、中间偏下收入组的人均可支配收入同比增长3.27%，明显低于中间收入组（5.47%）、中间偏上收入组（6.38%）、高收入组（6.95%）的同比增速（见表2-1）。在全面推进乡村振兴中促进农民农村共同富裕，还需要继续解决农村低收入群体持续增收动能不足的问题。

表2-1　农村居民按收入五等份分组的人均可支配收入同比增速（%）

年份	低收入组	中间偏下收入组	中间收入组	中间偏上收入组	高收入组
2014	-3.82	10.69	12.63	13.82	12.30
2015	11.49	9.34	8.49	8.09	8.63
2016	-2.59	8.41	8.22	8.19	9.36
2017	9.85	6.66	7.34	7.74	10.02
2018	11.02	1.90	4.61	6.53	8.77
2019	16.28	14.65	11.60	9.31	5.89
2020	9.81	6.54	5.21	5.84	6.85
2021	3.74	11.49	12.47	10.93	11.84
2022	3.48	3.27	5.47	6.38	6.95

资料来源：国家统计局网站。

一、强化防返贫动态监测帮扶

指导各地调整监测范围标准，及时将有返贫致贫风险的农户全部识别为监测对象，组织开展防止返贫监测帮扶集中排查，加强跨部门数据共享协同和研判处置。落实帮扶措施。对有劳动能力的监测户落实开发帮扶政策，引导勤劳致富。对无劳动能力的监测户做好社会救助、医疗保障等兜底保障，并逐步提高保障水平。加强考核评估。统筹巩固脱贫成果后评估、东西部协作考核评价和中央单位定点帮扶工作成效考核评价，组织实施巩固拓展脱贫攻坚成果同乡村振兴有效衔接考核评估。完善帮扶政策。及早谋划脱贫攻坚5年过渡期后制度安排，推动防止返贫帮扶政策和农村低收入人口常态化帮扶政策衔接并轨。研究建立欠发达地区常态化帮扶机制。

二、培育壮大脱贫地区特色产业

深入实施脱贫地区特色产业提升行动，增强脱贫地区和脱贫群众内生发展动力。推进全链建设。推动中央财政衔接推进乡村振兴补助资金用于产业发展比重提高到60%以上，支持脱贫地区聚焦“一主两辅”特色主导产业，实施全产业链开发项目，开展技术引进、设施更新、品牌营销和人才培养。高质量发展庭院经济。加强指导服务。发挥科技特派团、产业顾问组帮扶作用，推进技术服务、人才培训等措施落地。优化脱贫人口小额信贷政策，拓展一般农户小额信贷服务范围。开展消费帮扶助农增收，支持脱贫地区打造区域公用品牌，建立农产品滞销卖难应急处置机制。强化带农增收。健全完善联农带农益农机制，落实经营主体带动脱贫人口、监测对象等增收责任，遴选发布脱贫地区联农带农益农典型模式。管好用好扶贫项目资产，巩固光伏扶贫工程成效。

三、促进脱贫人口稳岗就业

实施防止返贫就业攻坚行动，确保脱贫劳动力就业规模稳定在3000万人以上。稳定外出务工就业。深化东西部劳务协作，加强职业技能培训，开展“雨露计划 +”就业促进行动，支持脱贫家庭新成长劳动力实现更高质量、更加充分的就业，稳定扩大就业规模。促进就近就地就业。对返乡回流人员建立跟踪服务机制。规范管理以工代赈、公益岗位，重点引导弱劳动力、半劳动力在农业产业园区、农业农村基础设施建设项目务工就业、灵活就业。促进帮扶车间稳定发展。开展巩固易地搬迁脱贫成果专项行动和搬迁群众就业帮扶专项行动，确保有意愿、有劳动能力的易地搬迁零就业家庭动态清零。

四、深化重点帮扶和社会帮扶

健全国家乡村振兴重点帮扶县监测评价指标体系，开展发展成效监测评价。推动帮扶资源向重点帮扶县倾斜，实施补短板促振兴重点项目。对重点帮扶县实施教育、医疗干部人才“组团式”帮扶。深化社会帮扶。扎实推进东西部协作，组织东部地区经济较发达县（市、区）与协作地区脱贫县开展携手促振兴行动，加强产业转移、项目引进和产业园区共建。持续做好中央单位定点帮扶，调整完善结对关系。深入推进“万企兴万村”行动，开展社会组织助力乡村振兴专项行动。扎实做好援疆援藏以及革命老区、民族地区、边境地区等重点区域帮扶工作。

PART 03

第三章

推动乡村产业振兴

习近平总书记指出："乡村振兴是包括产业振兴、人才振兴、文化振兴、生态振兴、组织振兴的全面振兴。"①由此可见，产业振兴是乡村振兴的前提，是解决农村一切问题的关键。针对当前乡村产业发展面临的问题与挑战，需要按照实施乡村振兴战略部署，以农业供给侧结构性改革为主线，坚持质量兴农、绿色兴农、效益优先，聚集资源要素，聚焦重点产业，强化创新引领，大力推动农业绿色发展、做大做强农产品加工流通业、加快发展现代乡村服务业、培育乡村新产业新业态、培育壮大县域富民产业，构建高效绿色低碳、地域特色鲜明、承载乡村价值、创新创业活跃、利益联结紧密的现代乡村产业体系。

---

① 习近平：《论"三农"工作》，中央文献出版社，2022，第278页。

▶▶▶

| 第一节 |

大力推动农业绿色发展

从当前的情况看，我国农业绿色发展仍面临着生产方式较粗放、资源环境约束趋紧等问题，农业面源污染和生态环境治理还处在治存量、遏增量的关口，需大力推进农业绿色发展。转变农业发展方式，实现农业持续发展，要把绿色发展理念贯穿于农业生产全过程，加快构建资源节约型、环境友好型现代农业产业体系、生产体系、经营体系，大力推进农业绿色发展，提高农业质量效益和竞争力。

一、加强农业资源保护利用

节约资源是保护生态环境的根本之策。要树立节约集约循环利用的资源观，推动资源利用方式根本转变，加强全过程节约管理，降低农业资源利用强度，促进农业资源永续利用。

（一）加强耕地保护和质量建设

严守18亿亩耕地红线，落实最严格的耕地保护制度，牢牢守住耕地红线和永久基本农田保护面积。加强耕地质量建设，实施新一轮高标准农田建设规划，实施耕地保护与质量提升行动计划，开展秸秆还田，增施有机肥，种植绿肥还田，增加土壤有机质，提升土壤肥力；加强东北黑土地保护，实施黑土地保护性耕作行动计划；加强退化耕地治理，坚持分类分区治理，集成推广土壤改良、地力培肥、治理修复等技术，有序推进退化耕地治理。

（二）提高农业用水效率

调整优化农业生产空间布局，根据不同地区雨热土地条件，相应发展旱作农业、高效雨养农业、集雨补灌农业、聚水保土农业，推广种养循环农牧结合模式。集成推广节水技术。推进农艺节水，推广水肥一体及喷灌、滴灌等农业节水技术，提高水资源利用效率；推进品种节水，选育推广节水抗旱作物品种，增强抗旱保产能力；推进工程节水，以粮食主产区、严重缺水区和生态脆弱区为重点，加强渠道防渗、低压管道输水灌溉、喷灌、微灌等节水设施建设。推进重点区域农业节水，适度退减灌溉面积，调整农作物种植结构。加强农业用水管理，加快大中型灌区续建配套和现代化改造，加强农户用水管理，增强农民节水意识，指导科学灌溉。实施地表水过度开发和地下水超采区治理，在地表水源有保障、基础条件较好的地区积极发展水肥一体化等高效节水灌溉。

（三）保护农业生物资源

加强农业物种资源保护。加快全国农作物种质资源、畜禽遗传资源和水产养殖种质资源普查和珍稀、濒危、特有资源等的抢救性收集；加强国家农作物、畜禽、淡水渔业、海洋渔业、微生物和草业种质资源库建设。加强水生生物资源保护，在重点水域持续开展水生生物增殖放流。严格执行重点河流禁渔期制度和海洋伏季休渔制度，推进海洋牧场建设，创建国家级海洋牧场示范区。加强外来入侵物种防控，加强外来物种入侵监测站（点）建设管理，强化物种引入后管控；在关键区域布设阻截带，遏制草地贪夜蛾、松材线虫病等重大危害入侵物种扩散蔓延；加大综合治理力度，建设生物天敌繁育基地，加强生物防治和生物替代，开展集中应急灭除。

专栏3-1　农业资源保护利用工程

1.高标准农田建设。以永久基本农田、粮食生产功能区和重要农产品生产保护区为重点，建成10.75亿亩集中连片高标准农田。

2.国家黑土地保护。实施黑土地保护利用面积1亿亩，实施土壤侵蚀防治、农田基础设施建设、肥沃耕层培育等。开展保护性耕作1.4亿亩，推广秸秆覆盖免（少）耕播种等技术。

3.退化耕地治理修复。在南方耕地酸化问题突出区域，集中连片开展降酸改良。在北方耕地盐碱化区域，实施土壤改良培肥。

4.高效节水灌溉项目。新增高效节水灌溉面积6000万亩，推广低压管道输水灌溉、喷灌、微灌等高效节水灌溉技术。

5.国家级海洋牧场示范区建设。在符合条件的海域创建一批国家级海洋牧场示范区，投放人工鱼礁，移植海藻场和海草床，配套管护、监测设施设备。

6.外来入侵物种防控。建立国家级外来入侵物种监测网络和预警平台，建设一批野外监测站点、天敌繁育基地和综合防控区。

资料来源：《“十四五”全国农业绿色发展规划》。

二、加强农业面源污染防治

我国耕地复种指数较高，设施农业发展迅速，农作物秸秆产量大、种类多、分布广，农业废弃物回收体系尚未建立，农业生产快速增长的同时也给农村环境带来严重的外部影响，加剧了土壤和水体污染风险，农业面源污染已成为农村地区环境污染的主要来源。有效控制农业面源污染，改善农业生产环境，确保农产品产地环境安全，是推进农业绿色转型、实现农产品质量安全的现实要求。

（一）推进化肥减量增效

强化技术集成，以化肥减量增效为重点，集成推广科学施肥技术，推广机械施肥、种肥同播等措施，示范推广缓释肥、水溶肥等新型肥料，改进施肥方式，推动有机肥替代，推动粪肥还田利用。发挥新型经营主体作用，培育扶持一批专业化服务组织，开展肥料统配统施社会化服务，鼓励农企合作推进测土配方施肥。

（二）推进农药减量增效

开展统防统治，扶持一批病虫防治专业化服务组织，带动群防群治，提高防治效果。强化绿色防控，集成推广生物防治、物理防治等绿色防控技术，引导创建绿色生产基地，培育绿色品牌；推广新型高效植保机械，支持创制推广喷杆喷雾机、植保无人机等先进的高效植保机械，提高农药利用率；推进科学用药，推广应用高效低毒低残留新型农药，逐步淘汰高毒高风险农药。构建农作物病虫害监测预警体系，建设一批智能化、自动化田间监测网点，提高重大病虫疫情监测预警水平。

（三）推进养殖废弃物资源化利用

健全畜禽养殖废弃物资源化利用制度，加快构建畜禽粪污资源化利用市场机制，促进种养结合，推动畜禽粪污处理设施可持续运行。加强畜禽粪污资源化利用能力建设，建立畜禽粪污收集、处理、利用信息化管理系统，持续开展畜禽粪污资源化利用整县推进，培育发展畜禽粪污能源化利用产业。实施农业产地环境保护治理工程，推进绿色种养循环，培育粪肥还田社会化服务组织，推行畜禽粪肥低成本、机械化、就地就近还田。推进水产健康养殖，减少养殖尾水排放，鼓励因地制宜制定地方水产养殖尾水排放标准。

（四）推进秸秆综合利用

促进秸秆肥料化，集成推广秸秆还田技术，改造提升秸秆机械化还田装备。在粮食主产区，系统性推进秸秆粉碎还田；促进秸秆饲料化，鼓励养殖场和饲料企业利用秸秆发展优质饲料；促进秸秆燃料化，加快发展以秸秆为原料的生物质能，逐步改善农村能源结构；促进秸秆基料化和原料化，发展食用菌生产等秸秆基料，引导开发人造板材、包装材料等秸秆原料产品，提升秸秆附加值。培育秸秆收储运服务主体，建设秸秆收储场（站、中心），构建秸秆收储和供应网络；建立健全秸秆资源台账，强化数据共享应用。严格禁烧管控，防止秸秆焚烧带来区域性大气污染。

（五）加强白色污染治理

推进农膜回收利用。落实严格的农膜管理制度，加强农膜生产、销售、使用、回收、再利用等环节管理；推广普及标准地膜，因地制宜调减作物覆膜面积；强化市场监管，禁止企业生产、采购、销售不符合国家强制性标准的地膜；建立健全农膜回收利用机制，健全回收网络体系，开展区域农膜回收补贴制度试点，探索建立地膜生产者责任延伸制度；积极探索推广环境友好生物可降解地膜。推进包装废弃物回收处置。严格农药包装废弃物管理，按照“谁生产、经营，谁回收”的原则，建立农药生产者、经营者包装废弃物回收处置责任；鼓励采取押金制、有偿回收等措施，引导农药使用者交回农药包装废弃物。以农资经销店为依托合理布局回收站点，完善农药包装废弃物回收体系，推进农药包装废弃物资源化利用和无害化处置。

专栏3-2　农业产地环境保护治理工程

1.化肥减量增效。集成推广测土配方施肥、水肥一体化、化肥机械深施、增施有机肥等技术。在果菜茶重点产区实施有机肥替代化肥试点，重点推广堆肥还田、商品有机肥施用、沼渣沼液还田等技术模式。

2.农药减量增效。支持一批有条件的县，重点推进绿色防控，推广物理、生物等农药减量技术模式。培育一批统防统治社会化服务组织和专业合作社，开展农作物病虫害统防统治。

3.绿色种养循环农业试点。支持畜牧养殖大县、粮食和蔬菜主产区等重点区域，整县开展粪肥就地消纳、就近还田补奖试点，构建粪肥还田组织运行模式。

4.水产健康养殖。新创建一批国家级水产健康养殖和生态养殖示范区，集成推广循环水养殖、稻渔综合种养、大水面生态渔业等健康养殖模式。

5.秸秆综合利用。支持一批秸秆大县，全域推进秸秆综合利用，支持探索秸秆利用与地力提升补贴政策相挂钩机制。

6.农膜回收处理。以西北地区为重点，支持一批用膜大县推进农膜回收处理，探索农膜回收利用有效机制。

7.重点流域农业面源污染治理工程。以长江经济带、黄河流域为重点，建设一批农业面源污染治理重点县，因地制宜实施农田面源污染防治、畜禽养殖污染治理、水产养殖环境治理、作物秸秆综合利用、地膜回收利用等工程。

8.农业面源污染治理与监督指导试点。以长江经济带、黄河流域为重点，在农业面源污染突出地区，建立地表水环境监测体系。开展农业面源污染调查监测和污染复核评估，强化监管、综合执法及考核结果运用，探索开展化肥农药使用总量控制。

资料来源：《“十四五”全国农业绿色发展规划》。

三、加强农业生态环境修复

农业生态环境是农业绿色发展的核心，也是乡村振兴的重要保障。加强农业生态环境修复有助于保护和恢复农业生态系统的功能，同时提升农业生产效率和发展质量。

（一）治理修复耕地生态

健全耕地轮作休耕制度，推动用地与养地相结合，集成推广绿色生产、综合治理技术模式；实施污染耕地治理，开展土壤污染状况调查，摸清底数，建立台账，长期监测；实施耕地土壤环境质量分类管理，分类分区开展污染耕地治理。

（二）保护修复农业生态系统

建设田园生态系统，建设农田生态廊道，营造复合型、生态型农田林网，恢复田间生物群落和生态链，增加农田生物多样性；优化乡村功能，合理布局种植、养殖、居住等，推进河湖水系连通和生态修复，增加湿地、堰塘等生态水量。保护修复森林草原生态，持续加强林草生态系统修复，加强农田防护林保护；因地制宜、规范有序推进青藏高原生态屏障区、黄河重点生态区等重点区域生态保护和修复重大工程建设；坚持基本草原保护制度，完善草原家庭承包责任制度，加快建立全民所有草原资源有偿使用和所有权委托代理制度；对严重退化、沙化、盐碱化的草原和生态脆弱区的草原实行禁牧，对禁牧区以外的草原实行季节性休牧和划区轮牧，促进草畜平衡。

（三）加强重点流域生态保护

推动长江经济带农业生态修复，实施长江“十年禁渔”，全面落实好退捕渔民社会保障政策；启动长江水生生物多样性保护工程和珍稀濒危物种拯救行动计划，持续开展长江经济带农业面源污染防治。加强黄河流域农业生态保护，严格落实以水定地要求，统筹推进地下水超采综合治理；推进农业深度节水控水，发展节水农业、旱作农业；加大黄河上中下游重点生态系统保护和修复力度，创新水土流失治理模式，积极开展小流域综合治理，构建滩河林田草综合生态空间。以引黄灌区为重点开展盐碱化耕地改造，加强流域农业面源污染治理。落实黄河禁渔期制度，持续开展水生生物增殖放流，修复黄河水生生态系统。

四、推行循环型农业发展模式

推行种养结合、农牧结合、养殖场建设与农田建设有机结合，推广畜禽、鱼、粮、菜、果、茶协同发展模式。推进稻渔综合种养产业高质量发展，长江中下游地区重点发展稻鱼、稻虾、稻鳖、稻蟹等生产，西南、华南地区重点发展稻鱼、稻螺、稻虾等生产，东北、西北、华北地区重点发展稻蟹、稻鱼等生产；鼓励发展土著鱼类等地方特色品种种养，因地制宜推广稻鱼鸭等复合种养模式。深化绿色种养循环农业试点工作，打造一批生态农场和生态循环农业产业联合体，探索可持续运行机制。推进农村生物质能开发利用，发挥清洁能源供应和农村生态环境治理综合效益。构建林业循环经济产业链，进一步实施森林生态标志产品建设工程，加快森林生态标志产品认定工作，推广林上、林间、林下立体开发产业模式。推进种植、养殖、农产品加工、生物质能、旅游康养等循环链接、融合发展。

五、建设国家农业绿色发展先行区

建设国家农业可持续发展试验示范区（农业绿色发展先行区，简称“试验示范区”），是贯彻绿色发展理念、转变农业发展方式、补齐资源环境短板、促进农业可持续发展的重要抓手。

2016年，农业部等8部门联合印发《国家农业可持续发展试验示范区建设方案》，部署建设国家农业可持续发展试验示范区，探索符合我国不同区域特征的农业可持续发展模式。2018年，农业农村部办公厅等8部门印发《国家农业可持续发展试验示范区（农业绿色发展先行区）管理办法（试行）》指出，试验示范区是国家推进农业可持续发展的综合性试验示范平台，是农业绿色发展的先行区，要求各试验示范区探索符合区域特点和地方特色的绿色发展模式，率先推进资源节约、环境保护、生态稳定，努力实现生产、生活、生态协调发展。2022年，农业农村部办公厅等5部门联合印发《建设国家农业绿色发展先行区 促进农业现代化示范区全面绿色转型实施方案》，就农业资源保护利用、农业面源污染防治、农业生态保护修复和绿色低碳农业产业链打造等方面工作作出重要部署。

自国家农业可持续发展试验示范区建设工作开展以来，全国已分三批次创建128个国家农业绿色发展先行区（见表3-1）[①]，先行区积极开展创新实践，有力引领农业发展全面绿色转型。2023年，农业农村部办公厅印发《国家农业绿色发展先行区整建制全要素全链条推进农业面源污染综合防治实施方案》指出，在新阶段国家农业绿色发展先行区要探索整建制全要素全链条推进农业面源污染综合防治机制，推动先行区工作拓展深化。

表3-1 国家农业绿色发展先行区

地区	第一批（2018年）	第二批（2019年）	第三批（2022年）
浙江省	浙江省（全省）		
北京市	顺义区	大兴区	延庆区
天津市	武清区	西青区	滨海新区
河北省	承德市围场县	平山县，曲周县	邢台市威县，衡水市饶阳县
山西省	晋城市高平市，临汾市蒲县	万荣县	长治市沁县
内蒙古自治区	巴彦淖尔市杭锦后旗	科尔沁右翼前旗	赤峰市敖汉旗，乌兰察布市察哈尔右翼前旗
辽宁省	朝阳市喀左县	凌海市	铁岭市西丰县，鞍山市岫岩满族自治县
吉林省	吉林市舒兰市，通化市通化县	和龙市	四平市梨树县，白山市抚松县
黑龙江省	大庆市肇源县	兰西县	伊春市铁力市，齐齐哈尔市讷河市，北大荒集团黑龙江前进农场
上海市	崇明区	松江区	青浦区
江苏省	徐州市，泰州市	如皋市，常州市新北区	南京市六合区，常州市武进区
安徽省	阜阳市颍上县	岳西县，休宁县	宣城市宣州区，合肥市肥东县
福建省	漳州市，南平市	永泰县	龙岩市长汀县，三明市建宁县
江西省	宜春市丰城市	万载县，泰和县	上饶市婺源县，九江市瑞昌市
山东省	枣庄市	齐河县	济宁市金乡县，聊城市阳谷县
河南省	平顶山市	济源市	开封市兰考县，南阳市

① 中华人民共和国农业农村部办公厅：《农业农村部办公厅关于印发〈国家农业绿色发展先行区整建制全要素全链条推进农业面源污染综合防治实施方案〉的通知》，2023年3月28日，https://www.moa.gov.cn/govpublic/FZJHS/202303/t20230329_6424214.htm。

（续表）

地区	第一批（2018年）	第二批（2019年）	第三批（2022年）
湖北省	咸宁市，宜昌市夷陵区	大冶市，十堰市郧阳区	孝感市安陆市，恩施土家族苗族自治州
湖南省	岳阳市屈原管理区，常德市澧县	浏阳市，新宁县	郴州市汝城县，株洲市茶陵县
广东省	河源市东源县，江门市恩平市	德庆县	汕尾市陆丰市，广东省农垦总局湛江农垦局（徐闻片区）
广西壮族自治区	贺州市钟山县	田东县	贵港市平南县
重庆市	璧山区	开州区，武隆区	合川区，万州区
四川省	自贡市荣县	成都市青白江区，泸县	成都市邛崃市，广元市剑阁县
贵州省	遵义市凤冈县	松桃县，金沙县	黔西南布依族苗族自治州贞丰县，六盘水市水城区
云南省	玉溪市，曲靖市马龙县（现曲靖市马龙区）	大理市，弥勒市	大理白族自治州宾川县，红河哈尼族彝族自治州石屏县
西藏自治区	日喀则市仲巴县	白朗县	拉萨市曲水县
陕西省	渭南市华州区	洋县	延安市富县，商洛市商南县
甘肃省	张掖市高台县	广河县	甘南藏族自治州
青海省	海北州刚察县	湟源县	海东市循化撒拉族自治县
宁夏回族自治区	吴忠市青铜峡市	中宁县	
新疆维吾尔自治区	伊犁州特克斯县，新疆生产建设兵团第八师石河子总场	奇台县，新疆生产建设兵团第六师共青团农场	塔城地区额敏县，新疆生产建设兵团第二师铁门关市二十五团
海南省	琼海市	海南省（全省）	

资料来源：农业农村部网站。

第二节

做大做强农产品加工流通业

近年来，我国农产品加工流通发展迅速，有效延长了农产品产业链和价值链，推动了农产品加工转化增值，但总体上看，由于发展时间短，创新发展能力不足，政策扶持不到位，工作机制不完善，产业链条短，上下游环节不匹配，农产品加工流通损耗高，制约了农业高质量发展。2022年数据显示，我国农产品加工业产值与农业总产值之比为2.5：1，低于发达国家的3：1～4：1[①]；我国蔬菜、水果、水产品、粮食、肉类、奶类、蛋类七大类食物按重量加权平均损耗和浪费率合计22.7%，约4.6亿吨，其中生产流通环节食物损耗3亿吨[②]。需要进一步提高政策的指向性、精准性和可操作性，促进农产品加工流通提质增效，加快转型升级发展。

一、做大做强农产品加工业

做大做强农产品加工业，要优化农产品加工产业布局，发挥县域农产品加工业在纵向贯通产加销中的中心点作用，引导农产品加工重心下沉县城、中心镇和物流节点，促进一产往后延、二产两头连、三产走高端，推动生产与加工、产品与市场、企业与农户协同发展，实现农产品多元化开发、多层次利用、多环节增值。

① 唐仁健：《加快建设农业强国》，《人民日报》2022年12月15日第13版。

② 蒋成、潘德鑫：《生产流通中食物损耗调查》，《新华每日电讯》2023年4月18日第5版。

（一）加快建设标准化原料基地

鼓励农产品加工企业特别是食品加工企业与种业企业、农民合作社、家庭农场、种养大户等协调合作，发展订单农业，围绕市场需求，按照适区适种、适品适种、适时采收要求，加大农作物、畜禽和水产种质资源保护开发力度，培育推广适合加工的专用品种，引导各类市场主体按照品种培优、品质提升、品牌打造和标准化生产要求合理安排生产经营，打造优质绿色安全农产品生产基地。

（二）完善农产品加工业产业结构

统筹发展农产品初加工、精深加工和综合利用加工，推进农产品多元化开发、多层次利用、多环节增值。实施农产品加工业提升行动，鼓励和支持农民合作社、家庭农场和中小微企业等发展农产品产地初加工，减少产后损失，延长供应时间，提高质量效益。引导大型农业企业发展农产品精深加工，加快生物、工程、环保、信息等技术集成应用，促进农产品多次加工，实现多次增值。鼓励大型农业企业和农产品加工园区推进加工副产物循环利用、全值利用、梯次利用，实现变废为宝、化害为利。

（三）加快推进农产品初加工机械化发展

加快提升粮食油料初加工机械化水平。大力推进粮食油料产地烘干设施装备建设，加快提升产地烘干贮藏能力，新建扩建粮食产地烘干中心（点）；结合粮食烘干能力建设，按照设施设备通用、补齐特需要求，布局油菜、大豆等油料烘干能力建设。加快推进果蔬清选分级保质机械化发展。大力发展果蔬初加工机械化，依托农民合作社、家庭农场、加工流通企业、农村电商等主体，加强果蔬产地初加工设施装备条件建设，提升标准化加工处理能力。加快推动特色优势农产品初加工机械化发展。加大特色优势农产品初加工机械化推进力度，加快主产区产地清洗分拣、烘干贮藏、分级包装、预冷保鲜等技术装备的推广应用，扶持壮大初加工机械化服务主体，支撑产业稳定发展，拓展产业增值增效空间。全面提高畜禽产品初加工机械化水平。坚持屠宰与养殖布局相匹配，支持畜禽就近屠宰加工，促进运活畜禽向运肉转变。推动研发创新主体开展畜禽屠宰加工设备创制，补齐国产化短板。借助数字化技术和人工智能技术，加快推动屠宰加工全流程数字化和可追溯系统的推广应用。加强生鲜乳预冷、冷藏成套装备与冷链运输设备推广应用，鼓励有条件的奶农、合作社开展养殖、加工、配送、销售一体化经营，为保障生鲜乳品质量提供有力支撑。稳步推进水产品初加工机械化发展。优化水产品初加工布局，聚焦主产区和重点品种，加快补齐水产品初加工链条短板，提升加工比例，实现减损增效。

（四）构建高效农产品加工体系

优化加工业空间布局，引导农产品加工向产地下沉，向优势区域、中心镇（乡）和物流节点、重点专业村等聚集，在粮食和重要农产品主产区统筹布局建设农产品加工产业园，改变加工在城市、原料在乡村的状况，促进产乡产村融合。扶持农民合作社和家庭农场发展冷藏保鲜、原料处理、杀菌、储藏、分级、包装等延时类初加工，以及干制、腌制、熟制、分级分割、速冻等食品类初加工。推进农产品加工产销对接，引导大型农业企业、食品企业开发类别多样、营养均衡、养生保健、方便快捷的系列化产品，发展食材预处理、面制、米制、带馅、调理等主食加工，培育“原料基地＋中央厨房＋物流配送（餐饮门店、商超销售）”以及“中央厨房＋餐饮门店（连锁店、社区网点、终端客户）”等模式，进一步延长加工链条。提升净菜、中央厨房等产业标准化和规范化水平。培育发展预制菜产业。推进农产品加工循环、高值、梯次利用和减损增效取得实质性进展。推进农产品加工向园区集中，推进政策集成、要素集聚、企业集中、功能集合，发展“外地经济”模式，建设一批产加销贯通、贸工农一体、一二三产业融合发展的农产品加工园区，培育乡村产业增长极。

（五）推进农产品加工技术创新

完善农产品加工技术研究机构的实验设施和科研平台，提升科研水平和创新能力。以农产品加工关键环节和瓶颈制约为重点，建设农产品加工与贮藏国家重点实验室、保鲜物流技术研究中心及优势农产品品质评价研究中心。组织科研院所、大专院校与企业联合开展技术攻关，研发一批集自动测量、精准控制、智能操作于一体的绿色储藏、动态保鲜、快速预冷、节能干燥等新型实用技术，以及实现品质调控、营养均衡、清洁生产等功能的先进加工技术。加强废弃物资源化利用、无害化处理技术装备研发，加快技术装备集成创新。

（六）集成加工技术成果

围绕产业链部署创新链、围绕创新链部署资金链和资源链，引导农产品加工企业牵头开展产学研用联合攻关，攻克食品预处理、分离提取、混合均质、灌装包装、减损增效等技术瓶颈。组织加工企业、研发团队和装备企业打造共性技术研发平台和创新联合体，创制信息化、智能化、工程化加工装备，大力推广集在线无损检测、精准控制、智能操作于一体的加工技术装备，加强加工作业监测和质量追溯，鼓励农产品初加工市场主体开展设施装备信息化改造，提高成套装备信息化、智能化水平，促进信息互联互通、数据共享和资源高效利用。建设一批集成度高、系统性强、能应用、可复制的农产品加工技术集成基地，打造一批中国农业食品创新产业园。

（七）打造农业全产业链

围绕县域农业主导产业，引导县域农业产业化龙头企业牵头组建农业产业化联合体，前端联结农业研发、育种、生产等环节，后端延展加工、储运、销售、品牌、体验、消费、服务等环节，优化提升产业链供应链水平，实现全环节提升、全链条增值、全产业融合。加快推进农产品加工社会化服务体系建设，积极探索发展农产品加工生产托管、订单作业、承包服务等社会化服务，实现加工装备高效利用。引导有条件的头部企业搭建全产业链数字平台，将上中下游经营主体纳入平台，打通全产业链上中下游环节，实现信息共享、品牌共创、渠道共建和质量安全可追溯。

（八）创响知名农业品牌

按照“有标采标、低标提标、无标创标”要求，培育标准“领跑者”。塑强区域公用品牌，加强农产品地理标志管理和品牌保护，深入实施地理标志农产品保护工程，推进现代农业全产业链标准化试点。引育一批有自主知识产权和品牌效应的龙头企业，引导企业与农户等共创企业品牌。培育一批“独一份、特别特、好中优”的“土字号”“乡字号”产品品牌。加大品牌推介力度，讲好品牌故事，提升品牌公信力和品牌溢价能力。

（九）加强农产品加工业的质量安全监管

质量安全监管是确保农产品加工过程中的质量安全、保护消费者权益的重要保障。完善农产品加工业的质量标准和检测体系，加强对农产品加工过程的抽检和监测。加强对农产品加工企业的监管，加强对农产品加工企业的日常监督检查和抽查抽检，依法对违法违规行为进行处罚，保障产品质量和消费者权益。推动农产品加工企业建立健全质量管理体系和风险防控机制，鼓励企业引进国内外先进的质量管理标准和方法，建立从原料采购到生产加工、包装储运的全程质量控制体系。加强对关键环节的风险评估和预警，及时采取措施防范食品安全风险。

二、做大做强农产品物流业

农产品物流业连接农产品生产端和消费端，高度集成并融合农产品运输、仓储、分拨、配送、信息等服务功能，是延伸农业产业链、提升农业价值链、增强农业供应链的重要支撑。做大做强农产品物流业，构建现代化农产品流通体系，对形成国内大市场、推动农业高质量发展发挥着先导性、基础性的作用。做大做强农产品物流业，强化现代物流对社会民生的服务保障，要紧紧围绕保供给、减损耗、降成本、强产业、惠民生，聚焦鲜活农产品产地“最初一公里”，以鲜活农产品主产区、特色农产品优势区和贫困地区为重点，加快补齐农村物流发展短板，促进商贸物流提档升级，提升冷链物流服务水平，提升应急物流发展水平。

（一）补齐农村物流发展短板

1.完善农村物流节点网络。围绕巩固拓展脱贫攻坚成果与乡村振兴有效衔接，重点补齐中西部地区、经济欠发达地区和偏远山区等农村物流基础设施短板，切实改善农村流通基础条件。统筹城乡物流发展，完善农产品流通骨干网络，推动完善以县级物流节点为核心、乡镇服务网点为骨架、村级末端站点为延伸的县乡村三级物流服务设施体系，畅通城乡双向流通渠道。推动大型骨干流通企业下沉农村市场，促进流通网点融合，支持乡镇商贸中心建设，鼓励开展皮卡等汽车下乡活动，提升乡村商品和服务的供给品质。推动交通运输与邮政快递融合发展，加快农村物流服务品牌宣传推广，促进交通、邮政、快递、商贸、供销、电商等农村物流资源融合和集约利用，打造一批公用型物流基础设施，建设村级寄递物流综合服务站，完善站点服务功能。推进公益性农产品市场和农产品流通骨干网络建设。

2.提升农村物流服务效能。围绕农村产业发展和居民消费升级，推进物流与农村一二三产业深度融合，深化电商、快递进村工作，推动快递服务基本实现直投到建制村，发展共同配送，打造经营规范、集约高效的农村物流服务网络，加快工业品下乡、农产品出村双向物流服务通道升级扩容、提质增效。推动物流服务与规模化种养殖、商贸渠道拓展等互促提升，推动农产品品牌打造和标准化流通，创新物流支持农村特色产业品质化、品牌化发展模式，提升农业产业化水平。

（二）促进商贸物流提档升级

1.完善城乡商贸物流设施。优化以综合物流园区、专业配送中心、末端配送网点为支撑的商贸物流设施网络。完善综合物流园区干线接卸、前置仓储、流通加工等功能。结合城乡一体化发展需要，改造提升产地、集散地、销地批发市场，布局建设一批城郊大仓基地，新建和改造升级一批集运输、仓储、加工、包装、分拨等功能于一体的公共配送中心。

2.提升农村物流质量效率。鼓励物流企业与商贸企业深化合作，优化业务流程，发展适合产业发展和生活需要的配送模式。深化电商与快递物流融合发展，提升线上线下一体服务能力。鼓励发展物流新业态、新模式，创造更多乡村就业岗位，保障就业人员权益，促进灵活就业健康发展。

（三）提升冷链物流服务水平

1.完善冷链物流设施网络。发挥国家物流枢纽、国家骨干冷链物流基地的资源集聚优势，引导商贸流通、农产品加工等企业向枢纽、基地集聚或强化协同衔接。加强产销冷链集配中心建设，提高产地农产品产后集散和商品化处理效率，完善销地城市冷链物流系统。改善机场、港口、铁路场站冷链物流配套条件，健全冷链集疏运网络。加快实施产地保鲜设施建设工程，推进田头小型冷藏保鲜设施等建设，加强产地预冷、仓储保鲜、移动冷库等产地冷链物流设施建设，引导商贸流通企业改善末端冷链设施装备条件，提高城乡冷链设施网络覆盖水平。

2.提高冷链物流质量效率。大力发展铁路冷链运输和集装箱公铁水联运，对接主要农产品产区和集散地，创新冷链物流干支衔接模式。发展"生鲜电商＋产地直发"等冷链物流新业态、新模式。推广蓄冷箱、保温箱等单元化冷链载器具和标准化冷藏车，促进冷链物流信息互联互通，提高冷链物流规模化、标准化水平。依托国家骨干冷链物流基地、产销冷链集配中心等大型冷链物流设施，加强生鲜农产品检验检疫、农兽药残留及防腐剂、保鲜剂、添加剂合规使用等质量监管。加快建立覆盖冷链物流全链条的动态监测和追溯体系，研究推广应用冷链道路运输电子运单，加强产品溯源和全程温湿度监控，将源头至终端的冷链物流全链条纳入监管范围，提升冷链物流质量保障水平。健全进口冷链食品检验检疫制度，筑牢疫情外防输入防线。

（四）提升应急物流发展水平

1.完善应急物流设施布局。整合优化存量应急物资储备、转运设施，推动既有物流设施嵌入应急功能，在重大物流基础设施规划布局、设计建造阶段充分考虑平急两用需要，完善应急物流设施网络。

2.提升应急物流组织水平。统筹应急物流力量建设与管理，充分利用市场资源，完善应急物流干线运输和区域配送体系，提升跨区域大规模物资调运组织水平，形成应对各类突发事件的应急物流保障能力。

3.健全物流保通保畅机制。充分发挥区域统筹协调机制作用，建立健全跨区域、跨部门应对突发事件的物流保通保畅工作机制；加快完善物流通道和物流枢纽、冷链基地、物流园区、边境口岸等环节的检验检疫、疫情阻断管理机制和分类分级应对操作规范，在发生重大公共卫生事件时有效阻断疫情扩散、确保物流通道畅通，保障防疫物资、生活物资以及工业原材料、农业生产资料等供应，维护正常生产生活秩序和产业链供应链安全。

4.提升农产品流通信息化水平。充分运用大数据、移动互联网等信息技术，加强农产品市场信息的搜集、分析和发布，增强农产品市场监测和预测预警能力，更好地发挥信息引导作用，统筹做好粮食和重要农产品保供工作，切实保障农产品市场供应，维护市场平稳有效运行。

专栏3-3　重庆梁平：做大做强预制菜产业

预制菜是以农、畜、禽、水产品等各种食材配以辅料，加工制作为成品或半成品，经简易处理即可食用的菜品，包括即食食品、即热食品、即烹食品和即配食品四类。近年来，我国预制菜行业快速发展，截至2021年底，全国预制菜企业达8.97万家，预制菜市场规模超3000亿元。

梁平有“巴蜀粮仓”的美誉，是国家级重点产粮大区、全国商品粮基地、国家农产品质量安全区。2022年，梁平粮食播种面积100.4万亩，产量达35.5万吨；全区生猪出栏67.9万头以上，蔬菜面积和产量分别达到34万亩、68万吨；鱼菜共生、对虾生产快速增长。得益于优越的农业资源优势，梁平农产品加工业起步较早，截至2021年，梁平有预制菜企业约300家，规模以上企业37家，产值达200亿元，形成了稻、柚、豆、竹、鸭等农产品加工产业集群。

疫情以来，预制菜产业迎来爆发式增长。为了加快推动预制菜产业聚集，2022年5月，《梁平区支持预制菜产业高质量发展激励措施（试行）》实施，对新认定的预制菜产业国家级、市级企业技术中心、重点实验室等给予奖励；对引进的高层次人才，有团队科研经费支持、住房生活保障等；对园区内预制菜企业检验检测费用、辐照费用、污水处置费用按照标准收费减免50%；对预制菜企业新建冷冻冷藏库、购置冷链设备提供相应的补贴，着力打造最全产业链、最低生产成本、最强激励措施、最优政务服务的营商环境，推动预制菜企业、产业聚集。为了规范生产经营、推动梁平预制菜产业高质量发展，同年12月，梁平出台了《关于推动梁平区预制菜产业高质量发展的实施意见》，明确以川菜为主攻方向，重点发展以川菜、火锅为特色的预制菜，争创西部领先、全国一流的预制菜产业基地；提出发展壮大预制菜产业集群，构建预制菜产业质量安全监管体系、拓展延伸预制菜产业链，加快推进预制菜全产业链标准化、数字化、融合化建设。为了拓展预制菜产业链条，带动农业生产发展，梁平制定了《梁平区预制菜产业原材料供应基地建设工作方案》，计划建成高标准农田76万亩，改造提升3万亩，打造100万亩粮油、100万亩果蔬、100万头生猪、1000万只家禽、5万亩水产、25万亩调味品产业基地，规范建设预制菜产业原材料供应基地300个，为预制菜产业提供高品质农产品加工原料。

资料来源：新华网、重庆日报网、重庆市梁平区人民政府网站。

▶▶▶

| 第三节 |

加快发展现代乡村服务业

现代乡村服务业包括生产性服务业和生活性服务业，加快发展现代乡村服务业，扩大乡村现代服务业有效供给，提高服务质量和服务效率，是有效满足乡村产业发展和农村居民美好生活需要的必然选择，是全面推进乡村振兴、加快实现农业农村现代化的关键路径。

一、加快发展现代乡村生产性服务业

农业生产性服务贯穿农业生产作业链条，直接完成或协助完成农业产前、产中、产后各环节作业。发展农业生产性服务业，将现代生产要素有效导入农业，是小农户和现代农业发展有机衔接、实现农业增效农民增收的有效手段，是转变农业发展方式、实现质量兴农绿色兴农的必然要求，是提升资源要素配置效率、增强农业质量效益和竞争力的重要途径。

（一）围绕农户需求，积极拓展服务领域

1.健全农业市场信息服务。定期发布重要农产品价格信息，充分利用各类媒体手段，及时预警市场运行风险，支持服务组织为农户和新型经营主体提供个性化市场信息定制服务。

2.优化农资供应服务。支持服务组织与育繁推一体化种业企业加强合作，在良种研发、展示示范、集中育秧（苗）、标准化供种、用种技术指导等环节向农民

和生产者提供全程服务；开发种子供求信息和品种评价、销售网点布局等信息在内的手机客户端，为农民科学选种、正确购种提供服务；支持服务组织开展种子种苗、畜种及水产苗种的保存、运输等物流服务；发展兽药、农药和肥料连锁经营、区域性集中配送等供应模式，方便农民购买；支持服务组织发展青贮饲草料收贮，积极推广优质饲草料收集、精准配方和配送服务；引导服务组织入驻渔港，发展冰、水、油、电等生产补给服务以及冷库、水产品运销等配套服务。

3.积极推广农业绿色生产技术服务。鼓励服务组织开展绿色高效技术服务。支持服务组织开展深翻、深松、秸秆还田等田间作业服务，集成推广绿色高产高效技术模式；指导农户采用测土配方施肥、有机肥替代化肥等减量增效新技术，推进肥料统供统施服务，加快推广喷灌、滴灌、水肥一体化等农业节水技术；大力推广绿色防控产品、高效低风险农药和高效大中型施药机械，以及低容量喷雾、静电喷雾等先进施药技术，推进病虫害统防统治与全程绿色防控有机融合；鼓励动物防疫服务组织、畜禽水产养殖企业、兽药生产企业、动物诊疗机构和相关科研院所等各类主体，积极提供专业化动物疫病防治服务。

4.积极发展农业废弃物资源化利用服务。鼓励大中城市通过政府购买服务的方式，支持专业服务组织收集处理病死畜禽；在养殖密集区推广分散收集、集中处理利用等模式，推动建立畜禽养殖废弃物收集、转化、利用三级服务网络，探索建立畜禽粪污处理和利用受益者付费机制；加快残膜捡拾、加工机械、残膜分离等技术和装备研发，积极探索生产者责任延伸制度，由地膜生产企业统一供膜、统一回收；推广秸秆青（黄）贮、秸秆膨化、裹包微贮、压块（颗粒）等饲料化技术，采取政府购买服务、政府与社会资本合作等方式，培育一批秸秆收储运社会化服务组织，发展一批生物质供热供汽、颗粒燃料、食用菌等可市场化运行的经营主体，促进秸秆资源循环利用。

5.完善农机作业及维修服务。推进农机服务领域从粮棉油糖作物向特色作物、养殖业生产配套拓展，服务环节从耕种收为主向专业化植保、秸秆处理、产地烘干等农业生产全过程延伸，形成总量适宜、布局合理、经济便捷、专业高效的农机服务新局面；鼓励服务主体利用全国“农机直通车”信息平台提高跨区作业服务效率，加快推广应用基于北斗系统的作业监测、远程调度、维修诊断等大中型农机物联网技术；鼓励开展农机融资（金融）租赁业务。打造区域农机安全应急救援中心和维修中心，以农机合作社维修间和农机企业“三包”服务网点为重点，推动专业维修网点转型升级；在适宜地区支持农机服务主体以及农村集体经济组织等建设集中育秧、集中烘干、农机具存放等设施；在粮棉油糖作物主产区，依托农机服务主体探索建设一批“全程机械化+综合农事”服务中心，为农户提供“一站式”田间服务。

6.加快发展农产品初加工服务。支持农产品加工流通企业和服务组织发展储藏、烘干、清选分级、包装等初加工服务，提高商品化处理能力；加强农产品贮藏保鲜冷链体系建设，支持常温贮藏、机械冷藏、气调贮藏、减压贮藏等多种贮藏保鲜设施集中连片建设；支持服务组织加强贮藏保鲜技术培训，鼓励“一库多用”。因地制宜推广热风干燥、微波干燥及联合干燥等技术和设备，加大对燃煤烘干设施节能减排除尘技术的改造力度；在适宜地区鼓励推广高效节能环保的太阳能干燥、热泵干燥技术和装备，建设区域性智能化大型烘干中心；按照离产业园区近、离农产品交易中心近、离交通主干道近、离电源近的原则，支持有条件的地方集成农产品储藏、烘干、清洗、分等分级、包装等初加工设施，建设粮油烘储中心、果菜茶加工中心，提供优质高效的初加工“一条龙”服务。

7.积极强化农产品营销服务。鼓励农产品批发市场积极提供农产品预选分级、加工配送、包装仓储、信息服务、标准化交易、电子结算、检验检测等服务。完善农产品物流服务，推进农超对接、农社对接，利用农业展会开展多种形式的产销衔接，拓宽农产品流通渠道。积极发展农产品电子商务，鼓励网上购销对接等多种交易方式，促进农产品流通线上线下有机结合。鼓励具有资质的服务组织开展农产品质量安全检验检测，推动农产品质量安全检测结果互认，为生产者和消费者提供准确、快捷的检测服务。推动基层农产品质量安全监管机构提供追溯服务，指导生产经营主体开展主体注册、信息采集、产品赋码、扫码交易、开具食用农产品合格证等业务。

（二）强化服务主体，大力培育服务组织

按照主体多元、形式多样、服务专业、竞争充分的原则，加快培育农村集体经济组织、农民合作社、龙头企业、专业服务公司等各类服务组织，充分发挥不同

服务主体各自的优势和功能。鼓励各类服务组织加强联合合作，推动服务链条横向拓展、纵向延伸，促进各主体多元互动、功能互补、融合发展；引导各类服务主体围绕同一产业或同一产品的生产，以资金、技术、服务等要素为纽带，积极发展服务联合体、服务联盟等新型组织形式，打造一体化的服务组织体系；支持各类服务主体与新型农业经营主体开展多种形式的合作与联合，建立紧密的利益联结和分享机制，壮大农村一二三产业融合主体；引导各类服务主体积极与高等学校、职业院校、科研院所开展科研和人才合作，鼓励银行、保险、邮政等机构与服务主体深度合作。

（三）提升生产服务，不断创新服务方式

1.推进专项服务与综合服务协调发展。鼓励各类服务组织围绕农业生产产前、产中、产后各环节，提供专业化的专项服务和全方位的综合服务，促进专项服务与综合服务相互补充、协调发展。积极推行专项服务“约定有合同、内容有标准、过程有记录、人员有培训、质量有保证、产品有监管”的服务模式，不断提高专项服务的标准化水平。统筹和整合基层农业服务资源，搭建集农资供应、技术指导、动植物疫病防控、土地流转、农机作业、农产品营销等服务于一体的区域性综合服务平台，集成应用推广先进适用技术和现代物质装备，不断提升综合服务的集约化水平。

2.大力推广农业生产托管。农业生产托管是农户等经营主体在不流转土地经营权的条件下，将农业生产中的耕、种、防、收等全部或部分作业环节委托给服务组织完成或协助完成的农业经营方式，是服务型规模经营的主要形式，有广泛的适应性和发展潜力。要总结推广一些地方探索形成的“土地托管”“代耕代种”“联耕联种”“农业共营制”等农业生产托管形式，把发展农业生产托管作为推进农业生产性服务业、带动普通农户发展适度规模经营的主推服务方式，采取政策扶持、典型引领、项目推动等措施，加大支持推进力度。

3.探索创新农业技术推广服务机制。发挥农技推广机构在农技推广服务中的主导作用，推动服务功能从农业技术服务向农业公共服务拓展，强化公益性职能履行，加强对市场化农技推广主体的指导和服务。促进公益性农技推广机构与经营性服务组织融合发展，鼓励基层农技推广机构通过派驻人员、挂职帮扶、共建载体、

联合办公等方式，为新型经营主体和服务主体提供全程化、精准化和个性化的指导服务。探索农技人员在履行好岗位职责的前提下，通过提供增值服务获取合理报酬的新机制。健全农技推广绩效考评机制，加强对农技推广机构职责履行情况和公共服务质量效果的考评，建立实际贡献与收入分配相匹配的激励机制。构建农技推广机构、科研教学单位、市场化主体、乡土人才、返乡下乡人员等广泛参与、分工协作的农技推广服务联盟，实现农业技术成果组装集成、试验示范和推广应用的无缝链接。支持有资质的市场化主体从事可量化、易监管的公益性农技推广服务。强化农业生产性服务业对现代农业产业链的引领支撑作用，构建全程覆盖、区域集成、配套完备的新型农业社会化服务体系。

二、加快发展现代乡村生活性服务业

乡村生活性服务业是满足农村居民最终消费需求的服务活动，涉及农村居民生活的方方面面，与农村居民生活质量密切相关。加快发展现代乡村生活性服务业，增加乡村生活服务有效供给，扩大服务消费需求，提升服务质量水平，可以进一步巩固消费对经济发展的基础性作用，并推动农村居民消费转型升级，提高农村居民生活的获得感、幸福感。

（一）丰富乡村生活性服务内容

1.丰富提升乡村商业服务。改造提升乡村特色餐饮住宿，根据地方资源产业文化特色，打造特色主题餐厅和酒店，提供多样化的美食和住宿选择；创新商超零售，发展乡村特色电商，扩大农产品销路，丰富乡村商品消费；建立乡村法律咨询中心，为居民提供法律咨询、纠纷解决和法律援助等服务；搭建信息服务中介平台，加强农业生产、外出务工、生活服务等信息对接；完善乡村养老护幼服务体系，支持成立养老院和托幼机构，提供专业的养老护理和儿童教育服务；完善农村电器维修和再生资源回收体系，促进废旧物品和资源循环利用；鼓励发展卫生保洁、健康养生服务，满足农村居民多样化生活需求。

2.推进乡村服务融合创新。支持利用农村自然生态、历史遗产、地域人文、乡村美食等资源，发展乡村旅游、健康养老、科普教育、文化创意、农村电商等业态，推进文化、体育、休闲与旅游深度融合，推动红色旅游、工业旅游、乡村旅游、健康旅游等业态高质量发展。

（二）创新乡村生活性服务方式

积极发展定制服务、体验服务、智慧服务、共享服务、绿色服务等新形态，探索“线上交易 + 线下服务”的新模式。鼓励各类乡村服务主体建设运营覆盖娱乐、健康、教育、家政、体育等领域的在线服务平台，推动传统服务业升级改造，为农村居民提供高效便捷服务。加强生活性服务设施和平台适老化升级改造，为居家老年人特别是高龄、空巢、失能、留守等重点老年人群体提供必要的生活服务。

（三）激活县乡生活性服务消费

加快贯通县乡村三级电子商务服务体系和快递物流配送体系，大力推进电商、快递进农村。建设农村生活服务网络，优化生活性服务网点布局，推进便民服务企业在县城建设服务综合体，在乡镇设置服务门店，在行政村设置服务网点，加快补齐农村生活性服务基础设施短板。经常性开展医疗问诊、文化、电影、体育等下乡活动。

（四）提升乡村生活性服务质量

以提升居民便利度和改善服务体验为导向，推动乡村生活性服务业向高品质和多样化升级。加快完善农村养老、家政、旅游休闲等服务标准，健全生活性服务业认证认可制度，推动生活性服务业诚信化、职业化发展。

（五）完善乡村生活性服务保障体制机制

深化乡村服务业“放管服”改革，持续优化营商环境，加大对餐饮、零售、养老、家政等生活性服务企业的支持力度；加快建立以村为基本单元的乡村生活性服务保障工作机制，充分考虑设施用地、支付能力、居民需求、安全管理等方面因素，做好生活性服务业统筹安排工作，根据实际需要适当扩大服务规模；研究制定空间布局、企业进出标准、政策支持等乡村生活性服务业发展规划及政策体系。

专栏3-4 福建古田：互助孝老食堂

古田县位于福建东北部，隶属宁德市，是2019年脱贫的省级贫困县。截至2020年末，户籍人口约43万人，其中60岁及以上户籍人口有8.6万人，约占总人口的20%。近年来，随着城镇化快速推进和农村中青年劳动力转移，许多年轻人留下父母外出打工，空巢老人现象日益加重，由于缺少亲人的照料，部分农村老人一日三餐凑合着吃，甚至煮一次吃好几餐，存在饮食安全问题。

为解决农村留守独居等困难老人的吃饭问题，古田县立足实际，探索试点“互助孝老食堂”工作，构建“政府搭台、村居承办、居民互助、个人自愿、梯度收费、社会参与”的运作模式，鼓励居家抱团养老，重点解决贫困、留守、孤寡、高龄、失独、重残等特殊困难老人的吃饭问题，对老人进行关怀、关注，并不断拓展医疗保健、休闲娱乐等综合服务，建设互助共享的养老平台，开启了农村养老服务新篇章。

1.政府搭台建设农村老人食堂。

古田县积极探索抱团互助居家养老服务模式，于2020年4月出台《古田县“互助孝老食堂”试点工作方案》，选定10个试点村建设“互助孝老食堂”，满足老年人的用餐需求，解决农村居家养老的民生“食”事，改善农村老年群体健康状况。截至2023年5月，古田县举办“互助孝老食堂”的村达105个，逐步实现困难群众和老年人在“家门口”就能得到便捷实惠的照护。

“互助孝老食堂”明确补贴范围标准，坚持保基本、可持续的原则，重点保障对象包括以下八类人员：所在村居特困人员、三级以上残疾人、“五老”（老地下党员、老游击队员、老接头户、老交通员、老苏区干部）、户籍年龄在60周岁以上的低保对象、“三属”（烈士遗属、因公牺牲军人遗属、病故军人遗属）、经卫健部门认定的计生家庭中的失独（或独生子女三级以上残疾）老年人、户籍年龄70岁以上老党员、户籍年龄80岁以上高龄老人，并按照八类人员每人每天6元的标准给予运营补贴。

2.坚守互助本色，推进自主运营。

一是村居承办，互助互济。食堂建设和管理以村（居）支部为主，村（居）支部书记为第一责任人，乡级党委政府履行监管职责。在开办食堂的过程中，注重发挥群众互助互济精神，创新开发出从事养老护理服务的乡村公益性岗位。

二是分级分类，梯度收费。建立收费价格管控机制，收费标准由村民代表大会通过后执行，用餐收费坚持公益性原则，根据古田县经济发展水平，2022年大部分村以每人每天10元（即每月300元）为餐费缴纳标准，并结合就餐对象的年纪及家庭情况对餐费作出相应调整。

三是创新机制，扩充服务力量。鼓励志愿者通过支付时间或捐款捐物（折抵时间）为老年人提供养老服务，按一定的规则记录储存服务时间，到本人或直系亲属年满60周岁及以上需要服务时可提取时间兑换服务。

古田县推动敬老孝老工作常态化，注重制度建设，通过党组织引领和政策支持，在财务、食品安全、考评机制等方面作出严格规定，并购买保险强化防风险能力，全方位促进“互助孝老食堂”规范、长效运营。经过3年的建设运营和逐步完善，“互助孝老食堂”深受基层群众欢迎，形成了一套可复制可推广的农村养老服务运营模式。

资料来源：国家发展改革委网站、古田县人民政府网站。

▶▶▶

| 第四节 |

培育乡村新产业新业态

推动乡村产业振兴，要大力培育乡村新产业新业态，壮大乡村休闲旅游业、农村电商产业，完善新产业新业态培育机制，向开发农业多种功能要潜力，发挥乡村一二三产业融合发展的乘数效应，加快构建乡村产业体系。

一、培育壮大乡村休闲旅游业

发挥乡村休闲旅游业在横向融合农文旅、纵向带动乡村一二产业中的连接作用，以农民和农村集体经济组织为主体，联合大型农业企业、文旅企业等经营主体，吸引带动返乡入乡创新创业人才，大力推进“休闲农业＋”。突出乡村绿水青山特色、做亮自然生态田园底色、守住历史乡土文化本色，彰显农村的“土气”、巧用乡村的“老气”、焕发农民的“生气”、融入时代的“朝气”，推动乡村休闲旅游业高质量发展。

（一）发掘生态涵养产品

注重人与自然和谐共生，依托山水林田湖草沙等自然资源，结合农业资源保护利用、农村生态文明建设、农耕文化传承和节能减排固碳，发展生态观光、农事体验、户外拓展、自驾旅居等业态，开发森林人家、林间步道、健康氧吧、温泉水疗、水上漂流、滑草滑沙、星空露营等产品，打造一批循环农业、生态农牧、稻渔共生等生态样板，建设一批学农劳动、研学实践、科普教育等实训基地，创设一批农事生产、节气物候、自然课堂、健康养生等科普教程。

（二）打造乡村休闲体验产品

依托乡村资源，围绕多功能拓展、多业态聚集、多场景应用，开发乡宿、乡游、乡食、乡购、乡娱等综合体验项目。建设采摘园、垂钓园、风情街、民俗村、农业主题公园等景点，发展景观农业、观光采摘、休闲垂钓、特色动植物观赏等业态，打造一批田园康养基地和田园式花园式乡景基地。鼓励优质特色农产品实现地产地销、就地加工，发展乡味食堂、风味小吃、特色食品，开发“后备箱”“伴手礼”等旅游产品，培育精品农家菜和厨艺达人，举办乡土菜、农家宴推介和大赛。发展民族风情游、民俗体验游、村落风光游等业态，创设村歌、村晚、旅游演艺、节庆展会等节目，开发传统工艺、民族服饰等民族民俗特色产品。发展文化体验、教育农园、亲子体验、研学示范等业态，开展“体验乡村休闲、感悟乡土文化”等活动，讲好乡村故事，吸引居民望山见水忆乡愁。发展乡村共享经济等新业态，开发共享农田、共享农庄等旅游体验服务。

专栏3-5 陕西打造“袁家村”品牌

袁家村位于陕西省礼泉县，地处关中平原北部，土地面积660亩，截至2022年袁家村居民共有62户286人。袁家村依托资源优势，挖掘民俗文化，发展乡村旅游，助力产业发展和农民增收，走出一条文化旅游振兴乡村的发展路子。

回顾袁家村的发展历程，20世纪70年代“农业学大寨”时期，袁家村是陕西省农业战线的一面旗帜。80年代村办企业时期，袁家村是走在全省前列的先进乡村。自2000年起，随着村办企业的关停和外出务工村民的增多，袁家村开始逐渐“空心化”，村庄发展陷入低潮。2007年，袁家村开始兴办农家乐，发展民俗旅游，随着客流量的逐渐增加，袁家村在2009年新建小吃街，专门出售由农民制作的传统关中小吃，丰富了袁家村的旅游业态。2012年，袁家村客流量突破百万大关，为保住口碑、留住游客，袁家村专业合作社、文创联盟等相继成立，并提出“农民捍卫食品安全”的口号。2015年，袁家村通过集体成员集资，在西安市的曲江银泰城开设了第一家城市体验店，将袁家村自产的农副产品卖进城市，村集体成员通过入股参与分红。2015年至今，袁家村稳步推动城市体验店发展，增强“袁家村”品牌的影响力，袁家村农副产品现代化生产线也逐步建立。2021年，袁家村游客接待量达600万人次，旅游综合收入超过10亿元，村民人均纯收入10万元以上，吸纳就业3000多人，带动周边万余名农民增收。

总结袁家村乡村旅游发展经验，主要包括以下几点：以党支部为核心，凝聚村民发展意志；以村民为主体，打造农民创业平台；以乡村旅游为突破口，构筑乡村产业基础；以组建合作社为切入点，实现农村“三变”；以三产带二产促一产，实现三产融合发展；以建立收入调节机制为保障，带动农民共同富裕。

资料来源：陕西省人民政府网站、国家发展改革委网站。

（三）提升乡村休闲旅游水平

统筹推进乡村旅游设施改造提升，以“绣花”功夫抓好乡村环境治理，以“标兵”姿态抓实乡村生活垃圾分类，以“园丁”精神抓好美丽庭院、美丽田园、美丽山水建设，改善餐饮、住宿、停车、厕所等设施条件，因地制宜加快推进农村生活污水治理。将先进的管理模式和理念引入乡村，制修订乡村休闲旅游服务规程和标准，推动乡村民宿提质升级，用标准创响品牌，用品牌汇聚资源，让消费者体验乡村品质。

（四）实施乡村休闲旅游精品工程

推动资源适度集聚，强化典型引领带动，构建点线面结合的乡村休闲旅游发展格局。加大力度培育美丽宜人、业兴人和的美丽休闲乡村，推动产村融合发展，带动乡村生产生活生态价值提升。根据休闲旅游消费升级的需要，促进休闲农业提档升级，建设一批功能齐全、布局合理、机制完善、带动力强的休闲农业精品园区。大力打造和推介运营成熟、体验美好的乡村休闲旅游精品景点线路，促进产业提质增效，打造一批乡村休闲旅游优势品牌和城乡居民休闲旅游打卡地，推动“小网红”发展成为“串串红”。加快建设资源独特、设施完备、业态丰富、创新活跃的休闲农业重点县，推动县域统筹规划、整体推进、集成创新，打造一批乡村休闲旅游先行区。

二、培育壮大农村电商产业

发挥农村电商对接科工贸、汇聚人财货的优势，实施“互联网＋”农产品出村进城工程，利用5G、云计算、物联网、区块链等数字信息技术，加快网络体系、前端仓库和物流设施建设，把现代信息技术引入农业生产、加工、销售等各个环节。推动平台网络信息数据开放共享，建立县域农产品大数据，积极培育农村电商实体及网络直播等业态。

（一）培育农村电商主体

引导平台企业、物流、商贸、金融、供销、邮政、快递等各类主体到乡村布局，完善农村商贸服务体系。坚持共建共享、互联互通原则，在促进工业品下乡的同时更加聚焦服务农产品上行，依托益农信息社、农村综合服务社、村邮站、快递网点、农产品购销代办站、农家店等经营主体发展电商末端服务网点。建设农副产品直播电商和人才实训基地，依托信息进村入户运营商、优质电商直播平台、直播机构和经纪公司，发展直播卖货、助农直播间、移动“菜篮子”等，培育农民直播销售员。

（二）打造农产品供应链

研发绿色智能农产品供应链核心技术，加快培育农业现代供应链主体。建设产地仓储保鲜冷链基础设施，集中打造农产品生产供应基地，配备智能化设施设备和质量追溯设备，鼓励使用“一品一码”“一捆一码”“一筐一码”等追溯技术设备。提升农产品产地流通效率，创新农产品产地市场建设模式和运营机制，鼓励电商企业在产地建设一批田头市场，推动国家级、区域性农产品产地市场开展农产品线上批发、零售和产销对接等活动，进一步拓宽农产品流通渠道。建设农产品县级集散配送中心，打造出村进城枢纽，提升集中采购和跨区域配送能力，完善网销农产品商品化处理、品控分拣、打包配送、统配统送等功能。建设产地初加工服务站点，开展农产品分等分级、预冷仓储、包装等服务，整合快递物流等现有条件，完善县乡村三级物流体系。构建农产品供应链体系，深入实施“数商兴农”和“互联网+”农产品出村进城工程，打造农产品网络品牌，鼓励发展农产品电商直采、定制生产等模式，支持运营主体带动农户统一标准、统一生产、统一采购、统一品牌、统一销售，构建基于互联网的供应链管理模式，形成协同高效、利益共享的优质特色农产品供应链体系。

（三）建立运营服务体系

深入实施电子商务进农村综合示范，建设具有广泛性的农村电子商务发展基础设施，加快建立健全适应农产品电商发展的标准体系。提升电商服务功能，充分利用乡村网络站点优势，以低成本、简便易行的方式，与县级仓储物流节点有效衔接，构建网销服务体系。培育网络新零售，在大型电商平台开设旗舰店，培育零售电商、批发电商、分销电商以及社交电商、直播电商等新模式，形成多样化多层次的全网营销体系。注重线下渠道维护，与休闲体验相结合，建设优质特色农产品直营店、体验区，用网络营销带来的知名度促进线下销售。加强农商互联，密切产销衔接，发展农超、农社、农企、农校等产销对接的新型流通业态。

（四）强化农产品质量监管

强化农产品质量安全监测预警，稳定和加强基层农产品质量安全检验检测体系。加强乡镇农产品质量安全网格化管理，严查种植养殖屠宰环节使用禁限用药物行为，管控上市农产品常规农兽药残留超标问题，让生产者牢固树立“不合格不上市”的意识。推行食用农产品达标合格证制度，规范生产主体开具、使用合格证。积极探索利用现代信息技术的“阳光农安”智慧管理模式。支持产业化运营主体加强自我检测、全过程追溯。加快农产品田间管理、采后处理、分等分级、包装储运、产品追溯、信息采集等各环节标准研制。

三、完善新产业新业态培育机制

构建农村一二三产业融合发展体系，依托“互联网+”和“双创”推动农业生产经营模式转变，健全乡村旅游、休闲农业、民宿经济、农耕文化体验、健康养老等新业态培育机制，探索农产品个性化定制服务、会展农业和农业众筹等新模式，完善农村电子商务支持政策，实现城乡生产与消费多层次对接。适应居民消费升级趋势，制定便利市场准入、加强事中事后监管政策，制定相关标准，引导乡村新产业改善服务环境、提升品质。在新增建设用地计划指标中安排一定比例支持乡村新产业新业态发展，探索实行混合用地等方式。严格农业设施用地管理，满足合理需求。清理规范制约农业农村新产业新业态发展的行政审批事项。

▶▶▶

| 第五节 |

培育壮大县域富民产业

随着乡村振兴战略的推进，近年来县域内基础设施逐步改善，公共服务水平稳步提升，乡村产业基础进一步夯实，县域产业发展动能不断增强。同时，县域产业发展也面临瓶颈制约。例如多数县域产业体系发展质量和效益不高，吸纳就业的空间和能力不足；县城与乡镇村的经济联系和服务联结较弱，县城辐射带动能力不强；县域发展环境对人才等各类资源要素的吸引力较弱，发展环境有待优化；等等。培育壮大县域富民产业，要发挥县域资源产业优势，实现产业发展的差异化；要完善县乡村产业空间布局，实现产业发展高效化；要推动城乡产业协同发展，实现城乡发展融合化。

一、大力培育县域特色优势产业

结合县域资源禀赋特色和优势，选择主导产业，重点发展比较优势明显、带动农业农村能力强、就业容量大的产业，统筹培育本地产业和承接外部产业转移，促进产业转型升级。以“粮头食尾”“农头工尾”为抓手，培育农产品加工业集群，发展农资供应、技术集成、仓储物流、农产品营销等农业生产性服务业。推动县域一二三产业融合发展，根据文化旅游资源禀赋，培育文化体验、休闲度假、特色民宿、养生养老等产业。

二、着力推进县域产业要素聚集

在县域内实现适度集聚发展，引导农民向县城和中心镇（村）适度集中居住，产业向县城和中心镇（村）集聚配置，建设用地指标也根据人口和产业流动向县城和中心镇（村）倾斜配置，从而实现人地业适配。优化县域产业的空间布局，形成重点产业和龙头企业向园区集中、中小微企业向中心镇集聚、乡村作坊和家庭工场向重点村汇聚的发展格局，不断提高产业发展的集聚效应和带动效应。

（一）推进要素集聚

实施乡村特色产业提升工程，引导资本、科技、人才、土地等要素向农产品主产区、中心乡镇和物流节点、重点专业村聚集，集聚资源、集中力量，建设富有特色、规模适中、带动力强的特色产业集聚区。建设一批“小而精、特而美”的“一村一品”示范村镇，形成一村带数村、多村连成片的发展格局。聚焦主导产业，吸引资本聚镇、能人入镇、技术进镇，建设一批标准原料基地、集约加工转化、区域主导产业、紧密利益联结于一体的农业产业强镇。打造“一县一业”“多县一带”，在更大范围、更高层次上培育产业集群。以县域为单元，依托独特的自然资源、文化资源，建设一批设施完备、业态丰富、功能完善，在区域、全国乃至世界有知名度和影响力的休闲农业重点县。

（二）推进企业集中

促进农产品加工与企业对接，引导大型农业企业重心下沉，向农产品加工园区集中，优化流通体系，降低交易成本，促进生产与加工、产品与市场、企业与农户协调发展。支持发展县域范围内产业关联度高、辐射带动力强、参与主体多的融合模式，促进资源共享、链条共建、品牌共创，形成企业主体、农民参与、科研助力、金融支撑的产业发展格局。

三、大力推动城乡产业协同发展

搭建城乡产业协同发展平台，培育发展城乡产业协同发展先行区，推动城乡要素跨界配置和产业有机融合。把特色小镇作为城乡要素融合的重要载体，打造集聚特色产业的创新创业生态圈。以现代农业园区作为重要平台，优化提升各类农业园区，通过科技集成、主体集合、产业集群，统筹布局生产、加工、物流、研发、示范、服务等功能，促进产业格局由分散向集中、发展方式由粗放向集约、产业链条由单一向复合转变。完善小城镇联结城乡的功能，承接一定的产业和公共服务。探索创新美丽乡村特色化、差异化发展模式，盘活用好乡村资源资产。创建一批城乡融合典型项目，通过市场化方式设立城乡融合发展基金，引导社会资本重点培育一批国家城乡融合典型项目，形成示范带动效应。

专栏3-6　探索城乡产业融合发展的三种模式

城乡产业融合是指推动城乡间的人才、资本、技术等要素自由流动，推进城市与农村的优势互补，实现不同产业相互渗透、相互交叉、融为一体的动态发展过程，是促进城乡融合发展的关键，是加快转变农业发展方式和实现乡村振兴的重要抓手。近年来，农村改革试验区在城乡产业融合方面作出一系列探索，其经验做法具有借鉴价值。

1.农业产业强镇引领模式。

立足县域城乡区位条件和资源禀赋，以规划为引领，统筹推进县域内空间布局，着力培育农业产业强镇，发挥集镇的纽带作用，推动城乡产业发展，形成“强镇引领产业融合”的发展路径。

以浙江海盐试验区为例。以规划为引领，推进城市和镇、村集群发展，推动产业、社区、文化、旅游功能融合，优化园区等各类平台，打造“一区一业”“一镇一品”升级版，形成特色强镇与城乡产业互促发展的格局。

一是以农业强镇促产业融合。海盐县打造“望海街道生猪果蔬特色农业强镇”，围绕生猪、畜牧、蔬菜产业打造全产业链。依托现代互联网技术，形成涵盖生态养殖、透明工厂、肉品加工、冷链物流等生猪产业所有环节的格局，完成从源头到餐桌的产业链布局，成功打造浙江省首条生猪全产业链，建成全国首家地方猪文博园，推动生产、加工、文化、旅游的一二三产业融合发展。

二是以农业综合区促产业集聚。依托2个省级农业综合区和18个现代农业园区，打造农业产业集聚区，构建现代产业体系，实现种养加、产供销、贸工农一体化发展。培育壮大畜禽、蔬菜、水果等区域特色主导产品，建成浙江最大的红地球葡萄基地、华东最大的设施芦荟基地等。延伸产业链条，促进观光旅游、四季鲜果采摘、生态垂钓、芦荟种植与深加工、餐饮多种业态融合发展。

三是以完善经营体系促经营主体发展。构建以家庭经营为基础的现代农业经营体系，引导家庭农场、农民合作社与龙头企业在生产、技术、劳务等方面展开合作，形成紧密的利益联结机制，推进农业经营主体参与产业链经营、分享产业链利益。

2.农产品加工产业园区驱动模式。

立足乡村特色优势产业，通过建立园区发展农产品加工和精深加工产业，把产业链主体留在县域，把价值链收益主要留给农民，促进城乡产业发展，形成“园区驱动产业融合”的发展路径。

以四川成都试验区金堂县为例。金堂县通过盘活集体建设用地和闲置宅基地，开展土地综合整治，推动集体经济组织与社会资本合作，打造成都（金堂）农产品精深加工园区，推动农村一二三产业融合发展。

一是建设农产品精深加工园区，把价值链收益留给农民。首先，引导农户自愿腾退土地。腾退出的闲置宅基地加入土地综合整治，通过股份经济合作社参与成立资产管理公司，依法开展集体建设用地整理，建设农民集中居住区、农产品精深加工园区。其次，引进社会资本合作共建园区。在园区建设初期，由县国有平台公司投入修建标准化厂房，当园区达到一定规模后，再通过股份转让、租赁等方式引入社会资本，并移交给社会资本管理运作。最后，按照股份分配收益。通过评估核算、协商核定，由股份经济合作社组建的资产管理公司以集体建设用地折价入股；园区其他关联农户以承包土地经营权、林权入股组建集体土地股份合作社入股；县国有平台公司以及引入的社会资本，以新购的集体建设用地指标和厂房建设成本等入股；园区公司各类股东按照股份参与经营利润分红。

二是发挥园区驱动作用，推进三产交叉融合。金堂县以农产品精深加工园区为核心，建立集育种栽植、加工销售、科研观光于一体的食用菌全产业链。一是打造农产品原料基地，建立“市场主体 + 原料基地 + 当地农户”的订单合作模式；二是打造“生态菌乡”“天府橄榄谷”等三产融合品牌；三是推出“春进樱花源、夏亲资水河、秋望多彩林、冬品羊肚菌”特色生态旅游；四是建设打造农业园区和农业主题公园。

三是增强园区带动能力，促进人才返乡入乡。依托园区企业生产车间、高校实训基地、农业示范园区、大户家庭农场等，建立返乡入乡创业就业孵化平台，为创业者提供创业场地、技术对接、市场拓展、经营管理等服务。

3.农业产业化联合体带动模式。

打造农业产业化联合体，发挥龙头企业作用，构建新型农业经营主体合作联盟，明确各类主体在产业链中的功能定位，推进各类主体一体化经营，促进城乡产业一体化发展。

以安徽宿州试验区为例。宿州市已建成农业产业化联合体298家，加入联合体的龙头企业321家、合作社811家、家庭农场1998家，覆盖了粮食、畜禽、果蔬、林木等主导产业，年产值400亿元以上。

一是明确功能定位。联合体中龙头企业、合作社、家庭农场三大经营主体分工明确，联合经营：龙头企业承担农产品经营销售、统一制定生产规划和生产标准等职责，以优惠的价格向家庭农场提供农业生产资料，以高于市场的价格回收农产品。合作社上联龙头企业，下接家庭农场，起到中介纽带作用，为家庭农场提供产前、产中、产后服务。家庭农场按要求进行标准化生产，向龙头企业提供安全可靠的农产品。

二是健全利益联结机制。联合体各方通过签订合同，将农产品、生产资料的买卖及服务关系固定下来，实现契约联结。龙头企业通过为家庭农场担保贷款、垫付资金给家庭农场提供种苗及生产资料，实现资金联结。龙头企业、家庭农场、合作社投资建设生产设施或购买设备统一协调使用，实现资产联结。多数联合体的龙头企业负责提供核心技术，并通过企业和合作社将种养技术落实到家庭农场，发展标准化生产，实现技术联结。企业对家庭农场的产品进行检验后，统一使用企业的品牌，实现品牌联结。

三是加强政府引导。强化组织领导、完善顶层设计，重点抓好政策扶持和配套服务。政府出台五个配套文件，成立了金融、项目、科技、培训、装备、政策等六个服务指导组。积极探索“去抵押化”信贷模式，建立了有别于工商主体的家庭农场信用评价体系，对信用AAA级家庭农场发放无抵押、无担保贷款。整合涉农项目向联合体倾斜，推动农民合作社实施创新发展试点和全程社会化服务项目。

资料来源：农业农村部网站。

四、加快实施县域商业建设行动

以县乡村商业网络体系和农村物流配送“三点一线”为重点，加快建立完善县域统筹，以县城为中心、乡镇为重点、村为基础的县域商业体系，完善公共服务体系，实现居民安居乐业，为县域产业发展提供重要支撑。一是加快补齐农村商业设施短板。升级改造一批商贸中心、大中型超市、集贸市场等，发展连锁经营和电子商务，打造乡镇商业集聚区。二是健全县乡村物流配送体系，增强对乡村的辐射能力，开展日用消费品、农资下乡和农产品进城等物流快递共同配送服务，降低物流成本。三是改善优化县域消费渠道，引导大型流通企业下沉供应链，加大农村地区商品投放力度；发展购物、餐饮、亲子、娱乐、农资等多种业态，承接市民下乡和农民进城消费。四是增强农村产品上行动能，围绕农村产品上行，建设分拣、预冷、初加工、配送等商品化处理设施，统筹产品开发、设计、营销、品牌等服务，拓宽农村产品上行渠道。五是提高生活服务供给质量，引导农村邮政、供销、电商、商贸流通企业从传统批发、零售向综合性服务转变，整合购物、订餐、家政、职介、租赁、同城配送等服务，提高社区、村镇生活服务的便捷性和服务质量；引导商贸流通、电子商务、生活服务与现代农业、乡村旅游、加工制造等特色产业跨界融合，增强服务业推动生产、促进流通、扩大消费的功能。

专栏3-7　陕西安康：发展毛绒玩具产业

安康位于陕西省东南部，地处秦岭巴山腹地，居川、陕、鄂、渝交接部，国土面积2.35万平方公里，常住人口247.14万人。2017年以前，安康还是相对贫困的地区，为打造新兴产业、促进当地就业，安康主动承接东部产业转移，发展毛绒玩具产业，已经成为全国第四大毛绒玩具生产基地。

2017年，由于招工难、招工贵等问题，广东、江苏等地大批毛绒玩具企业计划迁移。与此同时，安康正面临着农民就业和地区产业发展问题。安康决定以毛绒玩具产业为突破口，把毛绒玩具产业从东部地区整体引进来，带动就业、促进脱贫，提升新型城镇化和工业化水平。得益于国家脱贫攻坚战略，在苏陕协作和东西部扶贫协作机制的推动下，2017年底，安康成功引进了第一家毛绒玩具公司，解决了当地五六十人的就业问题。

为了进一步推动毛绒玩具产业发展，安康持续扩大招商引资，瞄准国内前二十强毛绒玩具行业龙头企业和知名企业，主动登门拜访，点对点推介、一对一引进；企业落成后，及时兑现政策，开展以商招商、延链招商，吸引更多上下游企业聚集。截至2022年10月底，安康建成毛绒玩具工厂及配套企业736家，成为日产能超过100万只毛绒玩具的全国第四大毛绒玩具生产基地。大力开展技能培训，2022年，安康整合免费技能培训和就业扶贫政策，强化市县职业技能培训机构联动，并将毛绒玩具企业缝纫工技能培训延长至6个月，前3个月每人每月补贴600元，后3个月每人每月补贴300元，极大地激发了群众从事毛绒玩具产业的积极性，实现新增熟练产业工人3000人以上。

为了解决内陆地区物流成本高的问题，安康积极衔接上海港集团和西安铁路局，在恒口示范区联合打造“安康无水港”项目，采取集装箱海铁联运方式，实现“一次申报、一次查验、一次放行”，大幅节省了通关时间和运输成本。为了解决发展层次低的问题，安康积极吸引陕西科技大学、西安美术学院等10所大学设立专家工作站，与秦亲宝贝、暴走漫画等15家国内著名文创公司合作，扩大IP授权和自主知识产权产品规模。

经过5年的快速发展，安康市场活跃度大幅提升，每日生产百万只毛绒玩具从安康出口到世界80多个国家和地区。安康已初步形成了包括创意设计、原辅料生产、产品加工、贸易销售等环节在内的完整产业链，毛绒玩具也成为安康的重要富民产业。

资料来源：新华网、《陕西日报》数字报、安康市人民政府网站。

PART 04

第四章

推动乡村人才振兴

习近平总书记指出，乡村振兴，关键在人、关键在干[①]。党的二十大报告强调，人才是第一资源。从当前的情况看，农村人才总量不足、结构不优、素质不高、动能较弱等问题突出。要把人力资本开发放在首要位置，采取培养和引进相结合的方式，加快培养农业生产经营人才，培养壮大农村产业发展人才，加快培养乡村服务治理人才，培养壮大农业农村科技人才，健全乡村人才振兴体制机制，深化乡村人才培养、引进、管理、使用、流动、激励等制度改革，推动乡村振兴各领域人才规模不断壮大、素质稳步提升、结构持续优化。

① 习近平：《坚持把解决好“三农”问题作为全党工作重中之重 举全党全社会之力推动乡村振兴》，2022年3月31日，http://www.qstheory.cn/dukan/qs/2022-03/31/c_1128515304.htm。

▶▶▶

第一节

加快培养农业生产经营人才

近年来，我国农业生产经营人才规模逐渐扩大，但总量不足、素质偏低的问题仍然存在，难以为加快推进农业现代化、建设农业强国提供有力支撑。要加快培养高素质农民队伍、加大农村实用人才培养力度，壮大家庭农场经营者队伍和农民合作社带头人队伍，不断扩大农业生产经营人才规模，提升生产经营能力，推动农业高质量发展，增强农业质量效益和竞争力，带动乡村产业融合发展。

一、培养高素质农民队伍

深入实施现代农民培育计划，按照“需求导向、产业主线、分层实施、全程培育”的思路，重点面向从事适度规模经营的农民，分层分类开展全产业链培训，加强训后技术指导和跟踪服务，支持创办领办新型农业经营主体。发展农民学历教育，实施“百万乡村振兴带头人学历提升计划”，培养具有中高等学历教育的乡村振兴带头人，推介百所乡村振兴人才培养优质院校。健全农民教育培训体系，强化农广校等公益性农民教育培训机构主体功能，鼓励和引导涉农高校、职业院校、农业科研院所、农技推广机构等参与培训，推进教育培训资源共建共享、优势互补。引导各类市场主体充分利用数字信息技术，丰富在线教育资源，加强网络教育平台建设，加强农民在线教育培训和农民在线学习服务，加强农业生产技术在线指导。持续开展农民手机应用技能培训。

专栏4-1　高素质农民培育计划

围绕乡村振兴人才需求，构建农民短期培训、职业技能培训和学历教育相衔接培育机制，加快培养有文化、懂技术、善经营、会管理的高素质农民队伍，为加快农业农村现代化提供有力人才支撑。

开展高素质农民培育。按照“需求导向、产业主线、分层实施、全程培育”的思路，重点面向从事适度规模经营的农民，分层分类开展全产业链培训，“十四五”期间培育了500万高素质农民。

发展农民学历教育。实施“百万乡村振兴带头人学历提升计划”，培养100万具有中高等学历教育的乡村振兴带头人，推介百所乡村振兴人才培养优质院校。

健全农民教育培训体系。强化农广校等公益性农民教育培训机构主体功能，鼓励和引导涉农高校、职业院校、农业科研院所、农技推广机构等参与培训，推进教育培训资源共建共享、优势互补。引导各类市场主体，依托线上培训平台，持续开展农民手机应用技能培训。

资料来源：《“十四五”农业农村人才队伍建设发展规划》。

二、加大农村实用人才培养力度

实施农村实用人才培养计划，加强培训基地建设。大力培养农村种养殖业、动植物病虫防控防疫、农副产品加工、农业机械化、农业经营管理、农村能源、环境保护、文化艺术等领域农村实用技术人才，探索农村实用技术人才职称评审办法，健全农村实用技术人才评价激励机制，设立专门面向农民的技能大赛。重点培养造就一批能够引领一方、带动一片的农村实用人才带头人。

三、扶持壮大家庭农场经营者队伍

深入推进家庭农场经营者培养，实施家庭农场主素质提升计划，对纳入名录的家庭农场主开展轮训，提升农业生产能力和经营管理水平。实施青年农场主培养计划，对青年农场主进行重点培养和创业支持，不断壮大家庭农场经营者的后备力量。开展家庭农场主知识更新工程，充分发挥农广校、职业院校、农技推广单位、农业企业等机构培训功能，采取“田间学校”“送教下乡”等形式开展培训，提高培训的针对性和有效性，不断满足家庭农场多样化发展能力需求。支持家庭农场协同发展，鼓励组建家庭农场协会或联盟，搭建合作服务平台，为家庭农场提供农事服务、营销服务、金融服务、培训服务、信息服务等；推广家庭农场与龙头企业、社会化服务组织合作的有效方式，提升抱团发展能力。创新拓展支持服务，强化对家庭农场信贷支持力度，完善全国家庭农场名录数据库，构建家庭农场主管理服务系统，开展针对性指导服务；引导家庭农场主在生产、营销中积极使用大数据、互联网、物联网技术，参与区域公用品牌建设，参加农产品展销会，利用电商企业对接平台，提升对接大市场能力。开展示范家庭农场创建活动，征集推介家庭农场典型案例，发挥示范引领作用，带动小农户照着学、跟着干。

四、加快培养农民合作社带头人

1.多途径培育农民合作社带头人。建立农民合作社带头人人才库，加强对农民合作社骨干的培训。鼓励农民工、高校毕业生、退役军人、科技人员、农村实用人才等创办领办家庭农场、农民合作社。鼓励有条件的地方支持农民合作社聘请农业经理人。

2.强化农民合作社带头人支持政策。围绕发展乡村产业、拓展服务功能、加强利益联结等内容开展培训，提高带头人高质量发展能力。支持各地制定财政奖补、工资补贴等优惠政策，吸引大中专毕业生等各类人才领办创办农民合作社。开展信贷直通车活动，探索构建农民合作社信用评价体系，鼓励创设符合农民合作社需要的金融信贷产品。支持县级以上示范社、联合社承担国家涉农项目，落实用地用电政策。开展农民合作社带头人发展典型案例选树和宣介，对作出突出贡献的农民合作社带头人，可按照国家有关规定给予表彰奖励。鼓励家庭农场经营者、农民合作社带头人参加职称评审、技能等级认定。

专栏4-2　高素质农民发展的基本特征

高素质农民是农民中的优秀代表。大力培育高素质农民，发挥人才引领作用，促进农民科技文化素质提升，是全面推进乡村振兴、加快农业农村现代化的重要支撑。乡村振兴战略实施以来，农民教育培训和农业职业教育深入开展，培养了一支能够适应乡村振兴需求的高素质农民队伍。2023年1月11日，第四届全国农民教育培训发展论坛在河北正定举办，论坛发布了《2022年全国高素质农民发展报告》，这是自2016年以来发布的第7份年度报告，展示了全国高素质农民最新整体情况。

一是高素质农民培育有效实施。党中央、国务院持续加大对高素质农民培育的支持力度，农业农村部和财政部继续组织实施高素质农民培育计划，各地围绕2022年度主要任务，分层分类开展全产业链培育，组织开展稳夏粮丰收、大豆油料扩种、东北黑土地保护、重点区域产业带头人培育、职业能力提升五大专项培训行动。2021年国家高素质农民培育计划共培养高素质农民71.7万人。各地同时广泛开展科技普及和实用技术培训，努力提升农民技术技能水平和科技文化素质。中央农广校“云上智农”App高素质农民注册用户超过650万人，全国农民手机应用技能培训辐射超4000万人次。

二是农民职业教育稳步发展。农业农村部、教育部继续推进“百万高素质农民学历提升行动计划”，联合推介101所乡村振兴人才培养优质校。全国涉农职业院校通过优化专业布局、创新培养模式、强化师资建设，积极为农民提供良好的职业教育机会。2021年，304所涉农职业院校高职扩招招生11.64万人，其中招收高素质农民2.06万人。全国农广校体系积极推进教学改革、体系办学和标准化建设，部分地区农广校探索培训与中高职学历教育有效衔接，2021年全国农广校中职教育招生4.2万人，毕业近4万人。

三是高素质农民发展态势稳定。2022年高素质农民发展指数为0.5076，较2021年略降0.47%，但仍然高于2020年和2019年的发展指数。以2035年我国基本实现社会主义现代化为时间节点建立理想值，2022年高素质农民发展指数得分为70.09分。全国高素质农民发展态势总体相对平稳，并呈现区域性差异。

四是高素质农民队伍结构日益改善。高素质农民队伍相对年轻，平均年龄为47岁，其中67.11%的高素质农民年龄集中在36～54岁之间。高素质农民受教育程度相对较高，高中及以上文化程度的占57.03%，大专及以上文化程度的占18.84%，正在接受中职、高职、本科等学历教育的占22.32%。高素质农民新生力量充足，一大批大中专毕业生、外出务工返乡人员、退役军人、科技人员、大学生村官等新生力量加入高素质农民队伍，占比达57.81%。

五是高素质农民产业水平持续提升。大部分高素质农民从事传统的种养业，其中29.86%的高素质农民从事加工业、休闲业、社会化服务等农村新产业新业态，较2020年有大幅度增加。63.39%的高素质农民为规模农业经营户，平均土地经营面积为168亩。近50%的高素质农民通过加入合作社或与农业企业建立生产经营关系提升组织化程度。60.1%的高素质农民通过互联网购买农资或销售农产品，82.91%的高素质农民通过手机或电脑进行农业生产经营活动。

六是高素质农民收入水平略有下降。受新冠疫情等因素影响，2021年高素质农民的农业生产经营人均纯收入为3.60万元，较2020年略微下降，但该收入仍然相当于同期城镇居民人均可支配收入（4.74万元）的76%，是农村居民人均可支配收入（1.89万元）的1.9倍。与绝大多数普通农户相比，高素质农民仍然属于高收入群体。

七是高素质农民队伍作用有效发挥。65.04%的高素质农民对周边农户起到了辐射带动作用，平均辐射带动21户周边农户，带动小农户与现代农业有机衔接。22.98%的高素质农民获得县级及以上荣誉或奖励，19.19%的高素质农民担任村干部，4.58%的高素质农民担任县级以上人大代表或政协委员，分别比2020年提高2.12个百分点、1.45个百分点和1.59个百分点。

八是高素质农民发展环境有待优化。当前农民教育培训和高素质农民发展中还存在一些薄弱环节，例如农民教育培训的地方重视程度还不够、体系尚不完善、教育培训供给能力有待进一步提升。受农业弱质性和新冠疫情等不可抗逆因素的影响，2021年，86.83%的高素质农民在农业生产、销售环节都遇到疫情带来的困难，87.51%的高素质农民受到不同种类自然灾害的影响，需要政府和社会给予更多关注和支持。

资料来源：中国农网。

▶▶▶

| 第二节 |

培养壮大农村产业发展人才

农村产业发展人才是加快推进农村产业发展、构建现代农业产业体系、带动农民增收致富的关键力量。要依托农业农村资源条件，结合农村发展实际，适应乡村产业发展需要，大力培育创新创业带头人、乡村企业家、农村电商人才、乡村工匠等农村产业发展人才，打造农民工劳务输出品牌，为加快农村一二三产业融合发展、全面推进乡村振兴提供人才支撑。

一、培育农村创新创业带头人

深入实施农村创新创业带头人培育行动，通过集中授课、案例教学、现场指导、远程视频等方式，为农村创业人员开展精准便捷培训。不断推动乡村产业振兴带头人培育"头雁"项目实施，培育一支乡村产业振兴带头人"头雁"队伍，带动全国新型农业经营主体形成"雁阵"。不断改善农村创新创业生态，鼓励各地依托现代农业产业园、农业产业强镇和优势特色产业集群等项目建设，为农村创新创业人员提供办公场所、匹配服务团队、落实扶持政策。稳妥引导金融机构开发农村创新创业金融产品和服务方式，探索创新用地方式，新增建设用地指标优先用于返乡入乡创新创业。加快建设农村创业园和孵化实训基地，组建农村创新创业导师队伍，构建"平台+带头人"的农村创业人才培育机制。

专栏4-3　乡村产业振兴带头人培育“头雁”项目

1.培育对象。围绕全面推进乡村振兴、加快农业农村现代化要求，聚焦发展潜力大、带动能力强的家庭农场、农民合作社等新型农业经营主体的带头人，实施乡村产业振兴带头人培育“头雁”项目。

2.培育思路。按照“严格准入、系统培育、配套支持、示范引领”的思路，构建遴选认定、培训培育、政策扶持、示范带动有机结合的全链条、系统化人才培育机制，培养一批与现代乡村产业需求相适应、与乡村建设发展相协调，能够引领一方、带动一片的乡村产业振兴带头人队伍，引领带动农业农村人才队伍素质整体提升。

3.培育数量。每年平均为每县（市、区，含国有农场）培育10人左右，用5年时间培养打造一支规模约为10万人的乡村产业振兴“领头雁”队伍。

资料来源：《“十四五”农业农村人才队伍建设发展规划》。

二、壮大新一代乡村企业家队伍

乡村企业家是农业农村经济活动的支撑力量，发挥着推动农业产业融合发展、带动农民融入大市场的引领作用。开展“百千万”农业企业家培育工程，实施百名农业企业家交流活动、千名农业企业家能力提升专项行动、万名农业企业家轮训计划，建设一批农业企业家培育实训基地。通过专题培训、实践锻炼、学习交流等方式，完善乡村企业家培训体系，完善涉农企业人才激励机制，加强对乡村企业家合法权益的保护。建立政企沟通机制，发挥企业家智库作用，指导各地建立省市县农业企业家数据库，开展农业龙头企业发展情况年度调查，动态掌握农业企业家及其企业发展基本情况。建立乡村企业家联帮带机制，加强龙头企业与农村创新创业带头人、专业合作社带头人、家庭农场主等的联系，帮助提升产业发展能力、对接市场需求，带动壮大本土乡村企业家队伍。

专栏4-4 “百千万”农业企业家培育工程

1.百名农业企业家交流活动。组织实施百名农业企业家交流活动，讲述创业故事，发掘联农带农典型，推动企业家互学互促。

2.千名农业企业家能力提升专项行动。组织实施千名农业企业家能力提升专项行动，采取政府购买服务等方式，对成长性好、发展潜力大的农业企业家开展针对性教育培训服务，补足能力短板，提升综合素质。

3.万名农业企业家轮训计划。组织实施万名农业企业家轮训计划，依托农业企业家培育实训基地等，通过专题培训、实践锻炼、学习交流等方式，系统提升企业家综合素质，提高龙头企业带动乡村产业发展能力。

资料来源：《“十四五”农业农村人才队伍建设发展规划》。

三、加强农村电商人才培育

提升电子商务进农村效果，开展电商专家下乡活动。依托全国电子商务公共服务平台，加快建立农村电商人才培养载体及师资、标准、认证体系，开展线上线下相结合的多层次人才培训。加强电商业务对接，推动电商平台全流程全链条对接服务农村电商人才。打造跨村、县域电商人才队伍，扩大电商服务规模，集中发展区域优势产业。依托农业产业园区体系、农民创新创业孵化基地等，建设高质量农村电商产业园，优化创业孵化、人员培训、专家辅导、产销对接、仓储配送、品牌创建、公共服务、直播带货等功能。强化支持保障，在金融、用地、用电、物流运输、社会保障等方面对在农村创新创业的电商人才给予扶持。

专栏4-5　培育“农村青年主播”

为增强国家乡村振兴重点帮扶县自身发展能力和“造血”功能，带动脱贫人口持续增收，自2022年开始，农业农村部科技教育司与共青团中央青年发展部联合开展国家乡村振兴重点帮扶县“农村青年主播”培育工作，由农业农村部农民科技教育培训中心及北京快手科技有限公司（简称“快手平台”）作为支撑单位推动培育工作施行。

1.培育目标。以提升160个国家乡村振兴重点帮扶县农民收入和壮大县域经济为工作目标，聚焦农村电商短视频和直播领域，突出对青年农民的技能培养、实践转化，通过线上学习、集中培训、流量扶持、平台赋能等培育环节，培养一批掌握短视频和直播“新农技”、带动农民增收致富和宣传推广乡村发展的“农村青年主播”，营造国家乡村振兴重点帮扶县“农村青年主播”促进乡村经济发展的良好社会氛围。

2.培育对象。以省份为单位组织开展培育工作，每个省份1期，每个乡村振兴重点帮扶县培育对象不超过3人，每期班30～50人。乡村振兴重点帮扶县数量较少的省份可适当扩大至省级脱贫县。快手平台提供平台账号相关信息数据支持。

3.培育内容。线上预学习：快手平台提供短视频制作、直播类培训课程，上线全国农业科教云平台及快手平台App，供本培训线上预学习选用及高素质农民线上培育使用。

集中培训：有关省份根据乡村振兴重点帮扶县实际需求和疫情防控要求选择线上或线下集中培训形式。培训课程时长不少于3天，包括通识课程和专业课程。通识课程包括政治理论、政治法规等方面内容，不超过8学时。专业课程包括短视频制作及电商直播等内容，不少于16学时，由快手平台免费提供课程内容及师资。

4.扶持措施。培训完成后，快手平台根据学员发展情况进行流量扶持。流量扶持分为三个级别。

一级扶持：扶持周期为30天，扶持对象为新账号和账号粉丝少于1000人的农村青年，账号扶持100万曝光流量/人。

二级扶持：扶持周期为60天，扶持对象为账号粉丝1000～10000人的农村青年，账号扶持300万曝光流量/人，由快手平台“三农”专属运营社群提供指导。

三级扶持：扶持周期为90天，扶持对象为账号粉丝超过10000人的农村青年，账号扶持500万曝光流量/人，由快手平台“三农”专属运营社群提供指导。

培训顺利结业并在扶持期间粉丝超过10万人的学员，可获得快手平台“幸福乡村带头人”认证。

资料来源：农业农村部网站。

四、大力培育乡村工匠

挖掘培养乡村手工业者、传统艺人，通过设立名师工作室、大师传习所等，传承发展传统技艺。积极探索乡村工匠特色学徒制，开展师徒传承，提升乡村工匠技艺，创作传统工艺精品，转化技艺研究成果。鼓励高等学校、职业院校开展传统技艺传承人教育。在传统技艺人才聚集地设立工作站，开展研习培训、示范引导、品牌培育。支持鼓励传统技艺人才创办特色企业，带动发展乡村特色手工业。鼓励各地结合实际，打造一批“工匠园区”，成立乡村工匠产业孵化基地，扶持一批基础条件好、有一定经营规模的就业帮扶车间、非遗工坊、妇女手工基地等转型升级。支持返乡青年、职业院校毕业生、大学生、致富带头人等群体参加乡村工匠技能培训，将其列入乡村工匠后备人才库，鼓励符合条件的乡村工匠参加职称评审。

五、打造农民工劳务输出品牌

实施劳务输出品牌计划，围绕地方特色劳务群体，完善创业扶持、品牌培育政策。加强劳务品牌发现培育。聚焦新兴产业、现代服务、文化旅游、民生保障领域，分领域培育劳务品牌，确定劳务品牌建设重点项目，建立劳务品牌资源库。加快劳务品牌发展提升，开展劳务品牌职业技能培训，培养劳务品牌技能带头人，建设劳务品牌专家工作室，提高劳务品牌技能含量，健全长期稳定的劳务输出渠道，扩大劳务品牌就业规模，鼓励劳务品牌注册申请商标专利，开展劳务品牌诚信评价和诚信经营自律承诺行动，增强劳务品牌信誉。加速劳务品牌壮大升级。鼓励劳务品牌从业人员创新创业，按规定落实场地、房租等各项扶持政策，培育细分行业“专精特新”劳务品牌，组建劳务品牌联盟，推动劳务品牌上下游产业链协同发展，打造劳务品牌特色产业园区。建立技能培训体系和评价体系，通过完善行业标准、建设专家工作室、邀请专家授课、举办技能比赛等途径，普遍提升从业者职业技能，提高劳务输出的组织化、专业化、标准化水平。

第三节

加快培养乡村服务治理人才

乡村服务治理人才是推动农村基本具备现代生活条件、加快推动乡村振兴的关键支撑。要加快培养乡村服务治理人才，加大乡村教师、卫生健康、文化旅游体育、规划建设等公共服务人才培育和支持力度，培养和引进乡镇党政人才、村党组织带头人、大学生村官、社会工作人才、经营管理人才、法律人才等乡村治理人才，壮大乡村服务治理专业化队伍。

一、加快培养乡村公共服务人才

（一）加强乡村教师队伍建设

落实城乡统一的中小学教职工编制标准。继续实施革命老区、民族地区、边疆地区人才支持计划、教师专项计划和银龄讲学计划。加大乡村骨干教师培养力度，精准培养本土化优秀教师。改革完善“国培计划”，深入推进“互联网 + 义务教育”，健全乡村教师发展体系。对长期在乡村学校任教的教师，职称评审可按规定“定向评价、定向使用”，高级岗位实行总量控制、比例单列，可不受所在学校岗位结构比例限制。落实好乡村教师生活补助政策，加强乡村学校教师周转宿舍建设，按规定将符合条件的乡村教师纳入当地住房保障范围。

专栏4-6 改革完善“国培计划”

“中小学教师国家级培训计划”，简称“国培计划”，由教育部、财政部于2010年开始全面实施。“国培计划”是贯彻落实《国家中长期教育改革和发展规划纲要（2010—2020年》启动的教育发展重大项目，是加强幼儿园、中小学教师队伍建设的一项重大举措。“国培计划”的宗旨是示范引领、雪中送炭和促进改革，以农村教师为重点，通过对幼儿园、中小学教师的专项培训，提高广大教师的教育教学能力和专业化水平，示范带动各地教师全员培训工作的开展，大幅度提高教师队伍整体素质，为促进学前教育普及、义务教育均衡发展和提高基础教育质量提供师资保障。“国培计划”包括“中小学教师示范性培训项目”“中西部农村骨干教师培训项目”和“幼儿园教师国家级培训计划”三项内容。“计划”实施以来，国家投入经费超过200亿元，受益教师超过1800万人次。进一步推进乡村教师队伍高质量发展，提升农村地区教育质量，要从以下三方面改革完善“国培计划”：

1.夯实体系建设，提升“造血”能力。强化市县教师发展支持体系，加大对市县教师发展机构建设的支持力度，带动市县教师发展机构高质量发展，持续打造“用得上、干得好”的市县教师培训团队，增强市县教师发展机构的“造血”功能。培育师范教育基地，在全国建设一批国家师范教育基地和教师教育改革实验区，引导师范院校与中小学幼儿园合作开展教师专业发展模式探索。健全协同发展机制，带动形成教师发展机构、高等院校、培训机构、中小学校幼儿园“四位一体”的教师发展支持服务体系，形成分工明确、责任清晰、稳定通畅和效能突出的协作机制。

2.推动技术应用，助力精准培训。继续提升教师信息素养，继续实施信息技术应用能力提升工程2.0系列项目，以学校信息化教育教学改革发展引领教师信息技术应用能力提升，提升教师将信息技术与学科教学融合的素质与能力。加强信息化平台建设，推动现有信息化平台优化升级，建设培训学分管理平台，提升培训管理效率；搭建培训资源集成平台，实现优质资源全面覆盖、全体共享。开启“智能+教师培训”新时代，探索人工智能支持教师终身学习、持续发展新机制，促进人工智能与教师培训深度融合，推动实施智能化、个性化、交互性、伴随性培训。

3.探索教师自主发展，完善配套支持机制。推进自主选学机制探索，强化分层分类，实施精准培训，通过开展教师自主选学试点，探索教师自主发展机制，加快推动教师自主发展。开展整校研修模式探索，进一步完善线下集中、在线培训、校本研修融合的混合培训模式，推进教师常态化学习。搭建教师培训与学历教育衔接的“立交桥”，完善学分认证制度，建设学分银行，推进教师培训与学历教育衔接等制度的改革创新。

资料来源：教育部网站。

（二）加强乡村卫生健康人才队伍建设

按照服务人口比例，动态调整乡镇卫生院人员编制总量，允许编制在县域内统筹使用，用好用足空余编制。推进乡村基层医疗卫生机构公开招聘，艰苦边远地区县级及基层医疗卫生机构可根据情况适当放宽学历、年龄等招聘条件，对急需紧缺卫生健康专业人才简化公开招聘流程，保证乡镇卫生院至少配备1名公共卫生医师。深入实施全科医生特岗计划、农村订单定向医学生免费培养和助理全科医生培训，支持城市二级及以上医院在职或退休医师到乡村基层医疗卫生机构多点执业，开办乡村诊所，充实乡村卫生健康人才队伍。完善乡村基层卫生健康人才激励机制，落实职称晋升和倾斜政策，优化乡镇医疗卫生机构岗位设置，按照政策合理核定乡村基层医疗卫生机构绩效工资总量和水平。优化乡村基层卫生健康人才能力提升培训项目，加强在岗培训和继续教育。落实乡村医生各项补助，逐步提高乡村医生收入待遇，做好乡村医生参加基本养老保险工作，深入推进乡村全科执业助理医师资格考试，推动乡村医生向执业（助理）医师转化，引导医学专业高校毕业生免试申请乡村医生执业注册。鼓励免费定向培养一批源于本乡本土的大学生乡村医生，多途径培养培训乡村卫生健康工作队伍，改善乡村卫生服务和治理水平。

专栏4-7 实施“一村一名大学生”村医计划

2021年7月，吉林省启动实施“一村一名大学生”村医计划，培养一批源于吉林本乡本土的乡村医生，更好地为农村居民提供均等化的基本公共卫生服务和安全、有效、方便、经济的基本医疗服务。

培养计划根据培养对象医学工作需要和各院校专业设置情况，依托长春医学高等专科学校、白城医学高等专科学校开展，通过高职扩招专项等方式，对在村卫生室岗位的中专及以下学历村医开展学历提升教育。培养计划制定了完善的保障措施，为培养对象免交报名费和考试费并免予文化素质考试；被录取培养对象在校期间，按规定享受奖助学金和免学费政策；培养对象毕业后，在参加国家医学资格考试方面与普通高校毕业生享受同等待遇；村医离岗培养期间，由各地利用上级下派、邻村代管等模式，组织做好医疗卫生服务接续，保障村民看病就医。

截至2022年，培养计划录取4793人，超出计划培养目标193人，培养周期为3年。培养计划的实施将实现吉林省“一村一名大学生”村医目标，进一步改善村医学历结构，有效补充省边境县市、乡村振兴重点县村医队伍梯队，缓解部分地区存在的缺少村医、村医年龄较大、村医能力不强等难题。

资料来源：吉林省人民政府网站、吉林省卫生健康委员会网站、《吉林日报》。

（三）加强乡村文化旅游体育人才队伍建设

推动文化旅游体育人才下乡服务，重点向革命老区、民族地区、边疆地区倾斜。完善文化和旅游、广播电视、网络视听等专业人才扶持政策，培养一批乡村文艺社团、创作团队、文化志愿者、非遗传承人和乡村旅游示范者。鼓励运动员、教练员、体育专业师生、体育科研人员参与乡村体育指导志愿服务。

（四）加强乡村规划建设人才队伍建设

支持熟悉乡村的首席规划师、乡村规划师、建筑师、设计师及团队参与村庄规划设计、特色景观制作、人文风貌引导，提高设计建设水平，塑造乡村特色风貌。统筹推进城乡基础设施建设管护人才互通共享，搭建服务平台，畅通交流机制。实施乡村本土建设人才培育工程，加强乡村建设工匠培训和管理，培育修路工、水利员、改厕专家、农村住房建设辅导员等专业人员，提升农村环境治理、基础设施及农村住房建设管护水平。

二、加快培养乡村治理人才

（一）加强乡镇党政人才队伍建设

选优配强乡镇领导班子特别是乡镇党委书记，健全从乡镇事业人员、优秀村党组织书记、到村任职过的选调生、驻村第一书记、驻村工作队员中选拔乡镇领导干部常态化机制。实行乡镇编制专编专用，明确乡镇新录用公务员在乡镇最低服务年限，规范从乡镇借调工作人员。落实乡镇工作补贴和艰苦边远地区津贴政策，确保乡镇机关工作人员收入高于县直机关同职级人员。落实艰苦边远地区乡镇公务员考录政策，适当降低门槛和开考比例，允许县乡两级拿出一定数量的职位面向高校毕业生、退役军人等具有本地户籍或在本地长期生活工作的人员招考。

（二）推动村党组织带头人队伍整体优化提升

坚持把政治标准放在首位，选拔思想政治素质好、道德品行好、带富能力强、协调能力强，公道正派、廉洁自律，热心为群众服务的党员担任村党组织书记。注重从本村致富能手、外出务工经商返乡人员、本乡本土大学毕业生、退役军人中的党员里培养选拔村党组织书记。鼓励采取“定制村官”、面向社会公开选拔、上级党组织选派等多种方式，从高校毕业生、机关和企事业单位人员中选派。全面落实村党组织书记县级党委组织部门备案管理制度和村“两委”成员资格联审机制，实行村“两委”成员近亲属回避，净化、优化村干部队伍。加大从优秀村党组织书记中考录乡镇公务员、招聘乡镇事业编制人员力度。县级党委每年至少对村党组织书记培训1次，支持村干部和农民参加学历教育。坚持和完善向重点乡村选派驻村第一书记和工作队制度。

（三）实施“一村一名大学生”培育计划

鼓励各地遴选一批高等职业学校，按照有关规定，根据乡村振兴需求开设涉农专业，支持村干部、新型农业经营主体带头人、退役军人、返乡创业农民工等，采取在校学习、弹性学制、农学交替、送教下乡等方式，就地就近接受职业高等教育，培养一批在乡大学生、乡村治理人才。进一步加强选调生到村任职、履行大学生村官有关职责、按照大学生村官管理工作，落实选调生一般应占本年度公务员考录计划10%左右的规模要求。鼓励各地多渠道招录大学毕业生到村工作。扩大高校毕业生“三支一扶”计划招募规模。

（四）加强农村社会工作人才队伍建设

加快推动乡镇社会工作服务站建设，加大政府购买服务力度，吸引社会工作人才提供专业服务，大力培育社会工作服务类社会组织。加大本土社会工作专业人才培养力度，鼓励村干部、年轻党员等参加社会工作职业资格评价和各类教育培训。持续实施革命老区、民族地区、边疆地区社会工作专业人才支持计划。加强乡村儿童关爱服务人才队伍建设。通过项目奖补、税收减免等方式引导高校毕业生、退役军人、返乡入乡人员参与社区服务。

（五）加强农村经营管理人才队伍建设

依法依规划分农村经营管理的行政职责和事业职责，建立健全职责目录清单。采取招录、调剂、聘用等方式，通过安排专兼职人员等途径，充实农村经营管理队伍，确保事有人干、责有人负。加强业务培训，力争3年内轮训一遍。加强农村土地承包经营纠纷调解仲裁人才队伍建设，鼓励各地探索建立仲裁员等级评价制度。将农村合作组织管理专业纳入农业技术人员职称评审范围，完善评价标准。加强农村集体经济组织人才培养，完善激励机制。

（六）加强农村法律人才队伍建设

加强农业综合行政执法人才队伍建设，加大执法人员培训力度，完善工资待遇和职业保障政策，培养通专结合、一专多能执法人才。推动公共法律服务力量下沉，通过招录、聘用、政府购买服务、发展志愿者队伍等方式，充实乡镇司法所公共法律服务人才队伍，加强乡村法律服务人才培训。以村干部、村妇联执委、人民调解员、网格员、村民小组长、退役军人等为重点，加快培育“法律明白人”。培育农村学法用法示范户，构建农业综合行政执法人员与农村学法用法示范户的密切联结机制。提高乡村人民调解员队伍专业化水平，有序推进在农村“五老”人员中选聘人民调解员。完善和落实“一村一法律顾问”制度。

第四节

培养壮大农业农村科技人才

农业农村科技人才是加快农业农村现代化的突击队，是推进农业农村高质量发展、加快建设农业强国的排头兵。加快培养农业农村科技人才，有利于提高农业生产效率效益，推动农业产业转型升级，加快推进乡村产业振兴。当前，“三农”工作重心历史性转向全面推进乡村振兴，但一些领域出现科研人才断层的情况，农业农村科技人才中基层农技推广人员面临专业素质不高、知识结构老化、队伍青黄不接等问题，极大地制约了农业农村现代化的步伐。因此，加快培养农业农村科技人才、提升广大农民科学素质迫在眉睫。

一、培养农业农村高科技领军人才

国家重大人才工程、人才专项优先支持农业农村领域，推进农业农村科研杰出人才培养，鼓励各地实施农业农村领域“引才计划”，加快培育一批高科技领军人才和团队。深入实施农业科研杰出人才计划和杰出青年农业科学家项目，设立实施“神农英才”计划，加强优秀青年后备人才培养，突出服务基层导向。支持高科技领军人才按照有关政策在国家农业高新技术产业示范区、农业科技园区等落户。

专栏4-8 "神农英才"计划

1.工作思路。按照"精准培育、重点支持、突破瓶颈、引领发展"的总体思路，聚焦农业科技重点领域，构建择优评选、分类支持、经费与政策双投入的系统化农业科技人才培育机制，打造一批能够突破关键核心技术和组织颠覆性创新重大科技任务的农业科技领军人才，支持一批具有成为农业科技领军人才潜力的青年人才，引领带动农业科技整体实力跨越式提升，为全面推进乡村振兴、加快农业农村现代化提供人才支撑和智力支持。

2.培养数量。神农领军英才：每年遴选 55 岁以下农业科技领军人才 50 名，5年共选拔 250 名。神农青年英才：每年遴选 40 岁以下（女性候选人不超过 45 岁）农业科技优秀青年人才200名，5年共选拔1000名。

3.实施方式。面向农业科研院所、涉农高校、创新型企业等，对于能力水平、业绩贡献达到"神农英才"计划条件的人才，经个人申报或院士等同行提名推荐、形式审查、专家评审、社会公示等环节，由农业农村部确定人选，给予稳定支持。

资料来源：《"十四五"农业农村人才队伍建设发展规划》。

二、培养农业农村科技创新人才

加快布局具有适应性、引领性的新农科专业，面向粮食安全、生态文明、智慧农业、营养与健康、乡村发展等领域，加快培养急需紧缺农林人才。全面建立高等院校、科研院所等事业单位专业技术人员到乡村和企业挂职、兼职和离岗创新创业制度，保障其在职称评定、工资福利、社会保障等方面的权益。依托现代农业产业技术体系、农业科技创新联盟、现代农业产业科技创新中心等平台，发现人才、培育人才、凝聚人才。加强农业企业科技人才培养。健全农业农村科研立项、成果评价、成果转化机制，完善科技人员兼职兼薪、分享股权期权、领办创办企业、成果权益分配等激励办法。健全种业等领域科研人员以知识产权明晰为基础、以知识价值为导向的分配政策。

三、培养农业农村科技推广人才

推进农技推广体系改革创新，完善公益性和经营性农技推广融合发展机制，允许农技人员通过提供增值服务合理取酬。全面实施农技推广服务特聘计划，通过政府购买服务等支持方式，从农业乡土专家、种养能手、新型农业经营主体技术骨干、科研教学单位一线服务人员中招募特聘农技员，开展产业技术指导服务。深化农技人员职称制度改革，突出业绩水平和实际贡献，向服务基层一线人才倾斜，实行农业农村科技推广人才差异化分类考核。实施基层农技人员素质提升工程，重点培训年轻骨干农技人员，支持有条件的地区通过“定向招生、定向培养、定向就业”的培养方式，吸引高素质人才进入农技推广队伍。建立健全农产品质量安全协管员、信息员队伍。鼓励地方对“土专家”“田秀才”“乡创客”发放补贴。开展“寻找最美农技员”活动。引导科研院所、高等学校开展专家服务基层活动，推广“科技小院”等培养模式，派驻研究生深入农村开展实用技术研究和推广服务工作。

专栏4–9　建设一批科技小院

科技小院研究生培养模式是指研究生培养单位把农业专业学位研究生长期派驻到农业生产一线，在完成理论知识学习的基础上，重点研究解决农业农村生产实践中的实际问题，着力培养知农、爱农、兴农的农业高层次应用型人才。2023年5月，习近平总书记给中国农业大学科技小院的同学们的回信中对同学们通过科技小院，深入田间地头和村屯农家，在服务乡村振兴中解民生、治学问给予肯定，希望同学们把课堂学习和乡村实践紧密结合起来，厚植爱农情怀，练就兴农本领，在乡村振兴的大舞台上建功立业。

2009年，中国农业大学资源与环境学院张福锁院士带领团队来到河北省曲周县，深入农村和农业生产一线，建立了第一个科技小院——白寨科技小院。截至2022年，全国已有30余所涉农高校陆续建立了300多个科技小院，覆盖广西、四川、云南、内蒙古等29个省（区、市），涵盖了粮食作物、经济作物、药用作物、牧草作物、养殖业、林业、食品加工、种养一体化等9类产业的135个农产品类型。

科技小院师生秉持“从生产中来，到生产中去”的研究思路，长期驻扎农业生产一线，基于生产问题和农户需求，运用系统研究思维与多学科交叉创新方法，整合科研人员的理论知识和农户的社会经验，与农户共同开展参与式技术创新与应用，联合多主体共同开展科技创新、社会服务和人才培养，“零距离、零时差、零门槛、零费用”服务农民和农业产业，推动农业生产经营方式变革和农村文化建设，助推乡村振兴。科技小院模式集人才培养、科技创新、社会服务于一体，实现了教书与育人、田间与课堂、理论与实践、科研与推广、创新与服务的紧密结合。

科技小院培养模式引导研究生把论文写在中国大地上，为涉农高校创新人才培养、服务乡村振兴探索更加宽广的路径，为科技成果加快转化为农民可用技术提供强劲推动力。2020年以来，科技小院模式7次写入国家及部委文件。2009—2020年，科技小院累计服务近600个贫困村、4.85万农户、17余万农民。10多年来，先后有800余名校内外导师和1500多名研究生参与到科技小院的建设和运行中，制定技术规程113套，创新单项技术284项，制作农民培训材料276套和宣传展板600余块，田间观摩辐射8万余人，累计线下培训农民20余万人。科技小院模式于2021年和2022年连续被联合国粮农组织向全球发布，已推广到老挝和非洲8国。

为更好地发挥科技小院在人才培养、科技创新、社会服务等方面的示范作用，2022年，教育部、农业农村部、中国科协联合印发《关于支持建设一批科技小院的通知》，将支持范围由原先的300多个扩展到780个，实现31个省（区、市）和新疆生产建设兵团全覆盖，并对地处国家重点帮扶县、聚焦县域特色农产品的科技小院特别予以倾斜支持，涉及34个全国重点帮扶县。在农业人才培养上，优先满足科技小院农业专业学位研究生培养的招生计划需求，并将科技小院纳入当地农业技术服务体系和农民培训体系。

资料来源：中国政府网、教育部网站、中国农业大学网站、新华网、《新京报》、《科技日报》。

四、发展壮大科技特派员队伍

坚持政府选派、市场选择、志愿参加原则，完善科技特派员工作机制，拓宽科技特派员来源渠道，逐步实现各级科技特派员科技服务和创业带动全覆盖。完善优化科技特派员扶持激励政策，持续加大对科技特派员工作支持力度，推广利益共同体模式，支持科技特派员领办创办协办农民合作社、专业技术协会和农业企业。

专栏4-10　实行科技特派员制度

科技特派员制度是一项源于基层探索、群众需要、实践创新的制度安排，主要目的是引导各类科技创新创业人才和单位整合科技、信息、资金、管理等现代生产要素，深入农村基层一线开展科技创业和服务，与农民建立“风险共担、利益共享”的共同体，推动农村创新创业深入开展。

1999年2月，福建省南平市委、市政府选派农业科技人员到行政村担任科技特派员，帮助农民依靠科技兴农致富。2002年，时任福建省省长的习近平在对南平市向农村选派干部的工作进行调研后，撰文指出南平市的做法是对新形势下农村工作机制的创新。同年10月，科技部总结福建南平科技特派员实践经验，在宁夏、陕西、甘肃、青海、新疆等西北五省区开展科技特派员试点工作。2009年，科技部等8部委在全国范围内启动科技特派员农村科技创业行动。2016年5月，国务院办公厅印发《关于深入推行科技特派员制度的若干意见》，对科技特派员工作进行了顶层设计和谋篇布局。

2019年10月21日，科技特派员制度推行20周年总结会议在北京召开，会议对92名科技特派员和43家组织实施单位进行通报表扬。习近平总书记对科技特派员制度推行20周年作出重要指示指出，科技特派员制度推行20年来，坚持人才下沉、科技下乡、服务“三农”，队伍不断壮大，成为党的“三农”政策的宣传队、农业科技的传播者、科技创新创业的领头羊、乡村脱贫致富的带头人，使广大农民有了更多获得感、幸福感。

资料来源：中国政府网、《人民日报》。

五、实施农民科学素质提升行动

以提升科技文化素质为重点，提高农民文明生活、科学生产、科学经营能力，造就一支适应农业农村现代化发展要求的高素质农民队伍。一是树立相信科学、和谐理性的思想观念。重点围绕保护生态环境、节约能源资源、绿色生产、防灾减灾、卫生健康、移风易俗等，深入开展科普宣传教育活动。二是实施高素质农民培育计划。面向保障国家粮食安全和重要农副产品有效供给、构建乡村产业体系、发展农村社会事业新需求，依托农广校等平台开展农民教育培训，大力提高农民科技文化素质，服务农业农村现代化。开展农民职业技能鉴定和技能等级认定、农村电商技能人才培训，举办面向农民的技能大赛、农民科学素质网络竞赛、乡土人才创新创业大赛等，开展农民教育培训，培育农村创新创业带头人。实施农村妇女素质提升计划，帮助农村妇女参与农业农村现代化建设。三是实施乡村振兴科技支撑行动。鼓励高校和科研院所开展乡村振兴智力服务，推广科技小院、专家大院、院（校）地共建等农业科技社会化服务模式。深入推行科技特派员制度，支持家庭农场、农民合作社、农业社会化服务组织等新型农业经营主体和服务主体通过建立示范基地、田间学校等方式开展科技示范，引领现代农业发展。引导专业技术学（协）会等社会组织开展农业科技服务，将先进适用的品种、技术、装备、设施导入小农户，实现小农户和现代农业有机衔接。四是提升革命老区、民族地区、边疆地区、脱贫地区农民科技文化素质。引导社会科普资源向欠发达地区农村倾斜。开展兴边富民行动、边境边民科普活动和科普边疆行活动，大力开展科技援疆援藏，提高边远地区农民科技文化素质。提升农村低收入人口职业技能，增强内生发展能力。

▶▶▶

| 第五节 |

健全乡村人才振兴体制机制

事业因人才而兴，人才因事业而聚。吸引人才、留住人才、用好人才，最好的环境是良好的体制机制。推动乡村人才振兴，要建立健全乡村人才振兴体制机制，着力打通乡村人才发展梗阻，吸引各类人才在乡村振兴中建功立业。

一、完善乡村人才培养制度

充分发挥各类主体在乡村人才培养中的作用，着力推动形成乡村人才培养的工作合力。全面加强涉农高校耕读教育，深入实施卓越农林人才教育培养计划2.0，建设一批新兴涉农专业，引导综合性高校增设涉农学科专业，加强乡村振兴发展研究院建设。加强农村职业院校基础能力建设，推动职业院校（含技工院校）建设涉农专业或开设特色工艺班，与基层行政事业单位、用工企业精准对接，培养基层急需的专业技术人才，对农村“两后生”进行技能培训，定向培养乡村人才。加大公费师范生培养力度，实行定向培养，明确基层服务年限，推动特岗计划与公费师范生培养相结合。支持中央和国家机关有关部门、地方政府、高等学校、职业院校加强合作，按规定为艰苦地区和基层一线“订单式”培养专业人才。依托各级党校（行政学院）培养基层党组织干部队伍。发挥好党校（行政学院）、干部学院主渠道、主阵地作用，分类分级开展“三农”干部培训，将教育资源延伸覆盖至村和社区。充分发挥农业广播电视学校等培训机构作用。支持各类培训机构加强对高素质农民、能工巧匠等本土人才的培养，推动农民培训与职业教育有效衔接。支持企业参与乡村人才培养。引导农业企业建设实训基地、打造乡村人才孵化基地、建设产学研用协同创新基地。

二、健全农村工作干部培养锻炼制度

完善县级以上机关年轻干部在农村基层培养锻炼机制，有计划地选派县级以上机关有发展潜力的年轻干部到乡镇任职、挂职，多渠道选派优秀干部到农村干事创业。

三、建立各类人才定期服务乡村制度

建立城市医生、教师、科技、文化等人才定期服务乡村制度，支持和鼓励符合条件的事业单位科研人员按照国家有关规定到乡村和涉农企业创新创业，充分保障其在职称评审、工资福利、社会保障等方面的权益。鼓励地方整合各领域外部人才成立乡村振兴顾问团，支持引导退休专家和干部服务乡村振兴。将基层工作经历作为职称评审、岗位聘用的重要参考。落实中小学教师晋升高级职称原则上要有1年以上农村基层工作服务经历要求。国家建立医疗卫生人员定期到基层和艰苦边远地区从事医疗卫生工作制度。执业医师晋升为副高级技术职称的，应当有累计1年以上在县级以下或者对口支援的医疗卫生机构提供医疗卫生服务的经历。支持专业技术人才通过项目合作、短期工作、专家服务、兼职等多种形式到基层开展服务活动，在基层时间累计超过半年的视为基层工作经历，作为职称评审、岗位聘用的重要参考。对县乡事业单位专业性强的岗位聘用的高层次人才，可采取协议工资、项目工资、年薪制等灵活多样的分配方式，合理确定薪酬待遇。鼓励地方通过建设人才公寓、发放住房补助，允许返乡入乡人员子女在就业创业地接受学前教育、义务教育，解决好返乡入乡人员的居住和子女入学问题。完善社保关系转移接续机制，为返乡入乡人员及其家属按规定参加城镇职工基本养老保险、基本医疗保险提供便捷服务。

四、健全鼓励人才向艰苦地区和基层一线流动激励制度

适当放宽在基层一线工作的专业技术人才职称评审条件。对长期在基层一线和艰苦边远地区工作的，加大爱岗敬业表现、实际工作业绩及工作年限等评价权重，落实完善工资待遇倾斜政策，激励人才扎根一线建功立业。推广医疗、教育人才“组团式”援疆援藏经验做法，逐步将人才“组团式”帮扶拓展到其他艰苦地区和更多领域。

五、建立县域专业人才统筹使用制度

积极开展统筹使用基层各类编制资源试点，探索赋予乡镇更加灵活的用人自主权，鼓励从上往下跨层级调剂行政事业编制，推动资源服务管理向基层倾斜。推进义务教育阶段教师“县管校聘”，推广城乡学校共同体、乡村中心校模式。加强县域卫生人才一体化配备和管理，在区域卫生编制总量内统一配备各类卫生人才，强化多劳多得、优绩优酬，鼓励实行“县聘乡用”“乡聘村用”。

六、完善乡村高技能人才职业技能等级制度

组织农民参加职业技能鉴定、职业技能等级认定、职业技能竞赛等多种技能评价。探索“以赛代评”“以项目代评”，符合条件可直接认定相应的技能等级。按照有关规定对有突出贡献的人才破格评定相应的技能等级。

七、建立健全乡村人才分级分类评价体系

坚持“把论文写在大地上”，完善农业农村领域高级职称评审申报条件，探索推行技术标准、专题报告、发展规划、技术方案、试验报告等视同发表论文的评审方式。对乡村发展急需紧缺人才，可以设置特设岗位，不受常设岗位总量、职称最高等级和结构比例限制。

八、提高乡村人才服务保障能力

完善乡村人才认定标准，做好乡村人才分类统计，加强乡村人才工作信息化建设，建立健全县乡村三级乡村人才管理网络。加强人才管理服务工作，大力发展乡村人才服务业，引导市场主体为乡村人才提供中介、信息等服务。

九、建立城市人才入乡激励机制

制定财政、金融、社会保障等激励政策，吸引各类人才返乡入乡创业。鼓励原籍普通高校和职业院校毕业生、外出农民工及经商人员回乡创业兴业。推进大学生村官与选调生工作衔接，鼓励引导高校毕业生到村任职、扎根基层、发挥作用。建立选派第一书记工作长效机制。建立城乡人才合作交流机制，探索通过岗编适度分离等多种方式，推进城市教科文卫体等工作人员定期服务乡村。推动职称评定、工资待遇等向乡村教师、医生倾斜，优化乡村教师、医生中高级岗位结构比例。引导规划、建筑、园林等设计人员入乡。允许农村集体经济组织探索人才加入机制，吸引人才、留住人才。

十、建立科技成果入乡转化机制

健全涉农技术创新市场导向机制和产学研用合作机制，鼓励创建技术转移机构和技术服务网络，建立科研人员到乡村兼职和离岗创业制度，探索其在涉农企业技术入股、兼职兼薪机制。建立健全农业科研成果产权制度，赋予科研人员科技成果所有权。发挥政府引导推动作用，建立有利于涉农科研成果转化推广的激励机制与利益分享机制。探索公益性和经营性农技推广融合发展机制，允许农技人员通过提供增值服务合理取酬。

十一、完善乡村人才振兴保障机制

加强组织领导，各级党委建立党委统一领导、组织部门指导、党委农村工作部门统筹协调、相关部门分工负责的乡村人才振兴工作联席会议制度，把乡村人才振兴纳入人才工作目标责任制考核和乡村振兴实绩考核，注重提拔使用政治过硬、实绩突出的农村工作干部。加强政策支持，加强乡村人才振兴投入保障，支持涉农企业加大乡村人力资本开发投入。农村集体经营性建设用地和复垦腾退建设用地指标注重支持各类乡村人才发展新产业新业态，推进农村金融产品和服务创新。加强平台建设，搭建乡村引才聚才平台，完善科技成果转化、人才奖补等政策，为乡村人才提供政策咨询、职称申报、项目申报、融资对接等服务。加强规划管理，探索建立乡村人才信息库和需求目录，制定乡村人才振兴规划，推动“三农”工作人才队伍建设制度化、规范化、常态化。

05

PART

第五章

推动乡村文化振兴

习近平总书记指出，“乡村振兴，既要塑形，也要铸魂”[①]。乡村文化振兴不仅是乡村振兴的题中之义，而且对于乡村产业振兴、人才振兴、生态振兴和组织振兴都具有重要的引领和推动作用。党的十九大以来，各地区各有关部门立足职责，尊重农民主体地位，不断加强农村精神文明建设，保护传承乡村优秀传统文化，在一系列政策措施的推动下，乡村文化产业蓬勃发展，乡村文化振兴取得明显成效。但同时也要看到，我国农村地区的思想道德建设和公共文化建设整体上仍然处于不平衡、不充分的发展阶段，与乡村全面振兴的要求还存在一定差距。面向新时代，全力推动乡村振兴，要弘扬和践行社会主义核心价值观、深化拓展农村群众性精神文明创建、深入推进农村移风易俗、繁荣发展乡村优秀文化、发展农村新兴文化业态、增加农村公共文化产品和服务供给。

---

① 习近平：《论“三农”工作》，中央文献出版社，2022，第269页。

▶▶▶

| 第一节 |

弘扬和践行社会主义核心价值观

文化自信是一个国家、一个民族发展中更基本、更深沉、更持久的力量。社会主义核心价值观是文化最深层的内核，是凝聚力量的思想道德基础，要把培育和弘扬社会主义核心价值观作为凝魂聚气、强基固本的基础工程。广大农村是培育社会主义核心价值观的重要场域，推动社会主义核心价值观在农村地区落地生根，不仅事关乡村社会文明程度的提高，更事关乡村振兴战略全局。

一、弘扬社会主义核心价值观

坚持教育引导、实践养成、制度保障三管齐下，深化中国特色社会主义和中国梦宣传教育。教育引导是弘扬社会主义核心价值观的重要方式，各地区各有关部门要积极动员和组织广大农民进行宣传教育，推动社会主义核心价值观的广泛传播和学习。充分发挥基层党组织的整合动员能力，有序化、组织化地推进农村社会主义核心价值观的培育。综合运用多元载体、多样形式、多种场合，在农村广泛开展主体突出、特色鲜明、内容丰富的群众性活动，聚焦农民群众的衣食住行、休闲娱乐、社会交往等方面，设置生活情境、强化体验体悟、营造社会氛围，引导农民在参与中受到教育、强化认同、付诸行动。将社会主义核心价值观融入农村普法宣传教育中，坚持法治宣传教育与法治实践相结合，让广大农民深刻认识法律法规所蕴含的价值观，牢固树立法治意识、增强法治观念，形成守法光荣、违法可耻的良好氛围。完善乡规民约、村规民约等社会规范，发挥礼仪制度的教化作用。深入实施公民道德建设工程，推进社会公德、职业道德、家庭美德、个人品德建设，激励人民向上向善、孝老爱亲，忠于祖国、忠于人民。

二、树立榜样模范

榜样模范是社会道德建设的重要旗帜。先进典型人物是时代的先行者，具有崇高的道德水准，是社会主义核心价值观的真正践行者，极具感召力和影响力。

（一）选树先进典型

精心选树“三农”领域时代楷模、道德模范、最美人物等先进典型。充分给予舆论上的推崇和道义上的支持，给予物质上的激励和生活上的关心，推动形成好人好报、善有善报的正向效应和崇德向善、见贤思齐的农村社会氛围。

（二）积极探索典型宣传的有效路径

先进典型能否引领广大农民，不仅取决于事迹的感染力，也取决于传播的覆盖面。面对媒体格局和舆论生态发生的深刻变化，要坚持新闻宣传、理论宣传、文艺宣传、社会宣传联动，将“看得见的宣传”和“看不见的宣传”结合起来，形成全方位、立体化宣传格局。农民群体具有其特殊性，在典型宣传中，要注重贴近性、对象化、接地气，把“讲道理”和“讲故事”结合起来，用草根语言和群众喜闻乐见的方式讲述先进典型事迹。

（三）构建崇德向善的长效机制

先进典型蕴含丰富的道德资源，有着跨越时代的恒久价值，需要不断开掘利用。运用榜样的力量，激发全社会崇德向善的行动自觉，需要在构建长效机制上多下功夫。要完善常态化学习机制，把服务全面推进乡村振兴、加快农业农村现代化、解决农民群众急难愁盼问题的先进事迹作为典型示范的重要环节，着力改进学习方式，巩固放大学习效果。要抓好推广机制，先进典型要从盆景变为风景，需要一个从推动到感动再到行动的不断推广的过程。要着力抓好各类实践活动载体，把典型宣传有机融入各类道德实践活动。

三、加强农村思想政治引领

党的十八大以来，以习近平同志为核心的党中央坚持把解决好“三农”问题作为全党工作的重中之重，农村经济社会取得长足进步，但是农村经济建设与精神文明建设不平衡、农民精神文化需求满足不充分的情况还比较突出。进入新时代，加强农村思想政治引领，要从基层组织建设、道德行为规范、教育文化等方面入手。

（一）发挥基层党组织领导作用

农村基层党组织是做好农民思想政治工作的主体，要推动基层党组织、基层单位、农村社区有针对性地加强农村群众性思想政治工作。要选优配强农村党支部书记，夯实农村基层党组织的领导地位，发挥驻村工作队的辅助作用，扎实开展组织生活。广大党员干部要走到农民身边、走进农民心里，在服务群众的过程中，耐心细致地开展思想政治工作，在密切党群干群关系的过程中，教育引导广大农民“感恩党、听党话、跟党走”，动员广大群众投身到乡村振兴伟大事业中来。

（二）构建道德行为规范

在农村社会中，道德是指导和控制人们行为的基本规范。做好农民思想政治工作，一方面要继承弘扬中国优秀传统道德文化，另一方面要坚持法治与德治相结合，充分发挥退转复员军人、返乡创业人员、大学生志愿者等典型模范的示范作用。推动农民精神文明水平有一个较大提升，让优秀民风民俗传统和时代精神在农村发扬光大。

（三）提升科技教育水平

教育观念落后、科技知识贫乏是制约农民思想进步的根源。要借助思想政治工作，充实农民精神文化生活，引导农民找到积极健康的生活方式。要不断推进学前教育优质普惠、义务教育城乡均衡一体化发展，让农民从“可上学”升级到“上好学”，立德树人要从小抓起，既注重传授科学文化知识，也重视培养实践动手能力。加大力度培育科技文化水平高、经营管理能力强的社会主义新农村建设者，为农民提供信息、技术、培训等服务，提升新型农民的科技文化素质。

四、做好新时代农村宗教工作

农村宗教工作，事关民族团结和社会稳定，事关国家长治久安和中华民族伟大复兴。新时代新征程，做好农村宗教工作，要抓好以下三方面工作。

（一）完善宗教工作机制

创新宗教工作管理机制，织牢织密基层宗教网络，推进基层宗教工作向精细化、制度化、网格化转变。实行宗教场所、宗教教职人员“户籍式”档案管理，构建“网格化+信息化”的规范宗教事务管理模式。强化监督考核机制，把农村宗教工作纳入高质量发展、平安建设和落实意识形态工作责任制考核内容，压实村级党组织宗教工作责任。压实基层职责，配备村级宗教工作小组，加强马克思主义宗教观宣传，加强有关无神论、自然科学、社会进化和人的进化等科学文化知识宣传，引导农民以理性态度看待宗教。

（二）筑牢意识形态阵地

将社会主义核心价值观融入宗教团体建设、宗教教义阐释、宗教设施规范、宗教行为养成，落实推进我国宗教中国化举措。深入开展“四史”学习教育、爱党爱国爱社会主义等主题活动，以制度形式巩固落实，努力培养一支符合“四项标准”（政治上靠得住、宗教上有造诣、品德上能服众、关键时起作用）的宗教界代表人士队伍，厚植社会主义核心价值观、爱国爱教意识于农村宗教领域。结合农村宗教特点，采取线上线下、集中与巡回宣讲相结合等方式，有针对性地组织农村宗教活动场所管理组织成员、教职人员、信众学习贯彻宪法等法律法规，促进其自觉学法守法，维护法治。

（三）强化服务管理

依托统战、宗教工作领导小组协调机制，各地区各部门要发挥职能作用，破解互联网宗教事务管理等重点难点问题，提高服务管理效能。积极推荐参选、建立打造宗教活动场所先进典型，发挥示范引领作用；充分运用模范场所推荐过程、现场观摩交流活动等，将其作为发挥模范示范引领效用的重要渠道和平台。

| 第二节 |

深化拓展农村群众性精神文明创建

一、坚持以人民为中心的工作导向

深入推进农村精神文明建设，要紧紧围绕促进人民福祉来进行。要始终把“坚持以人民为中心的工作导向”作为农村群众性精神文明创建的根本原则，以解决问题为抓手，充分发挥人民群众的首创精神，科学识别人民群众中的“能工巧匠”“行家里手”，不断夯实农村精神文明建设的群众基础，激励人民群众投身新时代文明实践，调动他们推动经济高质量发展、社会高效能治理、社会文明程度提高的主动性、自觉性，让新时代文明实践内容渗透于城乡每个角落，推动文明实践活动在扎根基层中服务基层、在服务群众中引领群众，切实增强人民群众的获得感。

二、倡导诚信道德规范

农村社会能否长治久安，乡村社会文明程度能否不断提升，很大程度上取决于农民的道德素质。要深入实施公民道德建设工程，持续推进社会公德、职业道德、家庭美德、个人品德建设。推进诚信建设，强化农民的社会责任意识、规则意识、集体意识和主人翁意识。建立健全农村信用体系，完善守信激励和失信惩戒机制。弘扬劳动最光荣、劳动者最伟大的观念。弘扬中华孝道，强化孝敬父母、尊敬长辈的社会风尚。广泛开展好媳妇、好儿女、好公婆等评选表彰活动，开展寻找最美乡村教师、医生、村官、人民调解员等活动。深入宣传道德模范、身边好人的典型事迹，建立健全先进模范发挥作用的长效机制。

三、建设新时代文明实践中心

建设新时代文明实践中心是党中央对宣传思想文化和精神文明建设工作作出的一次重要部署，承担着乡村全面振兴和培养时代新人的重任。要调动各方力量，整合各种资源，创新方式方法，用中国特色社会主义文化、社会主义思想道德牢牢占领农村思想文化阵地，努力把中心建设成为学习传播科学理论的大众平台。

（一）调动各方力量，整合各种资源

要健全县乡村三级新时代文明实践中心（站、所），盘活学校、文化馆、图书馆、博物馆、影剧院等公共资源用于文明实践活动。要组建县乡村三级党政主要领导挂帅的志愿者队伍，推动中国特色志愿服务高质量发展，彰显学雷锋志愿服务的价值底色。要构建以县为主、社会力量支持的人、财、物保障机制，明确县乡村三级新时代文明实践中心（站、所）的职能职责，确保中心发挥建设社会主义文明的作用。要及时总结推广行之有效的好经验、好做法，全面深化拓展新时代文明实践中心建设。

（二）明确重点工作内容

新时代文明实践中心要把学习宣传习近平新时代中国特色社会主义思想作为首要任务，组织农村党员学习实践习近平新时代中国特色社会主义思想。宣传阐释党中央大政方针、党的为民利民惠民政策。推进中国特色社会主义、中国梦和社会主义核心价值观宣传教育。开展群众乐于参与、便于参与的文化活动。开展移风易俗、弘扬时代新风行动。

（三）创新工作方式方法

坚持开展宣传教育与引导群众实践参与相结合、理论宣讲与技能传授相统一、

群众点单与志愿者接单相结合。实现文明实践活动网上网下同频共振、相映生辉。抓住党员干部率先垂范和关爱农村特殊群体两个重点。强化工作保障，建立新时代文明实践基金，通过“财政资金＋社会资金”的模式，搭建以政府投入为主、多种渠道筹措为辅的多元投入机制；发挥新时代文明实践中心的桥梁和纽带作用，将社会各界、文明实践阵地和广大志愿者紧密联系起来，形成强大合力。

（四）加强组织领导

县（市、区）级党委宣传部门要立足激活县域，建立常态化调研机制，对县（市、区）文明实践工作加强指导；建立奖惩机制，加强评估考核。宣传部、文明办的负责同志要带队开展蹲点调研，和所辖县（市、区）主要负责同志一同研究解决问题、总结经验做法，推进精准化、常态化、便利化、品牌化中心建设。

专栏5-1　建设新时代文明实践中心

福州市晋安区新店镇新店社区新时代文明实践站主动与北峰山区农民沟通联系，创新助农模式，依托晋安区新店镇福飞路“助农在新店”平台实体门店，以城乡基层党组织结对共建为纽带，采取“政府牵头＋资源整合＋科技支撑＋农户参与”的运作模式，为北峰乡村农民助力，推动山区农产品供需精准对接。石狮市灵秀镇党委政府携手灵秀派出所，成立泉州地区首支义警队——“百灵鸟”义警队。“百灵鸟”义警队现有志愿者13000余人，累计开展文明实践活动近300场次，服务群众逾10万人次。福建省文联坚持以人民为中心的创作导向，弘扬时代主旋律，成立新时代文明实践中心福建文艺志愿者艺术团，开展“三下乡”、文艺扶贫、流动图书馆等活动；组建“文艺轻骑兵”等志愿服务队，建设非遗传习所、乡学讲习所、“百姓大舞台”等特色阵地；在“我们的节日”等重要时间节点，开展“到人民中去”大型文艺演出、“乡村春晚”、两岸对渡文化节、文化讲座、地方戏剧表演、经典诵读等丰富多彩的文艺文化活动，成为新时代文明实践参与度最高、影响面最广、活跃度最高的活动。

资料来源：《光明日报》。

｜第三节｜

深入推进农村移风易俗

农村社会是较为典型的人情社会、面子社会，很多与婚丧嫁娶、生老病死相关的风俗习惯不只具有经济意义，还具有一定的社会意义和文化意义。近年来，各地移风易俗已取得积极成效，但很多地方仍然存在高价彩礼、大操大办等陈规陋习，仍需进一步推进农村移风易俗。

一、加强宣传教育

加强舆论引导，充分利用县乡电视广播系统、乡镇政务场所、农村集市、村务公开栏、村大喇叭、村文化墙等直接面向农民群众的宣传阵地，用身边事教育身边人；有针对性地开展舆论监督，坚决抵制婚丧陋习、天价彩礼、孝道式微和老无所养等不良社会风气。广泛开展道德教育，推进道德宣讲团等道德文化阵地建设；充分发挥共青团、妇联等群团组织作用，加强青年婚育观教育；强化家庭、学校主体责任，让良好道德观贯穿始终，让中华孝道成为公民特质；充分发挥农村老党员、老干部和各类人才作用，用嘉言懿行垂范乡里、影响群众。

二、加强典型示范

以党风政风引领农村新风。各级领导干部应以身作则、率先垂范，在移风易俗中走在前头。建立农村党员干部操办婚丧事宜报备制度，该向群众公示的要向群众公示。发挥组织监督和群众监督作用，对违反相关规定的党员干部进行相应处理。营造弘扬文明乡风的实践氛围。广泛开展“婚育新风进万家”“敬老月”等主题实践活动。重视在春节、清明、七夕、中秋、重阳等传统民族节日引导践行正确婚丧观和中华孝道。培育、选树、宣传婚事新办、丧事简办、孝亲敬老典型，充分发挥榜样示范作用。推进农村敬老爱老和婚丧嫁娶志愿服务，开展邻里互助和爱心公益活动。

三、加强制度保障，实施有效管理

强化法律约束，推动在相关法律法规修订中增加文明乡风相关内容。加强对农村婚介机构和农村“媒婆”的管理，教育引导农民自觉承担责任、树立良好家风，巩固家庭养老基础地位，对孝道式微等现象要加强批评教育，对不赡养、虐待父母等行为要加大惩处力度。建立正面激励机制，对于在推进文明乡风建设方面作出表率的模范家庭和先进个人，相关部门和地方可以在精神和物质方面给予相应奖励；支持村级组织通过互评亮榜等方式宣传正确婚丧观和孝道典型。总结推广“乡村道德银行”“文明积分”等奖励模式，对先进典型进行奖励，让德者有得。

第四节

繁荣发展乡村优秀文化

一、保护利用乡村传统文化

实施农耕文化传承保护工程，深入挖掘农耕文化中蕴含的优秀思想观念、人文精神、道德规范，充分发挥其在凝聚人心、教化群众、淳化民风中的重要作用。划定乡村建设的历史文化保护线，保护好文物古迹、传统村落、民族村寨、传统建筑、农业遗迹、灌溉工程遗产。传承传统建筑文化，使历史记忆、地域特色、民族特点融入乡村建设与维护。支持农村地区优秀戏曲曲艺、少数民族文化、民间文化等传承发展。完善非物质文化遗产保护制度，实施非物质文化遗产传承发展工程。实施乡村经济社会变迁物证征藏工程，鼓励乡村史志修编。

二、重塑乡村文化生态

紧密结合特色小镇、美丽乡村建设，深入挖掘乡村特色文化符号，盘活地方和民族特色文化资源，走特色化、差异化发展之路。以形神兼备为导向，保护乡村原有建筑风貌和村落格局，把民族民间文化元素融入乡村建设，深挖历史古韵，弘扬人文之美，重塑诗意闲适的人文环境和田绿草青的居住环境，重现原生田园风光和原本乡情乡愁。引导企业家、文化工作者、退休人员、文化志愿者等投身乡村文化建设，丰富农村文化业态。

专栏5-2　浙江衢州发展乡村特色文化产业

衢州市常山县金川街道徐村村原来是一个典型的“空壳村”，村里没有支柱产业，村集体经济也只有2万余元。近年来，徐村村充分利用城郊村的地理优势与“水清、岸绿、景美”的自然环境优势，通过环境整治，陆续建成绣溪游廊、休闲沙滩、徐村大草坪等景观，如火如荼发展乡村旅游产业。

增加文化属性，打造独有音乐节IP是徐村村的一大亮点。徐村村具备很好的基础设施，而且村庄整体环境与音乐节要传递的自然、轻盈、愉悦的生活态度相契合。这里的草坪搭配边上的河流和落日，像画，像诗歌。这些是大城市无法获得的，大城市的音乐节只能用灯光、用人造的艺术品来支撑，而在这里，一山一水、一草一木，甚至是村里的方言，都可以是一种久违的美。

2021年徐村村举办第一届“常山UU音乐节”，仅两天时间就接待游客1.2万人次，较平时增长5倍，村集体经营性收入达到22万元。2022年第二届音乐节门票开售后在很短的时间内全部售罄；音乐节期间大草坪周边有5家民宿日营收额破万元，带动村民20多人平均日增收4000元。加上村里出租场地做停车场等费用，村集体经济增收20万元左右。徐村村通过引入音乐元素，解锁了乡村旅游的新玩法，为乡村振兴注入新动能。

资料来源：《浙江日报》。

三、发展乡村特色文化产业

文化产业是文化发展的重要引擎，能够为乡村文化振兴注入活力。要加强规划引导、典型示范，挖掘培养乡土文化本土人才，建设一批特色鲜明、优势突出的农耕文化产业展示区，打造一批特色文化产业乡镇、文化产业特色村和文化产业群。大力推动农村地区实施传统工艺振兴计划，培育形成具有民族和地域特色的传统工艺产品，促进传统工艺提高品质、形成品牌、带动就业。积极开发传统节日文化用品和武术、戏曲、舞龙、舞狮、锣鼓等民间艺术、民俗表演项目，促进文化资源与现代消费需求有效对接。推动文化、旅游与其他产业深度融合、创新发展。启动实施文化产业赋能乡村振兴计划。挖掘文化内涵，培育乡村特色文化产业，助推乡村旅游高质量发展。支持具备条件的地区搭建平台，整合资源，提高传统工艺产品设计、制作水平，形成具有一定影响力的地方品牌。深入发掘农村各类优秀民间文化资源，培育特色文化品牌，培养一批扎根农村的乡土文化人才，加强“中国民间文化艺术之乡”命名评审工作。

四、培育乡村文化产品

（一）实施文化产业赋能乡村振兴计划

将乡村民俗文化、人文精神与现代要素、时尚元素和美学艺术相结合，深入发掘民间艺术、戏曲曲艺、手工技艺、民族服饰、民俗活动等活态文化，打造具有农耕特质、民族特色、地域特点的乡村文化项目，发展历史赋能、独具特色、还原传统的乡村民宿经济，制作乡村戏剧曲艺、杂技杂耍等文创产品，创响“珍稀牌”“工艺牌”“文化牌”的乡土特色品牌。大力弘扬以爱国主义为核心的民族精神和以改革创新为核心的时代精神，打造文化乡村，培育文明乡风，弘扬革命文化，赓续红色血脉。

（二）创新发展乡村文化服务

强化乡村文化服务供给，发挥公益组织和商业文化服务组织优势，深入挖掘和创新发展地方特色文化，举办文化艺术活动，如传统节日庆祝和手工艺培训等，促进乡村文化传承。推动休闲娱乐服务发展，积极发展健康文明娱乐服务，严厉打击黄赌毒等违法行为。规范发展乡村典礼服务，提供婚庆、葬礼等典礼服务，包括典礼策划、布置和主持等，满足居民在重要时刻的需求；倡导文明节俭操办婚丧喜庆事宜，遏制天价彩礼、厚葬薄养等陈规陋习。

▶▶▶

丨第五节丨

发展农村新兴文化业态

一、引导创意设计赋能乡村振兴

文化创意设计是乡村产业振兴的重要动能。文化创意作为一种新兴的“生产要素”，与土地、劳动力和资本一样，越发成为乡村产业振兴的关键因素。整合用好乡村文化资源，推陈出新，往往能实现十倍百倍的增值效应。要引导创意设计企业、平台、工作室及设计师向乡村拓展业务、落地经营，为乡村集体经济组织和各类企业、农民合作社、农户等提供创意设计服务。鼓励创意设计、规划建筑、园林景观等单位积极参与乡村建设，建设各具特色的美丽乡村、美丽庭院，创造宜业宜居宜乐宜游的良好环境。鼓励高校艺术、设计类专业结合教学、科研和社会实践，为乡村建设提供创意设计支持。大力发展创意农业，加强农产品包装、设计和营销，提升农业品牌知名度和农产品文化附加值。鼓励发展特色农业，挖掘特色种植业、林业、畜牧业等文化内涵。

二、鼓励数字文化赋能乡村振兴

随着5G、超级计算、区块链等新技术的不断涌现，数字经济渗透逐渐加深，数字文化产业应运而生。数字文化利用“数字+”“文化+”等形式，促进了乡村各产业融合创新发展，加快了产业结构、消费结构升级，成为文化助推乡村振兴的重要元素。与传统文化产业相比，数字文化产业依托其强大的数字技术更新再造乡村文化的生产、传播与消费方式，实现传统生产要素向数字化载体转变，能够有效应对以往乡村文化产业发展过程中存在的开发不到位、市场规模小等问题。要鼓励数字文化企业发挥平台和技术优势，创作传播展现乡村特色文化、民间技艺、乡土风貌、田园风光、生产生活等方面的数字文化产品，规划开发线下沉浸式体验项目，带动乡村文化传播、展示和消费。充分运用动漫、游戏、数字艺术、知识服务、网络文学、网络表演、网络视频等产业形态，挖掘活化乡村优秀传统文化资源，打造独具当地特色的主题形象，带动地域宣传推广、文创产品开发、农产品品牌形象塑造。推广社交电商、直播卖货等销售模式，促进特色农产品销售。

三、支持特色文化赋能乡村振兴

乡村文化产业是创意密集型产业，特色是影响乡村产业发展的关键变量。要鼓励各地结合文化资源禀赋和文化产业发展特点，培育打造地方特色鲜明、文化内涵突出、一二三产业有机融合的文化业态。支持特色产业发展，传承弘扬茶、中医药、美食等特色文化，开发适合大众康养、休闲、体验的文化和旅游产品。推进特色文化制造业发展，积极开发传统文化节日用品、特色文化产品。鼓励各地发掘乡村传统节庆、赛事和农事节气，结合中国农民丰收节、“村晚”、“乡村文化周”、“非遗购物节”等活动，因地制宜培育地方特色节庆会展活动。研究推动优秀农业文化展示区建设，鼓励和支持文化工作者深入中国重要农业文化遗产地，挖掘农耕文化中蕴含的优秀思想观念、人文精神、道德规范，不断深化优秀农耕文化的传承、保护和利用。鼓励有条件的地方引入艺术机构，以市场化方式运营具有乡土文化特色的艺术节展。

四、推动文旅融合赋能乡村振兴

乡村文化是中华优秀传统文化的重要组成部分，旅游业兼具文化和经济双重属性，乡村旅游是依托乡村文化，特别是以乡村传统文化为基础发展起来的新兴产业。乡村文化内容十分丰富，不仅包括农耕技术、时令节气等中国传统农业文明，还包括农民的道德情感、社会心理、风俗习惯、是非标准、行为方式、理想追求等朴素生活方式，是几千年来广大人民群众积累的精神财富。通过创新理念、创新路径、创新模式推动乡村传统文化创造性转化、创新性发展，能够开发出乡村旅游和乡村经济新产品、新业态，夯实乡村产业基础，扩大乡村经济规模。要坚持以文塑旅、以旅彰文，推动创意设计、演出、节庆会展等业态与乡村旅游深度融合，促进文化消费与旅游消费有机结合，培育文旅融合新业态、新模式。实施乡村旅游艺术提升计划行动，设计开发具有文化特色的乡村旅游产品，提升乡村旅游体验性和互动性。推动非物质文化遗产融入乡村旅游各环节，支持利用非遗工坊、传承体验中心等场所，培育一批乡村非物质文化遗产旅游体验基地。支持有条件的中国重要农业文化遗产地建设农耕文化体验场所，弘扬优秀农耕文化。鼓励各地加强“中国民间文化艺术之乡”建设，塑造“一乡一品”“一乡一艺”“一乡一景”特色品牌，形成具有区域影响力的乡村文化名片，提升乡村文化建设品质，充分开发民间文化艺术研学游、体验游等产品和线路。全面推进“创意下乡”，有效提升旅游商品开发水平和市场价值。

| 第六节 |

增加农村公共文化产品和服务供给

一、增加农村公共文化产品供给

（一）丰富优秀公共文化产品供给

建立农民群众文化需求反馈机制，推动政府向社会购买公共文化服务，开展“菜单式”“订单式”服务。加强公共文化服务品牌建设，推动形成具有鲜明特色和社会影响力的农村公共文化服务项目。开展文化结对帮扶。支持“三农”题材文艺创作生产，鼓励文艺工作者推出反映农民生产生活尤其是乡村振兴实践的优秀文艺作品。鼓励各级文艺组织深入农村地区开展惠民演出活动。加强农村科普工作，推动全民阅读进家庭、进农村，提高农民的科学文化素养。

（二）活跃基层群众文化生活

完善群众文艺扶持机制，鼓励农村地区自办文化。培育挖掘乡土文化本土人才，支持乡村文化能人。加强基层文化队伍培训，培养一支懂文艺爱农村爱农民、专兼职相结合的农村文化工作队伍。传承和发展民族民间传统体育，广泛开展形式多样的农民群众性体育活动。鼓励开展群众性节日民俗活动，支持文化志愿者深入农村开展丰富多彩的文化志愿服务活动。活跃繁荣农村文化市场，推动农村文化市场转型升级，加强农村文化市场监管。

二、创新农村公共文化服务方式

（一）拓展新型公共文化服务空间

充分整合乡村文化资源，升级改造传统农家书屋。结合农村居民的现实需求，坚持引导与服务并举，整合资源，创新机制，培育具有时代感和地方特色的乡村阅读和文化品牌，打造阅读资源丰富、服务形式多样、功能完善的乡村新型公共文化空间。通过将服务延伸至基层，打通农村公共文化服务“最后一公里”，构建优质高效的乡村公共文化服务新体系，切实提高乡村公共文化服务的效能，满足乡村农民群众的多元化精神文化需求，不断增强乡村群众的内生发展动力。

（二）构建农村公共数字文化服务平台

加快公共文化云平台建设，拓宽数字文化服务应用场景，为农村居民提供高效便捷的公共文化服务。引导县、市级群艺馆、博物馆、美术馆等文化服务机构充分利用文化云平台，面向农村居民免费发布展览活动，提供“一站式”数字公共文化服务。

专栏5-3　建设新型公共文化空间

近年来，福建省惠安县深入实施文化惠民工程，建设新型公共文化空间，完善公共文化服务体系，举办丰富多彩的群众性文化活动，让农民群众享有更加充实、更高质量的精神文化生活。

位处崇武古城内外的潮乐村，是惠安县近期完成验收的两个新型公共文化空间之一。该村依托古城保护活化项目，在深厚的历史文化沃土上，打造海丝渔家水关文化旅游新业态，在水关内逐步配套打造汉服馆、鱼卷体验馆、茶亭、咖啡馆、民宿、渔家美食作坊，利用乡村古厝民居、生态环境等，挖掘、保护、传承水关充满乡愁特质的历史文化资源。

“我们建设的水关新型公共文化空间，面积250平方米，并组建南音队、渔歌队、渔家角力传承队三支文化队伍，举办南音演奏、迎端午做香囊民俗活动、‘扬清风正气，展廉洁惠邑’采风活动、非遗进水关活动等。”潮乐村党委副书记、村副主任詹斌文介绍说，各式各样的活动让新型公共文化空间的内涵不断丰富，延续了乡土文脉。水关巷内一家名为“尘海”的文化艺术空间吸引了记者的目光。在这里可以体验手工扎染、绘画等文艺创作，也可以静静地看书、品茗、聊天。

据了解，潮乐村秉承修旧如旧的原则修复了古厝，并利用古厝残壁，打造与水关古风貌相融的微景观和网红打卡点。此外，多次承办县镇旅游部门的古城文旅活动，举办“水关月文化旅游节”“水关文化寻亲”活动。

多年来，潮乐村坚持以村民为主体，举办了“我们的节日——一村多品·五项连届”文体系列活动。不仅如此，村民文体活动中心、新时代文明实践站、青少年社会教育活动中心、党建历史·法治文化园、家风家训连廊、家园谚语墙……都是村民们日常流连的好去处。潮乐村依照巩固拓展延伸文化品牌、构筑精神文明建设高地的原则，为村民们创造了可亲可近的文化活动阵地。

惠安县东岭镇许山头村是另一个在近期完成验收的新型公共文化空间，该村把倒塌的旧祖厝和荒废地整合建成了面积120平方米的“新厝头后生家创业孵化基地”，建筑风格充满闽南传统气息，内部打造了百姓书房、“后生家”电商创业基地等。每个月都会举行不同形式的乡村文体活动，以提升群众参与文体活动的积极性；同时，对书画、南音的发展也有比较好的带动作用。

资料来源：《农民日报》。

PART 06

第六章

推动乡村生态振兴

习近平总书记指出，“良好生态环境是农村最大优势和宝贵财富。要守住生态保护红线，推动乡村自然资本加快增值，让良好生态成为乡村振兴的支撑点”[①]。党的十九大以来，在习近平总书记关于生态振兴重要论述的指引下，党和政府采取了一系列有力的政策措施，推进农业发展方式转变，推动人居环境综合整治，逐步形成农业绿色生产、农村生态文明的良好局面。

从总体上来看，我国农业发展还存在着生产方式依然粗放、绿色优质农产品供给不足、绿色发展激励约束机制尚不健全等突出问题。进入新发展阶段，持续推进乡村生态振兴，要加强乡村生态保护与修复，要继续推进农村人居环境综合整治，要推动绿色技术和模式创新，要健全农村生态文明体制机制。

---

① 习近平：《论“三农”工作》，中央文献出版社，2022，第250页。

第一节

加强乡村生态保护与修复

一、保护乡村自然生态

乡村自然生态是乡村社会持续发展的基础。要突出保护乡村山体田园、河湖湿地、原生植被，维护乡村自然生态系统原真性和完整性；要加强天然林保护修复、公益林管护，保护天然草原，提高生态系统自我修复能力和稳定性；要开展重点生态功能区、重要自然生态系统、自然遗迹、自然景观及珍稀濒危物种种群、极小种群保护。推进乡村小微湿地保护，开展乡村小溪流、小池塘等小微湿地修复。严格保护古树名木及其自然生境，对古树名木实行挂牌保护，及时抢救复壮。继续推进普查范围内乡村散生古树名木和古树群挂牌保护。严禁采挖移植天然大树、古树名木和法律法规禁止采挖的其他林木。

二、稳步增加乡村绿量

对于重要生态系统，要大力进行保护和修复。通过统筹山水林田湖草沙系统治理，科学恢复林草植被。开展护村林、护路林、护岸林建设，构建乡村生态廊道体系。因害设防、节约用地，充分利用农村道路、沟渠、田坎等现有空间，加强农田（牧场）防护林建设。在风沙严重的三北地区、黑土地区、黄河故道区等重点区域，合理规划建设农田防护林。鼓励通过农村土地综合整治，利用废弃地、边角地、空闲地、拆违地，增加村庄绿地。支持有条件的乡村开展一村一公园建设。大力实施农村“四旁”绿化、立体绿化，见缝插绿、应绿尽绿，充分挖掘绿化潜力，鼓励栽植乡土珍贵树种。引导村民在庭院中栽植果蔬、花木等，打造小花园、小果园、小菜园，积极发展乔、灌、草、花、藤多层次绿化，提升庭院绿化水平。推进实现“山地森林化、农田林网化、村屯园林化、道路林荫化、庭院花果化”。

三、着力提升绿化质量

优先采用乡土树种草种绿化，审慎使用外来树种草种，防止乡村绿化城市化、奢侈化。居民区周边避免选用易致人体过敏的树种草种。推进保障性苗圃建设，加大乡村绿化紧缺的乡土、珍贵树种苗木生产，鼓励有条件的地区开展赠苗下乡活动。加强中幼林抚育、退化林和退化草原修复，修复村庄周边缺株断带、林相残破的生态廊道和农田林网，提升生态防护功能，利用林间空地补植乡土珍贵树种，适当保留林间和林缘草地，促进天然更新，培育健康稳定的林草复合生态系统。注重历史文化传承，增加长寿命乡土树种比重，营造具有浓郁地方特色的地带性植被。注重常绿树种与落叶树种结合、观叶植物与观花观果植物结合、水系绿化与水生植物培育结合，形成优美和谐的乡村自然生态景观。

▶▶▶

| 第二节 |

推进农村人居环境综合整治

一、扎实推进农村“厕所革命”

（一）科学编制改厕方案，合理选择改厕标准和模式

各地区各有关部门要深入开展调查研究，综合考虑地理环境、气候条件、经济水平、农民生产生活习惯等因素，结合乡村振兴、脱贫攻坚、改善农村人居环境等规划，按照村庄类型，突出乡村优势特色，体现农村风土人情，因地制宜逐乡（或逐村）论证编制农村“厕所革命”专项实施方案。农村户用厕所改造要积极推广简单实用、成本适中、农民群众能够接受的卫生改厕模式、技术和产品。鼓励厕所入户进院，有条件的地区要积极推动厕所入室。农村公共厕所建设要以人口较集中的区域为重点，科学选址，明确建设要求。可按相关厕所标准设计，因地制宜建设城乡接合部、公路沿线乡村和旅游公厕，进一步提升卫生水平。

（二）整村推进，开展示范建设

学习借鉴浙江“千村示范、万村整治”工程经验，总结推广一批适宜不同地区、不同类型、不同水平的农村改厕典型范例。鼓励和支持整村推进农村“厕所革命”示范建设，坚持“整村推进、分类示范、自愿申报、先建后验、以奖代补”原则，有序推进，树立一批农村卫生厕所建设示范县、示范村，分阶段、分批次滚动推进，以点带面、积累经验、形成规范。组织开展A级乡村旅游厕所、最美农村公

共厕所、文明卫生清洁户等多种形式的推选活动，调动各方积极性。

（三）发挥农民主体作用，完善建设管护运行机制

农村厕所不仅要建设好，还要管护好。要厘清政府和农民的责任，户内的厕屋、厕具等以农民自建自购为主，户外的粪污收集处理设施、社会化服务体系等以政府扶持建设为主，切实改变政府大包大揽、农民不问不管的实施机制。鼓励采取政府购买服务等方式，建立政府引导与市场运作相结合的后续管护机制。各地区各有关部门要明确厕所管护标准，形成“制度 + 资金 + 人员”的规范化运行维护机制。要充分发挥市场作用，鼓励各地探索推广“以商建厕、以商养厕”等模式，创新机制，确保建设和管理到位。要组织开展农村厕所建设和维护相关人员培训，引导当地农民组建社会化、专业化、职业化服务队伍。

二、加快推进农村生活污水治理

（一）科学编制行动方案，合理选择技术模式

农村生活污水当前仍然存在产生总量和比例构成不明、村庄污水无序排放、水体污染严重等问题。应当充分调查梳理现有处理设施数量、布局、运行等治理情况，以县域为单位建立现状基础台账。根据基础情况编制县域农村生活污水治理方案，充分考虑已有工作基础，合理确定目标任务、治理方式、区域布局、建设时序、资金保障等。

因地制宜采用污染治理与资源利用相结合、工程措施与生态措施相结合、集中与分散相结合的建设模式和处理工艺。在城郊地区推进城镇污水处理设施和服务向城镇近郊的农村延伸，离城镇生活污水管网较远、人口密集且不具备利用条件的村庄，可建设集中处理设施实现达标排放。人口较少的村庄，以卫生厕所改造为重点推进农村生活污水治理，在杜绝化粪池出水直排基础上，就地就近实现农田利用。严禁重点生态功能区、饮用水水源保护区内的农村生活污水未经处理直接排放。积极推广低成本、低能耗、易维护、高效率的污水处理技术，鼓励具备条件的地区采

用以渔净水、人工湿地、氧化塘等生态处理模式。开展典型示范，培育一批农村生活污水治理示范县、示范村，总结推广一批适合不同村庄规模、不同经济条件、不同地理位置的典型模式。

（二）加快标准制（修）订，促进生产生活用水循环利用

认真梳理标准制（修）订情况，构建完善农村生活污水治理标准体系。各农村地区经济承受能力和管理水平不同，要根据农村不同区位条件、污水排放去向、污水利用方式和人居环境改善需求，按照分区分级、宽严相济、回用优先、注重实效、便于监管的原则，抓紧制（修）订本地区农村生活污水处理排放标准。加快研究制定农村生活污水治理设施标准，规范污水治理设施设计、施工、运行管护等。编制适合本地区的农村生活污水治理技术导则或规范，强化技术指导。

探索将高标准农田建设、农田水利建设与农村生活污水治理相结合，统一规划、一体设计，在确保农业用水安全的前提下，实现农业农村水资源的良性循环。鼓励通过栽植水生植物和建设植物隔离带，对农田沟渠、塘堰等灌排系统进行生态化改造。鼓励农户利用房前屋后小菜园、小果园、小花园等，实现就地回用。畅通厕所粪污经无害化处理后就地就近还田渠道，鼓励各地探索堆肥等方式，推动厕所粪污资源化利用。

（三）精准发力补短板，健全完善长效管护机制

农村生活污水治理面临工作基础薄弱、维护管理乏力等实际困难。部分地区虽已建成污水处理设施，但由于设施运行管护机制不到位，存在加药不及时、曝气池内无活性污泥等问题，“建而不用、用而不管、管而缺钱”的问题突出；也有部分地区因治理工艺模式选择不当，管网不配套、收集率低，加之缺少专业的技术力量支持和稳定的运行经费保障，导致设施建成后无法使用或长时间闲置，环境效益难以充分发挥。加快推进农村生活污水治理，要坚持以用为本、建管并重，在规划设计阶段统筹考虑工程建设和运行维护，做到同步设计、同步建设、同步落实。做好工程设计，严把材料质量关，采用地方政府主管、第三方监理、群众代表监督等方式，加强施工监管、档案管理和竣工验收。简化农村生活污水处理设施建设项目

审批和招标程序，保障项目建设进度。落实农村生活污水处理用电用地支持政策。明确农村生活污水治理设施产权归属和运行管护责任单位，推动建立有制度、有标准、有队伍、有经费、有督查的运行管护机制。鼓励专业化、市场化建设和运行管理，有条件的地区推行城乡污水处理统一规划、统一建设、统一运行、统一管理。鼓励有条件的地区探索建立污水处理受益农户付费制度，提高农户自觉参与的积极性。

三、继续推进农村黑臭水体整治

（一）推进农村黑臭水体排查识别

一是制定标准规范。根据农村黑臭水体治理工作需求，在排查识别、制定方案、组织实施、监测评估、长效管理等方面，建立健全标准规范体系。二是积极推进排查。各地以县级行政区为基本单元，开展农村黑臭水体排查。要采取科学的排查方式，明确黑臭水体名称、地理位置、污染成因和治理范围等，建立名册台账。

（二）推进农村黑臭水体综合治理

在实地调查和环境监测的基础上，确定污染源和污染状况，综合分析黑臭水体的污染成因，采取控源截污、清淤疏浚、水体净化等措施进行综合治理。

1.推进源头污染治理。农村黑臭水体主要来源于农村生活污水、畜禽粪污、水产养殖污染、种植业面源污染、厕所污水等，要统筹各项污染源管控、强化治理措施衔接、部门工作协调和县级实施整合，切实做到互促共进，从源头控制水体黑臭。根据实际情况，采用污染治理与资源利用相结合、工程措施与生态措施相结合、集中与分散相结合的建设模式和处理工艺。在农村黑臭水体治理范围内，农村生活污水有条件纳入周边城镇污水管网的，可依托城镇污水处理厂进行集中处理。其他地区科学合理筛选农村生活污水治理实用技术和设施设备，采用适合本地区的污水治理技术和模式。

2.推进河道清淤疏浚。河道中的淤积物会吸附和积累污染物质，导致水质变差，清淤疏浚是保持河道生态系统平衡的重要措施。要综合评估农村黑臭水体水质和底泥状况，合理制定清淤疏浚方案并组织实施。严禁清淤底泥沿岸随意堆放，鼓励底泥无害化处理后资源化利用。对于有工业污染源排放的水体，妥善处置清淤底泥，属于危险废物的，交由有资质的单位进行安全处置。加强底泥清理、排放、运输、处置全过程管理，避免产生二次污染。

3.推进水体净化。依照村庄规划，对拟搬迁撤并的空心村和过于分散、条件恶劣、生态脆弱的村庄，鼓励通过生态净化消除黑臭水体。通过推进退耕还林还草还湿、退田还河还湖和水源涵养林建设，维持渠道、河道、池塘等农村水体的自然岸线，减少对农村自然河道的渠化硬化。在满足防洪和排涝要求的前提下，采用生态净化手段，有效去除污染物，促进农村水生态系统健康良性发展。因地制宜推进水体水系连通，增强渠道、河道、池塘等水体流动性及自净能力。严控以恢复水动力为由的调水冲污行为，严控缺水地区通过水系连通引水营造大水面大景观行为。

（三）开展农村黑臭水体治理试点示范

1.确认试点示范区名单。各地择优推荐试点示范区名单，并提交农村黑臭水体治理实施方案。有关部门根据各地区实际情况组织确定试点示范区名单。根据各地农村自然条件、经济发展水平、污染成因、前期工作基础等情况，筛选农村黑臭水体治理试点示范县。

2.组织开展试点示范评估。建立评估管理机制，有关部门要定期调度农村黑臭水体治理工作进展，开展农村黑臭水体治理试点示范督促指导，适时组织实施农村黑臭水体治理试点示范评估。总结推广示范经验和做法，全力推进治水项目提质增效。

（四）建立农村黑臭水体治理长效机制

1.深入落实河湖长制。推动河湖长制体系向村级延伸。农村黑臭水体所在河湖的河长、湖长要切实履行责任，调动各方密切配合、协调联动，推动农村河湖黑臭水体治理到位。

2.建立健全监管监测机制。构建农村黑臭水体治理监管体系，生态环境部门在有基础、有条件的地区开展水质监测工作。坚持以用为本、建管并重，在规划设计阶段统筹考虑工程建设和运行维护问题，做到项目建设与工程管护机制同步设计、同步建设、同步落实。

3.建立健全村民参与机制。强化村委会在农村黑臭水体工作中的责任，发挥村民主体地位，将农村黑臭水体治理要求纳入村规民约，调动乡贤能人参与黑臭水体治理工作，鼓励村民一事一议筹资筹劳，接受公众监督，提高群众参与度。

4.强化运维管理机制。健全农村黑臭水体治理设施第三方运维机制，鼓励专业化、市场化治理和运行管护。研究推行农村黑臭水体治理依效付费制度，健全绩效评价机制。

四、提升农村生活垃圾治理水平

（一）统筹谋划农村生活垃圾收运处置体系建设和运行管理

我国大部分农村地区垃圾量小、分散，统一采用“村收集、镇中转、县处置”垃圾处理模式，不仅运行成本过高，实际操作难度也大。要以县级行政区为单元，根据镇村分布、政府财力、人口规模、交通条件、运输距离等因素，科学合理确定农村生活垃圾收运处置体系建设模式。城市或县城生活垃圾处理设施覆盖范围内的村庄，采用统一收运、集中处理的生活垃圾收运处置模式；交通不便或运输距离较长的村庄，因地制宜建设小型化、分散化、无害化处理设施，推进生活垃圾就地就近处理。在县域城乡生活垃圾处理设施建设规划等相关规划中，明确农村生活垃圾分类、收集、运输、处理或资源化利用设施布局，合理确定设施类型、数量和规模，统筹衔接城乡生活垃圾收运处置体系、再生资源回收利用体系、有害垃圾收运处置体系的建设和运行管理。

（二）推动农村生活垃圾源头分类和资源化利用

农村地区具有广阔的资源循环与自然利用空间，要充分利用这一有利条件，抓好农村生活垃圾源头分类和资源化利用。在经济基础较好、群众接受程度较高的地方先行开展试点，率先实现垃圾分类、源头减量。根据农村特点和村民生活习惯，因地制宜推进简便易行的垃圾分类和资源化利用方法。对于易腐烂垃圾，就地处理和资源化利用，可协同推进易腐烂垃圾、厕所粪污、农业生产有机废弃物资源化处理利用，以乡镇或行政村为单位建设一批区域农村有机废弃物综合处置利用设施。对于可回收物，要建立以村级回收网点为基础、县域或乡镇分拣中心为支撑的再生资源回收利用体系。对从生活垃圾中分出并集中收集的有害垃圾，属于危险废物的，严格按照危险废物相关规定进行管理，集中运送至有资质的单位规范处理。要发挥示范引领作用，推进农村生活垃圾分类和资源化利用示范县创建工作，探索总结分类投放、分类收集、分类运输、分类处置的农村生活垃圾处理模式。

（三）完善农村生活垃圾收运处置设施

目前，村民随意处置垃圾的现象还未杜绝，特别是在一些交通不便、转运难度大的村庄，生活垃圾的处理方式仍然是就近集中堆砌、简单填埋或焚烧。要加快推进生活垃圾收运处置体系自然村（村民小组）全覆盖工作，实现自然村（村民小组）有收集点（站）、乡镇有转运能力、县城有无害化处理能力。已经实现全覆盖的地区，要结合当地经济水平，推动生活垃圾收运处置设施设备升级换代。逐步取缔露天垃圾收集池，建设或配置密闭式垃圾收集点（站）、压缩式垃圾中转站和密闭式垃圾运输车辆。因地制宜建设一批小型化、分散化、无害化的生活垃圾处理设施。

（四）提高农村生活垃圾收运处置体系运行管理水平

由于生活垃圾收运处置体系疏于管理，尚存在村庄周围垃圾乱倒、垃圾收集点各类垃圾混合等现象，导致村庄生态环境受损、可回收资源浪费。要压实运行维护企业或单位的责任，加强垃圾收集点（站）的运行管护，确保垃圾规范投放、及时清运。对垃圾转运站产生的污水、卫生填埋场产生的渗滤液，以及垃圾焚烧厂产生的炉渣、飞灰等，按照相关法律法规和标准规范做好收集、贮存及处理。推行农村生活垃圾收运处置体系运行管护服务专业化，加强对专业公司服务质量的考核评估。持续开展村庄清洁行动，健全村庄长效保洁机制，推动农村厕所粪污、生活污水垃圾处理设施设备和村庄保洁等一体化运行管护，探索组建以脱贫人口、防止返贫监测对象等农村低收入群体为主体的劳务合作社，通过开发公益性岗位等方式承担村庄保洁、垃圾收运等力所能及的服务。推动建立健全农村生活垃圾收运处置体系经费保障机制，逐步建立农户合理付费、村级组织统筹、政府适当补助的运行管护经费保障制度。

（五）建立共建共治共享工作机制

推进农村生活垃圾处理，政府主导是基础，各方参与是关键。要广泛开展美好环境与幸福生活共同缔造活动，以基层党组织建设为引领，以村民自治组织为纽带，围绕农村生活垃圾治理工作，建立农民群众全过程参与的工作机制。引导村民献计献策，组织村民积极参与垃圾分类方法制定、垃圾收集点（站）选址等工作，广泛听取群众意见。动员群众共建体系，组织村民定期打扫庭院和房前屋后卫生，因地制宜建立垃圾处理农户付费制度。动员群众共管环境，制定村民环境卫生行为准则，或将有关内容写入村规民约，明确村民自觉维护公共环境的义务。动员群众共评效果，建立环境卫生理事会等群众自治组织，定期开展环境卫生检查，组织村民对垃圾治理效果进行评价。推进工作成果群众共享，通过建立积分制、设立“红黑榜”等多种方式对农户进行激励，结合实际对工作情况较好的保洁员、工作成效突出的村庄给予奖励。

（六）形成农村生活垃圾收运处置体系建设管理工作合力

农村生活垃圾治理的各个环节涉及住房和城乡建设、发展改革、生态环境、农业农村、乡村振兴、供销合作社、城市管理等多个部门，各部门要密切协调配合，加强信息共享、定期会商、技术指导，协同推进农村生活垃圾收运处置体系建设管理工作。住房和城乡建设部门负责指导农村生活垃圾收运处置体系建设管理，会同相关部门加强对城镇垃圾违法违规向农村地区转移的监督管理，巩固非正规生活垃圾堆放点整治成效。农业农村、乡村振兴部门会同住房和城乡建设等部门推进村庄保洁、农村生活垃圾分类和资源化利用工作。发展改革部门结合农村人居环境整治，支持符合条件的农村生活垃圾收运处置体系建设。生态环境部门负责组织指导农村环境整治，推动农村生活垃圾治理，对从生活垃圾中分出并集中收集的有害垃圾，属于危险废物的，严格按照危险废物相关规定进行管理。供销合作社负责再生资源回收网点、分拣中心等设施建设，联合住房和城乡建设部门推动供销合作社再生资源回收利用网络与环卫清运网络衔接。市县要按照《中华人民共和国固体废物污染环境防治法》规定，落实统筹安排建设城乡生活垃圾收集、运输、处理设施和加强农村生活垃圾污染环境防治的主体责任，保障农村生活垃圾收运处置体系常态化运行。

五、推动村容村貌整体提升

（一）改善村庄公共环境

全面清理私搭乱建、乱堆乱放，整治残垣断壁，通过集约利用村庄内部闲置土地等方式扩大村庄公共空间。科学管控农村生产生活用火，加强农村电力线、通信线、广播电视线“三线”维护梳理工作，有条件的地方推动线路违规搭挂治理。健全村庄应急管理体系，合理布局应急避难场所和防汛、消防等救灾设施设备，畅通安全通道。整治农村户外广告，规范发布内容和设置行为。

（二）推进乡村绿化美化

深入实施乡村绿化美化行动，突出保护乡村山体田园、河湖湿地、原生植被、古树名木等，因地制宜开展荒山荒地荒滩绿化，加强农田、牧场、防护林建设和修复。引导鼓励村民通过栽植果蔬、花木等开展庭院绿化，充分利用荒地、废弃地、边角地等开展村庄小微公园和公共绿地建设。支持条件适宜的地区开展森林乡村建设，开展水系连通及水美乡村建设试点。

专栏6-1　天津宝坻探索农村人居环境整治新模式

五月的宝坻，风光秀丽，草木欣然。走进霍各庄镇东霍各庄村，村头的花草开得正艳，宅旁的桃李挂满树条，村文化广场内老人闲谈、儿童嬉戏。在霍各庄镇八间房村，不少农家小院门口都挂着“卫生达标文明户”的荣誉牌，漂亮、整洁、舒适的庭院见证着村民们的品质生活。

农村人居环境整治，是实施乡村振兴战略的第一场硬仗。为全面整治农村环境卫生，切实改善提升村容村貌，天津市宝坻区从激发农民群众的内生动力入手，探索建立了党建引领、智慧赋能等五大农村人居环境整治模式，唤醒村民的主人翁意识，实现了从一人干到人人干、一家美到家家美、一处净到处处净的转变。

作为实施乡村振兴战略的重要抓手，宝坻区积极推动党建与人居环境整治深度融合，探索出“党建＋整治”模式。区、街镇、村三级“主官”全部披挂上阵，用“红色网格”带动“绿色网格”，形成了齐抓共管的工作格局。在尔王庄镇各村，党员、村民代表发挥先锋表率作用和志愿服务的奉献带动作用，依托新时代文明实践活动、党日活动和重要节日开展常态化环境卫生清整，带动农民群众积极参与，共同建设洁美家园。

在大唐庄镇，宝坻区探索建立了“共享菜园”“共享广场”的“共享＋整治”模式。将村内杂草丛生、垃圾堆积的干涸小渠沟变身为“共享菜园”，由村党员干部和志愿者对“共享菜园”进行清理、垫土、起垄，供村民免费种植瓜果蔬菜。将村内难治理、易反复的坑塘沟渠利用建筑垃圾等进行填埋硬化，打造为“共享广场”，供村民运动健身、开展文艺活动。通过共建共享美丽环境，村民乱倒垃圾、乱泼脏水等不良习惯明显减少。

在新安镇，部分重点路段、坑塘、绿植旁安装了“智慧眼”系统，不仅能实现全天候监控，还能主动识别接近重点点位的居民，并实时发送提示进行通报，让破坏环境的不文明行为无所遁形。宝坻区积极试点智慧化设备运用，通过“科技＋整治”模式助力农村人居环境整治提升。部分街镇还利用高清晰度无人机对河道、村庄周边等区域进行全方位排查，采取“天眼＋人眼”方式查找问题。

在大唐庄、八门城、王卜庄等镇，创意墙绘文化宣传阵地不仅提升了农村“颜值”，还让乡村精神文明宣传更“接地气”。这种“创意＋整治”的模式为农村人居环境提升提供了坚强保障。

在黄庄镇北里自沽村，村路沿线成为环境整治的重点。镇政府提供免费花草种子，邀请专家进行技术指导，村民及志愿者对路边3000多平方米和小、散、乱地块进行观赏花木种植，通过物质激励调动群众参与环境整治的积极性。这种“激励＋整治”模式让村民参与环境整治的主人翁意识得到进一步增强，为和美乡村建设打好环境基础。

今年以来，宝坻区紧紧围绕天津市委、市政府实施的“十项行动”，持续推进宜居宜业和美丽乡村建设，助力乡村全面振兴。宝坻区农村社会事业发展服务中心主任张宇介绍说，今年要继续加大规划设计、资金筹集、建设管理和督查督办力度，在农村人居环境整治提升春夏秋冬四季战役中完善提升五种模式，使宝坻农村逐步呈现出“一村一景、移步换景、处处是景”的崭新面貌。

资料来源：《农民日报》。

（三）加强乡村风貌引导

大力推进村庄整治和庭院整治，编制村容村貌提升导则，优化村庄生产生活生态空间，促进村庄形态与自然环境、传统文化相得益彰。加强村庄风貌引导，突出乡土特色和地域特点，杜绝千村一面，不搞大拆大建。弘扬优秀农耕文化，加强传统村落和历史文化名村名镇保护，积极推进传统村落挂牌保护，建立动态管理机制。

❘ 第三节 ❘

推动绿色技术和模式创新

绿色技术是实现碳达峰碳中和的重要驱动和重要保障，当前绿色技术发展存在创新不足、转化不畅、人才缺乏、推广受限等问题。要围绕绿色低碳发展重点领域，聚焦绿色技术创新关键环节，推动绿色技术和模式创新。

一、推动绿色技术创新

（一）推进农业绿色科技创新

实施农业绿色发展科技支撑工程，推进绿色技术集成创新，加强绿色科技基础研究，加强科研基础设施、资源生态监测系统等建设；围绕农业深度节水、精准施肥用药、重金属及面源污染治理、退化耕地修复等，组织科研和技术推广单位开展联合攻关；推进技术集成创新，推动农业生产数字化、智能化与绿色化改造，建立农业绿色发展技术体系。加快绿色农机装备创制，完善绿色农机装备创新体系，以企业为主体、市场为导向，促进产学研用深度融合；加大农机购置补贴力度，推动农机装备研发升级，加快绿色高效技术装备示范推广，加快淘汰老旧农机装备。建设农业绿色技术创新载体，推进农业绿色技术创新平台建设，加快农业绿色发展科技创新联盟发展，集聚科研院校、涉农企业、社会团体等各类创新主体力量，引导绿色技术创新企业、高校、科研院所等主体与中介机构、金融资本等联合，形成优势互补、利益共享、风险共担的产学研金介合作机制，开展产学研企联合攻关。

（二）加快绿色适用技术推广应用

推进绿色科技成果转化，建立健全农业科技成果评估制度，支持农业科研院校建立技术转移中心、成果孵化平台、创新创业基地等，推动科技成果与绿色产业有效对接；推进绿色技术交易市场建设，建立绿色发展科技成果转化激励制度，强化股权和分红激励政策，推动绿色科技成果向生产领域转化。推进绿色技术先行先试，以国家农业绿色发展试点先行区为重点，探索不同生态类型、不同主导品种的农业绿色发展典型模式。引导小农户应用绿色技术，开展绿色生产技术示范，实施科技服务小农户行动，建立健全农业科技社会化服务体系，支持小农户运用优良品种、绿色技术、节能农机等发展智慧农业、循环农业等现代农业；实施小农户能力提升工程，开展绿色技术培训，鼓励有长期稳定务农意愿的小农户稳步扩大规模，采用绿色农业技术，开展标准化生产。

（三）加强绿色人才队伍建设

健全基层农技推广服务体系，推动基层农技推广机构建设，支持基层农技推广人员为小农户和新型农业经营主体提供全程化、精准化和个性化绿色生产技术服务；引导新型农业经营主体率先运用绿色生产技术，开展标准化生产，提高绿色技术示范应用水平；鼓励广大科技特派员在农业绿色发展领域创新创业。加快培养农业绿色生产高素质应用型人才，培养新型农业经营主体带头人，增加农业绿色生产技能培训课程，强化绿色发展理论教学和实践操作。实施小农户能力提升工程，采取农民夜校、田间学校等形式，开展绿色技术培训，支持小农户开展联户经营、联耕联种，接受统耕统收、统配统施、统防统治等社会化服务，降低生产经营成本。鼓励有长期稳定务农意愿的小农户稳步扩大规模，采用绿色农业技术，开展标准化生产。

（四）完善绿色技术评价体系

建立健全绿色技术标准，加大对绿色技术标准的支持力度，加强绿色技术创新与标准化工作联动，强化农业重点领域共性绿色技术标准制（修）订，及时将先进适用绿色技术创新成果融入标准，为绿色技术推广应用提供支撑。推进绿色技术评价，加快制定发布农业农村绿色技术评价方法，支持绿色技术创新领军企业、高校、科研院所、检验检测机构、认证机构等建立绿色技术验证服务平台，为绿色技术创新和转化应用提供服务。

二、推动绿色模式创新

（一）构建农业绿色供应链

绿色供应链在传统供应链管理模式上融入了绿色制造理念，使企业在各供应链环节中考虑环境和资源效率，有利于实现经济效益、社会效益和环境效益的统一。

1.推进农产品加工业绿色转型。坚持加工减损、梯次利用、循环发展方向，统筹发展农产品初加工、精深加工和副产物加工利用。促进农产品商品化处理，改善田头预冷、仓储保鲜、原料处理、分组分割、烘干分级等设施装备条件，减少产后损失。加快绿色高效、节能低碳的农产品精深加工技术集成应用，生产开发营养安全、方便实惠的食用农产品。集中建立农产品加工副产物收集、运输和处理设施，采取先进提取、分离与制备技术，加强农产品加工副产物综合利用，开发新能源、新材料、新产品。

2.建立健全绿色流通体系。发展农产品绿色低碳运输，以全链条、快速化为导向，建设水陆空一体、便捷顺畅、配送高效的多元联运网络。加快建设覆盖农业主产区和消费地的冷链物流基础设施，健全农产品冷链物流服务体系。加快农产品批发市场改造提升，配套分拣加工、冷藏冷冻、检验检疫和废弃物处理设施，加强市场数字化信息体系建设，推动农产品供应链可追溯。推广农产品绿色电商模式，创新农产品冷链共同配送、“生鲜电商＋冷链宅配”、“中央厨房＋食材冷链配送”等经营模式，实现市场需求与冷链资源高效匹配对接，降低流通成本及资源损耗。

3.促进绿色农产品消费。绿色消费对推动产品生产、流通等各环节实现节能减碳和循环发展具有重要作用。需健全绿色农产品标准体系，加强绿色食品、有机农产品、地理标志农产品认证管理，深入推进食用农产品达标合格证制度试行，进一步推广运用农产品追溯体系，提高绿色农产品的市场认可度。推动批发市场、超市、电商设立绿色农产品销售专区专馆专柜，引导企业和居民采购消费绿色农产品。倡导绿色低碳生活方式，开展农产品过度包装治理，坚决制止餐饮浪费行为。

（二）推进产业集聚循环发展

1.促进产业融合发展。以绿色为导向，推动农业与食品加工业、生产服务业和信息技术融合发展，建设一批绿色农业产业园区、产业强镇、产业集群，带动农村一二三产业绿色升级。促进产业格局由分散向集中、发展方式由粗放向集约、产业链条由单一向复合转变。合理布局种养、加工等功能，完善绿色加工物流、清洁能源供应、废弃物资源利用等基础设施，打造绿色产业链供应链，推动形成功能齐全、布局合理的绿色发展格局。

2.推动低碳循环发展。推动企业循环式生产、产业循环式组合，加快培育产业链融合共生、资源能源高效利用的绿色低碳循环产业体系，形成新的经济增长源。发展生态循环农业，合理选择农业循环经济发展模式，推动多种形式的产业循环链接和集成发展，促进农业废弃物资源化、产业化、高值化利用，发展林业循环经济，加快建立植物生产、动物转化、微生物还原的种养循环体系，打造一批生态农场样板。推动农业园区低碳循环，推动现代农业产业园区和产业集群循环化改造，建设一批具有引领作用的循环经济园区和基地，完善园区循环农业产业链条，实现资源循环利用、废弃物集中安全处置、垃圾污水减量排放，形成种养加销一体、农林牧渔结合、一二三产业联动发展的现代复合型循环经济产业体系。

（三）实施农业生产“三品一标”行动

1.推进品种培优。发掘优异种质资源，筛选一批绿色安全、优质高效的种质资源。启动重点种源关键核心技术攻关和农业生物育种重大科技项目，落实新一轮畜禽水产遗传改良计划，自主培育一批突破性绿色品种。加强良种繁育基地建设，加快推进南繁硅谷和甘肃玉米、四川水稻、黑龙江大豆等国家级育制种基地建设，在适宜地区建设一批作物和畜禽水产良种繁育基地。

2.推进品质提升。改善农产品品质是促进农业高质量发展的重要一环，需加强良种推广，提升粮食营养和品质。推广一批生猪、奶牛、禽类、水产和优质晚熟柑橘、特色茶叶、优质蔬菜、道地中药材等良种，提升“菜篮子”产品质量。集成推广绿色生产技术模式，净化农业产地环境，推广绿色投入品，促进优质农产品生产。构建农产品品质评价标准体系，分行业、分品种筛选农产品品质核心指标，推动农产品分等分级和包装标识。

3.推进农业品牌建设。农业品牌建设是一项贯穿农民增收、农业产业升级、供给侧结构性改革的系统工程。要着力构建农业品牌体系，建立品牌标准体系，打造一批地域特色突出、产品特性鲜明的区域公用品牌，鼓励龙头企业打造知名度高、竞争力强的企业品牌，培育一批“大而优”“小而美”的农产品品牌。完善品牌发展机制，健全农业品牌目录制度，实行动态管理，强化农业品牌监管。开展品牌宣传推介活动，挖掘和丰富农业品牌文化内涵，讲好农业品牌故事，增强农业品牌知名度、美誉度和影响力。

4.推进标准化生产。标准化生产是生产高质量农产品的重要保障。要建立全产业链农业绿色发展标准体系，加快产地环境、投入品管控、农兽药残留、产品加工、储运保鲜、分等分级关键环节的标准制（修）订。开展全产业链标准化试点，建设现代农业全产业链标准化基地，培育一批农业企业标准“领跑者”。实施农业标准化提升计划，推动新型农业经营主体按标生产，发挥示范推广作用，带动农业大规模标准化生产。

▶▶▶

| 第四节 |

健全农村生态文明体制机制

一、完善法律法规约束机制

（一）健全法律法规体系

为推进生态文明建设，我国已经初步形成包括大气污染防治法、水污染防治法、土壤污染防治法、固体废物污染环境防治法、环境保护法等10部生态环保法律在内的生态环保法律体系。面向新时代农业高质量发展，仍需推进农业绿色发展领域立法，进一步推动制（修）订渔业法、畜牧法、农产品质量安全法、进出境动植物检疫法、植物新品种保护条例、基本农田保护条例等法律法规。强化重点区域农业绿色发展法制保障，完善长江保护规章制度，推动将黄河流域农业生态保护等纳入相关法律法规。开展配套规章建设，研究制（修）订农作物病虫害防治、外来入侵物种管理等规章。健全重大环境事件和污染事故责任追究制度及损害赔偿制度，提高惩罚标准和违法成本。

（二）加大生态领域执法力度

强化重点领域执法，严格执行农业资源环境保护、农产品质量安全、农业投入品生产使用等领域法律法规，持续实施农产品质量安全“治违禁 控药残 促提升”、长江禁渔、海洋伏季休渔等专项执法行动，加大破坏农业资源环境等违法案件查处力度。提升农业绿色发展执法能力，推进农业综合行政执法，加强执法设施装备建设。推动行政执法机关与司法机关、监察机关的工作衔接配合。

二、健全政府投入激励机制

（一）完善农业资源环境保护政策

优化耕地地力保护补贴，探索推进补贴发放与耕地地力保护行为相挂钩，引导农民秸秆还田、科学施肥用药。引导农业投入品减量增效，支持重点作物绿色高质高效生产，开展化肥农药减量增效示范。继续推进废弃物资源化利用，支持在畜牧养殖大县、粮食和蔬菜主产区、生态保护重点区域开展绿色种养循环农业试点，整县推进粪肥就地消纳、就近还田。全面实施秸秆综合利用行动，实行整县集中推进。加快建立地膜使用和回收利用机制，支持有条件的地区开展全生物可降解地膜和机械化回收农膜。

（二）建立多渠道投入机制

完善财政激励政策，加大公共财政对农业绿色发展支持力度，推动财政资金支持由生产领域向生产生态并重转变。将符合条件的农业绿色发展项目纳入地方政府债券支持范围。创新绿色金融政策，丰富完善信贷、保险、基金等绿色金融产品体系，探索建立农业生态补偿等质押融资贷款。完善农业绿色信贷增信机制，鼓励金融机构向绿色有机、低碳循环农业生产企业提供融资支持，适度扩大农业绿色发展金融投入规模。鼓励地方创新优质特色农产品保险产品和服务。引导社会投入，鼓励企业利用外资、发行企业债券等方式，实施一批政府和社会资本合作项目，扩大农业绿色发展社会投资。

三、建立市场价格调节机制

（一）健全绿色价格机制

价格机制是市场机制中最灵敏、最有效的调节机制，绿色价格改革能够释放红利，推动绿色经济发生深刻变革。要进一步完善和落实农业资源有偿使用制度，完善资源及其产品价格形成机制，推动农业资源保护与节约利用。深入推进农业水价综合改革，健全农业水价形成机制，配套建立精准补贴和节水奖励机制，用价格杠杆引导农民节约用水。

（二）建立绿色产品市场价格实现机制

我国现有农产品质量分级标准和优质评价体系尚不健全，这导致优质优价无法实现，不利于促进生产者生产高质量农产品。要推进绿色优质农产品优质优价，建立优质农产品评价体系，完善农产品分等分级制度，持续推进农产品品质和营养成分监测，让好产品卖出好价格。加强绿色优质农产品市场监管，建立绿色优质农产品产地准出和市场准入制度，严厉打击以假乱真、以次充好等行为，规范市场秩序。加快农产品质量安全信用体系建设，建立农产品生产者、经营者诚信档案，加强信用管理，落实生产经营主体诚信责任。

目前，生态产品价值核算体系不完善，导致生态产品价值难以量化；生态产品权益市场机制不健全，造成生态产品市场交易难。要建立健全生态产品价值实现机制，探索开展农业生态产品价值评估，健全生态产品经营开发机制。通过原生态种养、精深加工、休闲旅游、品牌打造等模式，拓展提升生态产品价值，协同推进生态产品市场交易与生态保护补偿，实现生态产品价值有效转化。

（三）培育绿色农业交易市场

充分发挥市场作用，健全生态产品市场体系，依托规范的公共资源和产权交易平台，探索开展农业排污权、水权等交易，完善农业生态产品价格形成机制，探索建立初始分配、有偿使用、市场交易、纠纷解决、配套服务等制度。推进市场化经营性服务，开展农业生态系统损害监测评价，建立生态环境损害赔偿制度，支持从事农业资源保护、废弃物资源化利用、环境污染治理和绿色生产服务的龙头企业和专业化服务组织制定高效规范的标准体系。

四、探索创新生态产品价值实现机制

（一）完善生态产品的市场机制

建立生态产品调查监测机制，推进自然资源确权登记，健全自然资源确权登记制度规范，有序推进统一确权登记，合理界定出让、转让、出租、抵押、入股等权责归属；开展生态产品信息普查，摸清各类生态产品数量、质量等底数，形成生态产品目录清单。建立生态产品价值评价机制，开展生态产品价值核算，通过政府对公共生态产品采购、生产者对自然资源约束性有偿使用、消费者对生态环境附加值付费、供需双方在生态产品交易市场中的权益交易等方式，构建更多运用经济杠杆进行生态保护和环境治理的市场体系。完善自然资源资产产权制度，维护参与者权益。完善自然资源价格形成机制，建立自然资源政府公示价格体系，推进自然资源资产抵押融资，增强市场活力。创新拓宽生态产品投融资渠道，积极推广生态产品专利权质押贷款融资模式，确保担保贷款“放得出、用得好、收得回、有效益”。

（二）完善生态保护补偿制度

确立“破坏者付费 + 使用者付费 + 受益者付费 + 保护者得到补偿”生态补偿制度体系，破坏生态环境、占用生态资源、从生态资源中获取收益的行为主体应当给予生态保护者合理补偿。充分考虑社会、经济、生态等各方面因素，建立严格的指标体系，确定合理、科学的生态补偿标准。明确多元化补偿主体，逐步建立市场化、多样化的生态补偿方式，解决生态补偿资金不足问题。加快制定生态保护补偿条例，明确生态受益者和生态保护者的权利与义务关系，确保对生态补偿工作的刚性约束。

（三）强化绿色生态共建共享

牢固树立绿水青山就是金山银山的理念，建立政府主导、企业和社会各界参与、市场化运作、可持续的城乡生态产品价值实现机制。探索建立绿色旅游的新模式，融合发展旅游、科普、生态、体验、互动等“五位一体”新业态，实现生态保护与生态价值互促共赢。

PART 07

第七章

推动乡村组织振兴

乡村治理事关党在农村的执政根基。习近平总书记强调："推动乡村组织振兴，建立健全现代乡村社会治理体制，确保乡村社会充满活力、安定有序"①，"要夯实乡村治理这个根基。采取切实有效措施，强化农村基层党组织领导作用"②。从我国当前的情况看，一些农村还存在着基层政权治理能力不足，基层党组织软弱涣散，村民自治流于形式，农民法律知识欠缺、法治意识淡薄，农村法律服务力量薄弱，陈规陋习、不良风气抬头，基层治理意识和能力与信息社会发展不相适应等突出问题。

新时代全面推进乡村振兴，要坚持走乡村善治之路，加强

① 郑有贵：《扎实推动乡村组织振兴》，《光明日报》2023年2月15日第6版。

② 习近平：《论"三农"工作》，中央文献出版社，2022，第294页。

农村基层党组织建设，发挥好农村基层党组织的领导核心作用；大力推进基层政权治理能力建设，强化国家基层治理体系的关键环节；进一步健全基层群众自治制度，创新丰富村民自治实践；深入推进基层法治和德治建设，巩固农村基层治理的关键支撑；着力加强基层智慧治理能力建设，提升基层治理效能和水平；构建党委领导、政府负责、社会协同、公众参与、法治保障、科技支撑的现代乡村社会治理体制，以及自治、法治、德治相结合的乡村治理体系。

▶▶▶

| 第一节 |

加强农村基层党组织建设

农村基层党组织是党与群众沟通的桥梁，是确保党的各项方针政策和决策部署在农村贯彻落实的基础，是加快推进乡村全面振兴的力量核心。党的十九大指出，要把“基层党组织建设成为宣传党的主张、贯彻党的决定、领导基层治理、团结动员群众、推动改革发展的坚强战斗堡垒”。充分发挥农村基层党组织紧密联系群众、维护乡村和谐、促进乡村振兴的战斗堡垒作用，提升乡村治理效能，要健全基层治理党的领导体制，持续提升农村基层党组织战斗力，加强农村基层党组织监督管理，进一步增强农村基层党组织的凝聚力、创造力和执行力。

一、健全基层治理党的领导体制

扎实推进抓党建促乡村振兴，突出政治功能，把抓基层、打基础作为长远之计和固本之举，抓乡促村，把基层党组织建设成为领导基层治理的坚强战斗堡垒，使党建引领基层治理的作用得到强化和巩固。强化农村基层党组织领导核心地位，加强乡镇、村党组织对基层各类组织和各项工作的统一领导，以提升组织力为重点，健全在基层治理中坚持和加强党的领导的有关制度，涉及基层治理重要事项、重大问题都要由党组织研究讨论后按程序决定。建立以基层党组织为领导、村民自治组织和村务监督组织为基础、集体经济组织和农民合作组织为纽带、其他经济社会组织为补充的村级组织体系，村党组织全面领导村民委员会及村务监督委员会、村集体经济组织、农民合作组织和其他经济社会组织。注重把党组织推荐的优秀人选通过一定程序明确为各类组织负责人，确保依法把党的领导和党的建设有关要求写入各类组织章程。积极推行村党组织书记通过法定程序担任村民委员会主任、村“两委”班子成员交叉任职。

二、持续提升农村基层党组织战斗力

建立农村党员定期培训制度，对农村党员分期分批开展集中培训，强化领导乡村振兴能力。实施农村带头人队伍整体优化提升行动，注重吸引高校毕业生、农民工、机关企事业单位优秀党员干部到村任职，选优配强村党组织书记。加大在优秀青年农民中发展党员力度，加强对优秀青年农民党员的培养和管理，提高党员队伍的整体素质和能力水平。健全从优秀村党组织书记中选拔乡镇领导干部、考录乡镇机关公务员、招聘乡镇事业编制人员制度。建立选派第一书记工作长效机制，全面向贫困村、软弱涣散村和集体经济薄弱村党组织派出第一书记，派强用好驻村第一书记，强化派出单位联村帮扶。持续整顿软弱涣散村党组织，稳妥有序开展不合格党员处置工作。

三、强化党员在乡村治理中的先锋模范作用

组织党员在议事决策中宣传党的主张，执行党组织决定。创新党组织设置和活动方式，不断扩大党的组织覆盖和工作覆盖，开展党员联系农户、党员户挂牌、承诺践诺、设岗定责、志愿服务等活动，推动党员在乡村治理中带头示范，带动群众全面参与。密切党员与群众的联系，了解群众的思想状况，帮助解决实际困难，加强对贫困人口、低保对象、留守儿童和妇女、老年人、残疾人、特困人员等人群的关爱服务，引导农民群众自觉听党话、感党恩、跟党走。

四、加强农村基层党组织监督管理

推动全面从严治党向基层延伸，持续开展市县巡察，推动基层纪检监察组织和

村务监督委员会有效衔接，加强基层党组织和经济组织日常监督。规范村级小微权力运行，推行村级小微权力清单制度，明确每项权力行使的法规依据、运行范围、执行主体、程序步骤；建立健全小微权力监督制度，形成群众监督、村务监督委员会监督、上级部门监督和会计核算监督、审计监督等全程实时、多方联网的监督体系；织密农村基层权力运行“廉政防护网”，加大基层小微权力腐败惩处力度，持续整治惠农补贴、集体资产管理、土地征收等领域侵害农民利益的不正之风和腐败问题。全面落实村级组织运转经费保障政策。

五、宣传推介乡村治理典型案例

乡村治理是国家治理的基石，乡村组织振兴是乡村治理有效的关键支撑。党的十八大以来，习近平总书记对加强基层组织建设和创新乡村治理作出一系列重要论述，为巩固党在农村的执政基础、提高乡村现代化治理水平、维护农村社会稳定安宁指明了方向、提供了遵循。乡村振兴战略实施以来，各地按照党中央、国务院决策部署，结合本地实际，加强党的领导、健全体制机制、创新方式方法，涌现了许多好经验、好做法。

为充分发挥典型的引领带动作用，自2019年起，中央农办、农业农村部、国家乡村振兴局连续四年联合遴选推介全国乡村治理典型案例。在第一批20个典型案例中，部分案例注重发挥基层党组织战斗堡垒作用，加强基层组织建设；部分案例注重探索“三治”结合的有效路径；部分案例注重完善基层议事协商机制，利用现代信息技术开展积分考评、规范管理村级事务等创新治理方式；部分案例聚焦于宅基地改革、村级权力监管、红白喜事大操大办、天价彩礼和殡葬陋习等突出问题。第二批34个典型案例，在强化党的建设、创新议事协商形式、创新基层治理方式、加强县乡村三级联动、引导多元主体参与、解决痛点堵点突出问题等乡村治理的重要领域和关键环节，形成了可复制、可推广的经验和做法。第三批38个典型案例，从运用清单制、创新治理方式，强化组织领导、完善治理体制，发挥“三治”作用、健全治理体系，保障民生服务、提升治理能力等方面进行探索实践。第四批31个典型案例，从强化党组织领导、加强县乡村联动、强化数字赋能、解决突出问题等方面进行乡村治理探索实践（见表7–1）。

在四批123个乡村治理典型案例中，有市、县层面开展的创新，也有村、镇层面的探索实践，有效解决了乡村治理面临的一些难点、痛点、堵点问题，体现出较强的实用性、可操作性，能够为各级农业农村、乡村振兴部门、基层组织等坚持问题导向，梳理本地乡村治理存在的不足，制定针对性解决方案提供借鉴。

表7–1　全国乡村治理典型案例

地区	第一批（2019年）	第二批（2020年）	第三批（2021年）	第四批（2022年）
北京市	顺义区："村规民约"推进协同治理	平谷区：一声哨响，吹出乡村治理良方	怀柔区：足不出村办政务，便民服务"零距离"	
天津市	宝坻区：深化基层民主协商制度	北辰区：走好全域网格"五步诀"，打造乡村治理新格局		静海区陈官屯镇吕官屯村：弘扬耕读文化，推进乡村治理
河北省	邯郸市肥乡区：红白喜事规范管理	河间市：破除婚丧陋习，建设文明乡风	石家庄市鹿泉区：坚持"五种思维""小村规"撬动乡村"大治理"	邢台市巨鹿县：打造"巨好办"服务平台，构建乡村治理新格局 邯郸市魏县沙口集乡：创新服务"小程序"，助力乡村"大治理"
上海市	宝山区："社区通"智慧治理 金山区漕泾镇护塘村：村务工作标准化管理	崇明区："叶脉工程"精准把"脉"治理问题	金山区漕泾镇："网格化党建 + 四张清单"，打通基层治理"最后一公里" 闵行区梅陇镇永联村：推动乡村服务升级产业振兴，构建共建共治共享新格局	浦东新区航头镇：以"科技 + 积分"提升乡村治理水平 青浦区重固镇：找准治理"短板"，提升治理手段信息化水平

（续表）

地区	第一批（2019年）	第二批（2020年）	第三批（2021年）	第四批（2022年）
浙江省	嘉兴市桐乡市：自治法治德治融合 宁波市宁海县：小微权力清单“36条” 宁波市象山县：村民说事	宁波市鄞州区：基层公权力“三清单”运行法撬动乡村治理 温岭市：强化党建引领，创新网格治理 桐乡市乌镇镇：“乌镇管家”赋能乡村治理 建德市：走村不漏户，户户见干部	宁波市宁海县：小微权力清单“36条”，构建乡村反腐新机制 金华市武义县：深化“后陈经验”，完善“一肩挑”背景下的村级运行机制 湖州市安吉县孝丰镇横溪坞村：“四个不出村”推动乡村服务升级	衢州市：“县乡一体、条抓块统”提升治理效能 丽水市云和县：创新“街乡共治”模式，推动城乡融合治理 杭州市建德市：“建村钉”敞开乡村数字治理大门 宁波市象山县：搭建线上“村民说事”，畅通群众议事协商渠道
山东省	临沂市沂水县：殡葬改革破除丧葬陋习	威海市文登区：建设“三个中心”，将乡镇打造成带动乡村的龙头 荣成市：放大信用建设先行优势，开辟乡村治理全新路径 平原县：党建引领促三治，一星四化谱新篇	日照市莒县：铸公心之魂，走善治之路 济宁市曲阜市：实施“党建+”引航工程，构建“六位一体”治理格局 临沂市蒙阴县：配好“兵支书”建功乡村“主战场”	济宁市嘉祥县：推广“一网三联五清单”，乡村治理实现精细化 菏泽市巨野县：白事“一碗菜”助推乡村善治
河南省		新密市：“一村一警”构建稳定祥和新农村	济源市：实施三清单一流程，规范村级权力运行 周口市淮阳区：巡察村居，治乱建制，破解乡村治理难题	
安徽省	滁州市天长市：“积分+清单”防治“小微腐败”	宁国市：发动群众齐唱“议、助、管”三字经		

（续表）

地区	第一批（2019年）	第二批（2020年）	第三批（2021年）	第四批（2022年）
福建省	泉州市洛江区罗溪镇：构建党建“同心圆”	晋江市：全力解决乡村治理的“人、钱、事”难题	厦门市海沧区：规范权责事项，推动村居减负增效 厦门市同安区莲花镇：以“邻长制”优化“微治理”，激发振兴“新活力”	泉州市南安市梅山镇灯光村：“智慧治理”打通乡村振兴之路
江西省	鹰潭市余江区：抓“宅改”促治理	铅山县：激活村民小组，打通“神经末梢”	南昌市南昌县：推进“四民”融合，促进治理有效 赣州市大余县：“时间银行”助推乡村善治	新余市渝水区：推进农村集体产权数字化管理，夯实乡村治理基础
湖北省	黄石市大冶市：党建引领·活力村庄 宜昌市秭归县：村落自治	宜都市：湖北疫情保卫战的“宜都答卷”	武汉市蔡甸区：推行四项清单，以乡村善治助力乡村振兴	恩施土家族苗族自治州：驻村“尖刀班”联动发力，激活乡村治理新动能 仙桃市：整治人情歪风，树立文明新风
湖南省	娄底市新化县吉庆镇油溪桥村：村级事务管理积分制	津市市：津市“小存折”催生乡村共建共治共享“大文章” 宁乡市大成桥镇：“六化”社团织密善治网络	娄底市涟源市：“互联网+村级小微权力监督”，提升乡村治理能力和水平 常德市津市市：全域梳理便民清单，全力推进政务服务下沉 长沙市浏阳市：“五微联治”打通“最后一步路” 常德市石门县：“两联两包”开启村级治理新格局	衡阳市耒阳市：用好“湾村明白人”，管好湾村那些事 永州市零陵区：建立“五基”机制，开展“六自”互助

（续表）

地区	第一批（2019年）	第二批（2020年）	第三批（2021年）	第四批（2022年）
广东省	惠州市：一村一法律顾问 佛山市南海区：织密三级党建网格	佛山市三水区：办事有清单，干事有底气 清远市：小小新闻官，乡村大作为	汕头市：建立村级小清单，赋能乡村治理“大智惠” 韶关市仁化县：以“民情夜访”推动乡村有效治理 梅州市蕉岭县：创新“六事”治理方式，提升乡村善治效能	
广西壮族自治区		蒙山县坝头村：构建“一站两网”筑牢监督之基		贺州市富川瑶族自治县：创新“五联三通”治理模式，“一张网”稳定省际“一条线” 来宾市武宣县通挽镇：建立“五事共治”机制，打开乡村治理新局面 崇左市天等县：创新“三站四会五家”治理模式，写好易地扶贫搬迁“后半篇”文章
四川省	成都市郫都区唐昌街道战旗村：党建引领社会组织协同治理	邛崃市：全域“为村”助力乡村高效治理 德阳市罗江区：探索推行定向议事，提升村民自治能力	德阳市罗江区：注重“四个突出”，解决乡村治理难点问题 宜宾市珙县：创新“四方合约”机制，破解农村养老难题	
陕西省	安康市汉阴县：“三线”联系群众工作法	旬阳市：“说论亮”推进乡村有效治理	汉中市留坝县：发展村级扶贫社，壮大集体经济，提升治理能力	

（续表）

地区	第一批（2019年）	第二批（2020年）	第三批（2021年）	第四批（2022年）
宁夏回族自治区	吴忠市红寺堡区：规范村民代表会议制度	固原市："小积分"积出乡村新风尚	银川市：打好乡村治理"组合拳"，汇聚乡村振兴新动能	宁夏回族自治区：开展"一村一年一事"行动，扎实推进乡村善治
山西省		长子县：多元调解带来乡村治理的"四降两升"		晋中市："六抓六治"全面提升乡村治理能力
内蒙古自治区		伊金霍洛旗："四权四制三把关"，激发村民自治活力		鄂尔多斯市鄂托克前旗城川镇黄海子村："135+让一步"夯实乡村治理基础
黑龙江省		桦南县：突出"六化"目标，健全"六大"体系		
江苏省		邳州市：开展乡村公共空间治理的"邳州探索" 南通市海门区："四民工作1+1"助推乡村治理	宿迁市宿豫区：以"三定四专五化"为抓手，推进乡村治理现代化 南京市江宁区：精准分类优治理，多治融合促振兴 常州市溧阳市："五堂一站"创品牌，乡村善治有温度	苏州市昆山市：从"大管家"到"大家管""五个一"推动百村共治 南通市如东县："融合党建"引领乡村治理 盐城市东台市：创建数字化治理平台，实现权力阳光下运行
海南省		琼海市："四级化事法"巧解治理难题	儋州市：建立基层联动调解机制，加强法治乡村建设	乐东黎族自治县：创设乡村法治服务中心，探索矛盾纠纷调处机制

（续表）

地区	第一批（2019年）	第二批（2020年）	第三批（2021年）	第四批（2022年）
重庆市		渝北区：建强“民情茶室”，助力乡村善治	渝北区：明确村级组织承担事项，助推基层减负增效 奉节县：“四访”工作法提升基层治理能力	酉阳土家族苗族自治县花田乡：构建四种机制，走好乡村治理“数字路”
甘肃省		积石山保安族东乡族撒拉族自治县：开好“三场会”，激发群众内生动力	张掖市高台县：“四级七天”工作法化解基层矛盾纠纷	陇南市康县迷坝乡：办理群众“微心愿”，构建社会“大和谐”
青海省		甘德县千江乡：“四级联户制”增强乡村治理能力	海南藏族自治州贵南县：做细落实村规民约，夯实完善村民自治	
吉林省			长春市双阳区：“1＋3＋X”加强基层党组织建设，提升乡村治理能力	
贵州省				安顺市关岭布依族苗族自治县新铺镇卧龙村：党群议事小组议出美好乡村 遵义市湄潭县：“车不过十，礼不过百”，创新红白理事会助推乡村治理
辽宁省			抚顺市新宾县：“三向培养”强化治理人才支撑	

资料来源：农业农村部网站。

第二节

推进基层政权治理能力建设

基层治理是国家治理的基石。统筹推进乡镇和城乡社区治理能力建设，是实现国家治理体系和治理能力现代化的基础。基层强则国家强，基层安则天下安，夯实党的执政基础、巩固基层政权，推动基层治理体系和治理能力现代化，需要以人民为中心，以乡镇政权能力建设为抓手，深化基层机构改革，理顺基层管理体制，不断增强基层干部队伍工作能力，增强乡镇行政执行能力、组织引领能力、为民服务能力、议事协商能力、应急管理能力和平安建设能力。

一、优化乡镇管理体制

进一步深化基层机构改革，统筹党政机构设置、职能配置和编制资源，精干设置综合性内设机构，提高基层政权管理效能。理顺管理体制，除党中央明确要求实行派驻体制的机构外，县直部门设在乡镇的机构原则上实行属地管理。继续实行派驻体制的，要纳入乡镇统一指挥协调。

二、增强乡镇行政执行能力

加强乡镇党委对基层政权建设的领导。依法赋予乡镇综合管理权、统筹协调权和应急处置权，强化其对涉及本区域重大决策、重大规划、重大项目的参与权和建议权。根据本地实际情况，依法赋予乡镇行政执法权，整合现有执法力量和资源。

推行乡镇行政执法公示制度，实行“双随机、一公开”监管模式。优化乡镇行政区划设置，确保管理服务有效覆盖常住人口。

三、增强乡镇组织引领能力

坚持党建引领群团组织建设，夯实群团工作基层基础，更好地履行组织、宣传、凝聚、服务群众职责。统筹基层党组织和群团组织资源配置，支持群团组织承担公共服务职能。深化社区社会组织培育发展工作，培育扶持基层公益性、服务性、互助性社会组织。支持党组织健全、管理规范的社会组织优先承接政府转移职能和服务项目。搭建区域化党建平台，推行机关企事业单位与乡镇、村党组织联建共建，组织党员、干部下沉参与基层治理、有效服务群众。

四、增强乡镇为民服务能力

市、县级政府要规范乡镇政务服务、公共服务、公共安全等事项，将直接面向群众、乡镇能够承接的服务事项依法下放。充分发挥乡镇服务农村和农民的作用，加强乡镇政府公共服务职能，加大乡镇基本公共服务投入，使乡镇成为为农服务的龙头。推进“放管服”改革和“最多跑一次”改革向基层延伸，整合乡镇和县级部门派驻乡镇机构承担的职能相近、职责交叉工作事项，建立集综合治理、市场监管、综合执法、公共服务等于一体的统一平台。乡镇要围绕全面推进乡村振兴、巩固拓展脱贫攻坚成果等任务，构建县乡联动、功能集成、反应灵敏、扁平高效的综合指挥体系，着力增强乡镇统筹协调能力，发挥好乡镇服务、带动乡村作用，做好农业产业发展、人居环境建设及留守儿童、留守妇女、留守老人关爱服务等工作。加强基层医疗卫生机构和乡村卫生健康人才队伍建设。优化乡镇政务服务流程，全面推进“一窗式”受理、“一站式”办理，加快推行市域通办，逐步推行跨区域办理。将农村民生和社会治理领域中属于政府职责范围且适合通过市场化方式提供的服务事项纳入政府购买服务指导性目录。推动各级投放的公共服务资源以乡镇、村党组织为主渠道落实。

五、增强乡镇议事协商能力

完善基层民主协商制度，县级党委和政府围绕涉及群众切身利益的事项确定乡镇协商重点，由乡镇党（工）委主导开展议事协商，完善座谈会、听证会等协商方式，注重发挥人大代表、政协委员作用。探索建立社会公众列席乡镇有关会议制度。

六、增强乡镇应急管理能力

强化乡镇属地责任和相应职权，构建多方参与的社会动员响应体系。健全基层应急管理组织体系，细化乡镇应急预案，做好风险研判、预警、应对等工作。建立统一指挥的应急管理队伍，加强应急物资储备保障。每年组织开展综合应急演练。市、县级政府要指导乡镇做好应急准备工作，强化应急状态下对乡镇人、财、物的支持。

七、增强乡镇平安建设能力

坚持和发展新时代“枫桥经验”，加强乡镇综治中心规范化建设，发挥其整合社会治理资源、创新社会治理方式的平台作用。完善基层社会治安防控体系，健全防范涉黑涉恶长效机制。健全乡镇矛盾纠纷“一站式”、多元化解决机制和心理疏导服务机制。

八、增强基层干部工作能力

加强基层干部培训，着眼培养守信念、讲奉献、有本领、重品行的高素质专业化基层干部队伍，以提高发展经济、改革创新、依法办事、化解矛盾、做群众工作等能力为重点，加强基层干部特别是乡镇党政正职、村党组织书记的培训。加大对“一把手”的培训力度，实施“一把手”政治能力提升计划。重视抓好女干部、少数民族干部、党外干部的教育培训。建强培训保障体系，完善社会培训机构参与干部教育培训机制，开展清单式管理；改进方式方法，开展研讨式、案例式、模拟式、体验式等方法运用的示范培训。健全培训制度体系，完善需求调研制度，把需求调研贯穿训前、训中、训后全过程；健全干部教育培训考核评价制度，为培养、考察、识别干部提供参考。

专栏7-1　浙江探索实行“导师帮带制”

上墅乡隶属浙江省安吉县，地处杭嘉湖平原的北部，面积77.5平方公里，辖7个行政村，总人口1.4万人。上墅乡探索以老干部帮带基层年轻干部，创新建立“导师帮带制”，让年轻干部少走弯路，增强了年轻干部解决实际问题、为群众服务的本领。

2004年，上墅乡党委为解决一批老干部退居二线，而刚走出大学校门的年轻干部基层工作经验不足，干部队伍青黄不接的问题，借鉴传统“师带徒”的做法，安排“老乡镇”干部与年轻干部结成帮带对子，导师们手把手帮助年轻干部快速成长为乡镇工作行家里手。安吉县不断健全完善工作机制，陆续出台《关于在乡镇机关干部实行“导师帮带制”的实施意见》《关于全面开展导师帮带制活动的通知》《关于全面深化新时代“导师帮带制”加快推进中国最美县域建设的实施意见》等文件，持续推动“导师帮带制”科学化、规范化、实效化运行。“导师帮带制”的具体做法如下：

1.优选导师，结好对。以参加工作不满三年、群众工作能力不强、缺乏基层工作经验和实践本领的乡村两级基层干部为重点对象，与农村部门业务专家、“老乡镇”干部和省“兴村治社名师”等导师结成帮带对子。

2.深入实践，长能力。针对乡村干部岗位特点，采取导师授课、专家辅导、现场观摩等方式，提升干部理论业务水平；通过实际参与招商引资、项目建设、乡村治理、集体经济发展等重点工作，在一线实践中锤炼基层干部实践能力；通过导师身体力行带领结对年轻干部深入基层，在言传身教中传承涵养良好作风。

3.注重过程，出好徒。根据帮带对象岗位特点和短板弱项，制定年度帮带培养方案，明确帮带目标任务，压紧压实帮带责任；建立定期点评制度，每季梳理分析结对帮带开展情况，根据表现给以鼓励督促；实行“双向评议、立体评价、动态管理”，每年年底开展师徒、师徒所在单位和服务管理对象测评，综合日常点评情况给出评价，作为能否“出师”的重要依据，表现突出的推荐纳入县级优秀年轻干部库接续培养。

资料来源：中国共产党新闻网。

▶▶▶

| 第三节 |

健全基层群众自治制度

基层群众自治制度是我国的一项基本政治制度，是当代中国最直接、最广泛、最生动的基层民主实践。村民自治制度保障村民依法行使民主选举、民主协商、民主决策、民主管理和民主监督的权利，实现自我管理、自我服务、自我教育、自我监督，促进农民群众从治理的对象向治理的主体转型，能够提升村民的民主意识、法治素养、公共精神等现代化素质，调动农民群众参与乡村治理的积极性、主动性，激发农民群众推动乡村振兴的能动性、创造性。健全基层群众自治制度，深化村民自治实践，创新村民自治的有效形式，激发农民参与基层治理的积极性，形成共建共治共享合力，是推动乡村组织振兴，加快推进国家治理现代化的必然要求。

一、加强村民委员会规范化建设

坚持党组织领导基层群众性自治组织的制度，建立基层群众性自治组织法人备案制度，加强集体资产管理。维护村民委员会、农村集体经济组织、农村合作经济组织的特别法人地位和权利。规范撤销村民委员会改设社区居民委员会的条件和程序，合理确定村规模，不盲目求大。规范村级组织工作事务，集中清理上级对村级组织考核评比多、创建达标多、检查督查多等突出问题，切实减轻村级组织负担。交由村级组织承接或协助政府完成的工作事项，要充分考虑村级组织承接能力，实行严格管理和总量控制。从源头上清理规范上级对村级组织的考核评比项目，鼓励各地实行目录清单、审核备案等管理方式。规范村级各种工作台账和各类盖章证明事项；推广村级基础台账电子化，建立统一的“智慧村庄”综合管理服务平台。强化党组织领导把关作用，规范村民委员会换届选举，全面落实村“两委”班子成员资格联审机制，坚决防止政治上的两面人，受过刑事处罚、存在“村霸”和涉黑涉恶及涉及宗族恶势力等问题人员，非法宗教与邪教的组织者、实施者、参与者等进入村“两委”班子。完善村民委员会成员履职承诺和述职制度，强化基层纪检监察组织与村务监督委员会的沟通协作、有效衔接，形成监督合力。

二、增强村民自治组织能力

坚持自治为基，加强农村群众性自治组织建设，健全和创新村党组织领导的充满活力的村民自治机制，完善村民（代表）会议制度，推进民主选举、民主协商、民主决策、民主管理、民主监督实践。进一步加强自治组织规范化建设，拓展村民参与村级公共事务平台，发展壮大治保会等群防群治力量，充分发挥村民委员会及下设的人民调解、治安保卫、公共卫生等委员会等群防群治力量在公共事务和公益事业办理、民间纠纷调解、治安维护协助、社情民意通达等方面的作用。村民委员会应设妇女和儿童工作等委员会，增强保护和服务妇女儿童的工作能力。深入开展以村民小组或自然村为基本单元的村民自治试点工作。发挥自治章程、村规民约的积极作用。

三、丰富村民议事协商形式

聚焦群众关心的民生实事和重要事项，健全村级议事协商制度，定期开展民主协商，形成民事民议、民事民办、民事民管的多层次基层协商格局。创新协商议事形式和活动载体，依托村民会议、村民代表会议、村民议事会、村民理事会、村民监事会等，鼓励农村开展村民说事、民情恳谈、百姓议事、妇女议事等各类协商活动。积极发挥新乡贤在议事协商和乡村治理方面的作用，广泛动员新乡贤围绕重大公共事务决策等内容全面咨政建言、深入参与协商；探索成立县乡（镇）村三级乡贤理事会，通过乡贤恳谈会、专题议事会、座谈交流会等多种形式，发挥新乡贤在乡村组织中的示范引领作用。

四、全面实施村级事务阳光工程

全面建立健全村务监督委员会，完善党务、村务、财务“三公开”制度，实现公开经常化、制度化和规范化，接受群众监督。全面落实“四议两公开”制度，做到村党组织提议、村“两委”会议商议、党员大会审议、村民会议或者村民代表会议决议，决议公开、实施结果公开。梳理村级事务公开清单，及时公开组织建设、公共服务、脱贫攻坚、工程项目等重大事项。健全村务档案管理制度，推广村级事务“阳光公开”监管平台，实行群众自我管理、自我服务、自我教育、自我监督；利用互联网、微信公众号、微信群等途径，推进村级事务即时公开，拓宽群众反映意见和建议的渠道，加强群众对村级权力有效监督。规范村级会计委托代理制，加强农村集体经济组织审计监督，开展村干部任期和离任经济责任审计。

五、增强村组织动员能力

健全村“两委”班子成员联系群众机制，经常性开展入户走访。加强群防群治、联防联治机制建设，完善应急预案。在应急状态下，由村“两委”统筹调配本区域各类资源和力量，组织开展应急工作。改进网格化管理服务，依托村统一划分综合网格，明确网格管理服务事项。积极培育和发展服务性、公益性、互助性农村社会组织，保障其依法开展活动。

六、优化乡村服务格局

推动乡村治理重心下移，尽可能把资源、服务、管理下放到基层。市、县级政府要规范村公共服务和代办政务服务事项，由基层党组织主导整合资源为群众提供服务。推进城乡社区综合服务设施建设，依托其开展就业、养老、医疗、托幼等服务，加强对困难群体和特殊人群的关爱照护，做好传染病、慢性病防控等工作。加强综合服务、兜底服务能力建设。完善支持社区服务业发展政策，采取项目示范等方式，实施政府购买社区服务，鼓励社区服务机构与市场主体、社会力量合作。创新基层管理体制机制，整合优化公共服务和行政审批职责，打造“一门式”办理、“一站式”服务综合服务平台。在村庄普遍建立网上服务站点，逐步形成完善的乡村便民服务体系。大力培育服务性、公益性、互助性农村社会组织，积极发展农村社会工作和志愿服务。开展“新时代新社区新生活”服务质量提升活动，推进社区服务标准化。

专栏7-2　广西构建“一站两网”监督机制

坝头村地处广西壮族自治区梧州市蒙山县新圩镇，总面积约9.6平方千米，辖12个村民小组，有576户1820人，以水果、蔬菜种植为主导产业。为解决乡村治理中基层监督弱化虚化空化、群众监督渠道不畅等问题，坝头村试点构建“一站两网”基层监督模式，全面加强村务监督和党员监督管理，通过盯紧盯实人和物，让基层微权力在阳光下规范运行。

1.建设村级廉洁工作站。自2017年以来，坝头村党总支部探索建设村级廉洁工作站，让群众在家门口就能反映问题。廉洁工作站由镇党委领导，被赋予监督权、建议权和反映权，直接向镇纪委报告问题线索，紧盯基层干部的微权力。廉洁工作站由镇包村工作组组长担任站长（1人），由党总支纪检委员、村务监督委员会主任担任副站长（2人），由退休干部、离任村干部、威望高的党员、群众担任监督员（4人，其中非党员监督员2人）。廉洁工作站有独立办公室，设在村“绿荫党校”旁边，日常工作以网格化分工为主，将基层监督探头延伸至“最后一公里”。

2.织就村务监督“物廉网”。村务监督“物廉网”紧盯物。从镇、村公示及享受国家惠民政策的名单名册中，根据农户家庭情况有针对性地抽取部分农户开展“以物溯源”，核查惠民资金物资是否精确发放，是否公平公正发放，是否有权钱交易等，对核查发现的问题顺藤摸瓜，找出线索挖出责任人。“物廉网”有效解决了以往监督员不知如何去监督、在工作站等群众来反映的被动监督问题。

3.织就党员监督“互廉网”。党员监督“互廉网”紧盯人。扩大参与监督的人员范围和监督内容，除廉洁工作站的监督员外，邀请党员的亲友、邻居、服务对象等对其日常生活进行全方位监督，构建一张互监、互廉、互提醒和互帮助的农村党员行为网格，在规范党员日常言行举止的同时，发挥党员的示范作用，进一步带动身边的人跟党走、向党看齐。

资料来源：农业农村部网站。

▶▶▶

第四节

推进基层法治和德治建设

法安天下，德润人心。法治是乡村治理有效的必要前提，德治是健全乡村治理体系的重要支撑。习近平总书记多次强调，要完善党组织领导的自治、法治、德治相结合的乡村治理体系。在乡村治理过程中要坚持法治、反对人治，引导农村党员干部群众办事依法、遇事找法、解决问题用法、化解矛盾靠法，把政府各项涉农工作纳入法治化轨道。同时，要把握乡村的独特属性，乡村是熟人社会，人们“生于斯、长于斯”，对村庄“人熟、地熟、事熟”，彼此有着“血缘、亲缘、地缘”联系，德治是乡村社会有效治理不可或缺的手段，要在实行自治和法治的同时，注重发挥好德治的作用。

一、推进基层法治建设

提升基层党员、干部法治素养，引导群众积极参与、依法支持和配合基层治理。完善基层公共法律服务体系，加强和规范村法律顾问工作。乡镇指导村依法制定村规民约，健全备案和履行机制，确保符合法律法规和公序良俗。

二、加强农村法律服务供给

充分发挥人民法庭在乡村治理中的职能作用，推广车载法庭等巡回审判方式。加强乡镇司法所建设。整合法学专家、律师、政法干警及基层法律服务工作者等资源，健全乡村基本公共法律服务体系。深入推进公共法律服务实体、热线、网络平台建设，鼓励乡镇党委和政府根据需要设立法律顾问和公职律师，鼓励有条件的地方在村民委员会建立公共法律服务工作室，进一步加强村法律顾问工作，落实“一村一法律顾问”制度，完善政府购买服务机制，充分发挥律师、基层法律服务工作者等在提供公共法律服务、促进乡村依法治理中的作用。

三、推进法治乡村建设

坚持法治为本，树立依法治理理念，强化法律在维护农民权益、规范市场运行、农业支持保护、生态环境治理、化解农村社会矛盾等方面的权威地位。增强基层干部法治观念、法治为民意识，规范农村基层行政执法程序，加强乡镇行政执法人员业务培训，严格按照法定职责和权限执法，将政府涉农各项工作纳入法治化轨道。深入推进综合行政执法改革向基层延伸，实施农业综合行政执法能力提升行动，创新监管方式，推动执法队伍整合、执法力量下沉，提高执法能力和水平。建立健全乡村调解、县市仲裁、司法保障的农村土地承包经营纠纷调处机制。坚持和发展新时代“枫桥经验”，完善社会矛盾纠纷多元预防调处化解机制。加大农村普法力度，深入开展农村法治宣传教育，提高农民法治素养，引导广大农民增强尊法学法守法用法意识。健全农村公共法律服务体系，加强对农民的法律援助和司法救助。加强乡村法治教育和法律服务，大力开展“民主法治示范村”创建，深入开展“法律进乡村”活动，实施农村“法律明白人”培养工程，培育一批以村干部、人民调解员为重点的“法治带头人”。

专栏7-3　培养乡村“法律明白人”

“法律明白人”是指具有较好法治素养和一定法律知识，愿意积极参与法治实践，能发挥示范带头作用的村民。乡村“法律明白人”是公众参与基层社会治理的一支生力军。他们扎根基层，人熟、地熟、事熟，有血缘、亲缘、地缘“三缘”优势，有乡情、亲情、友情“三情”资源，在基层社会治理中发挥着积极作用。

2004年，云南省司法厅在曲靖市马龙区（原马龙县）大庄乡乱头村委会和石河村委会率先开展“法治宣传中心户”创建试点工作，在每个村组挑选出一两户威望高、法律意识强、有公益心的“法律明白人”农户作为“法治宣传中心户”，是乡村“法律明白人”培养工作的开端，也是加快推动乡村依法治理的里程碑。

2021年6月，中共中央、国务院转发了《中央宣传部、司法部关于开展法治宣传教育的第八个五年规划（2021—2025年）》，提出加大乡村（社区）普法力度，实施乡村（社区）“法律明白人”培养工程。同年11月，中央宣传部、司法部、农业农村部等6部门联合印发了《乡村“法律明白人”培养工作规范（试行）》，对乡村“法律明白人”的遴选、培训、使用、管理、考核等相关工作作出明确规定，重点在村干部、人民调解员、中共党员、“五老”人员（老干部、老战士、老专家、老教师、老模范）、致富能手等各类人才和其他热心公益事业的村民中培养“法律明白人”。计划到2025年，每个行政村至少培养3名“法律明白人”，基本形成培养机制规范、队伍结构合理、作用发挥明显的“法律明白人”工作体系，形成一支素质高、结构优、用得上的乡村“法律明白人”队伍。

经历近20年发展，乡村“法律明白人”已经成为化解农村各类矛盾纠纷，推动乡村治理的重要力量。广大“法律明白人”发挥社情民意的信息员、政策法律的宣传员、矛盾纠纷的化解员、法治实践的引导员的作用，针对婚姻家庭、邻里关系、房屋宅基地、山林土地、高价彩礼等农村地区常见矛盾纠纷类型，开展法治宣传，及时排查微风险、化解微矛盾。截至2023年6月，全国已培育乡村“法律明白人”383万余名，基本实现了“法律明白人”在每个行政村的全覆盖。

资料来源：中国政府法制信息网。

专栏7-4　农业综合行政执法能力提升行动

健全制度，规范执法行为。细化完善农业综合行政执法事项指导目录，建立动态调整和长效管理机制。健全农业综合行政执法队伍管理制度，修订完善执法程序和执法文书，制定农业综合行政执法工作规程和操作手册，完善农业行政执法监督机制，做到严格规范公正文明执法。

落实政策，保障执法条件。完善农业综合行政执法装备标准。强化农业综合行政执法队伍着装和执法装备配备。综合运用互联网、云计算、大数据等现代信息技术，强化农业综合行政执法科技支撑能力，鼓励和支持有条件的地方建设区域性执法指挥调度平台，提高执法信息化水平。农业综合行政执法运行经费、执法装备建设经费、罚没有毒有害及其他物品处置经费等纳入同级财政预算，确保满足执法工作需要。

加强培训，提升执法水平。编制实施全国农业综合行政执法人员培训大纲和考试大纲，编写全国农业综合行政执法人员培训教材。创新培训方式，用好线上、线下两种培训手段，加大培训力度，提高培训实效。构建部省市县四级培训机制，组织开展执法人员轮训行动，确保“十四五”期间所有执法人员轮训一遍。

资料来源：《“十四五”农业农村人才队伍建设发展规划》。

四、加强思想道德建设

培育践行社会主义核心价值观，推动习近平新时代中国特色社会主义思想进社区、进农村、进家庭。健全村道德评议机制，开展道德模范评选表彰活动，注重发挥家庭家教家风在基层社会治理中的重要作用。组织开展科学常识、卫生防疫知识、应急知识普及和诚信宣传教育，深入开展爱国卫生运动，遏制各类陈规陋习，抵制封建迷信活动。

五、发展公益慈善事业

完善社会力量参与基层治理激励政策，创新社区与社会组织、社会工作者、社区志愿者、社会慈善资源的联动机制，支持建立乡镇购买社会工作服务机制和设立社区基金会等协作载体，吸纳社会力量参加基层应急救援。完善基层志愿服务制度，大力开展邻里互助服务和互动交流活动，更好满足群众需求。

六、提升乡村德治水平

深入挖掘乡村熟人社会蕴含的道德规范，结合时代要求进行创新，强化道德教化作用，引导农民向上向善、孝老爱亲、重义守信、勤俭持家。建立道德激励约束机制，引导农民自我管理、自我教育、自我服务、自我提高，实现家庭和睦、邻里和谐、干群融洽。深入实施公民道德建设工程，加强社会公德、职业道德、家庭美德和个人品德教育。大力开展文明村镇、农村文明家庭、星级文明户、五好家庭等创建活动，广泛开展农村道德模范、最美邻里、身边好人、新时代好少年、寻找最美家庭等选树活动，开展乡风评议，弘扬道德新风。

七、加快建设平安乡村

健全落实社会治安综合治理领导责任制，大力推进农村社会治安防控体系建设，加强基础性制度、设施、平台建设，推动社会治安防控力量下沉。加强农村警务工作，大力推行“一村一辅警”机制，扎实开展智慧农村警务室建设。加强农民群众拒毒防毒宣传教育，依法打击整治毒品违法犯罪活动。推进农村扫黑除恶斗争常态化，深入开展扫黑除恶专项斗争，严厉打击农村黑恶势力、宗族黑恶势力，严厉打击黄赌毒盗拐骗等违法犯罪，健全防范打击长效机制；加强对社区矫正对象、刑满释放人员等特殊人群的服务管理。依法严厉打击侵害农村妇女儿童权利的违法犯罪行为。依法加大对农村非法宗教活动和境外渗透活动打击力度，依法制止利用宗教干预农村公共事务，继续整治农村乱建庙宇、滥塑宗教造像。完善县乡村三级综治中心功能和运行机制。健全农村公共安全体系，持续开展农村安全隐患治理，强化农村安全生产、防灾减灾救灾、食品、药品、交通、消防等安全管理责任。加强农村消防、安全生产工作，坚决遏制重特大安全事故。探索以网格化管理为抓手、以现代信息技术为支撑，实现基层服务和管理精细化精准化；推进农村地区技防系统建设，加强公共安全视频监控建设联网应用工作。完善推广积分制、清单制、数字化、接诉即办等务实管用的治理方式。推进农村“雪亮工程”建设。

专栏7-5　乡村治理中的清单制

一、合理设立清单

乡村治理中运用清单制，在党组织领导下，将基层管理服务事项以及农民群众关心关注的事务细化为清单，编制操作流程，明确办理要求，建立监督评价机制，形成制度化、规范化的乡村治理。

1.设立小微权力清单、“三务”公开目录等，明确权力行使规范，加强对基层小微权力的监督管理，切实保障农民群众的知情权、决策权、参与权和监督权。

2.设立公共服务事项清单、政务服务事项清单等，推动便民服务，提升农民群众的获得感和满意度。

3.设立行政权力清单、村级事务清单等，规范村级组织承担行政性事务的权责与方式，推动行政性事务与乡村治理相结合，提高处理乡村复杂问题的能力与乡村治理效率。

建立清单动态调整制度，规范调整程序，根据政策法规立改废释情况以及工作实际，适时变更清单。

二、有序推进运用

推动清单规范运行。要对清单事项、调整程序、落实执行、监督考核、保障措施等内容作出明确规定，推动清单制运行“有章可循”。编制清单事项流程图，明确清单名称、运行流程、法律依据等，通过政府信息公开、印发流程图手册、村委会公示等途径，让群众心中有数、按图办事，干部心中有戒、照单履职。

完善监督评价机制。明确清单事项的监督主体、监督对象、监督方式等，形成群众监督、村务监督委员会监督、上级党组织和有关部门监督的监督体系。健全公开制度，公开清单内容、运行程序、运行结果，实现公开经常化、制度化和规范化。建立群众评价机制，把群众评价作为清单运行效果的重要依据。

三、运行流程：以小微权力清单为例

1.依法梳理清单。对村级小微权力事项进行全面梳理，按照精准、清晰、简明的原则列出清单。

2.编制运行流程。明确每项清单的权力主体、权力内容、操作流程、决策方式、责任追究等细节，让群众按图办事、干部按图履责。

3.加强监督检查。公开清单和运行流程，充分发挥上级党委政府、村务监督委员会、群众和社会各方面的监督作用，并配套违规处理办法。

资料来源：农业农村部网站。

专栏7-6 乡村治理中的积分制

积分制是在农村基层党组织的领导下，通过民主程序，将乡村治理各项事务转化为数量化指标，对农民日常行为进行评价形成积分，并给予相应精神鼓励或物质奖励的一套有效激励约束机制。积分制是基层治理思想的重大转变，是基层治理方式的重大创新。自实施乡村振兴战略以来，积分制在各地广泛运用，对加强和改进乡村治理、促进农村和谐稳定产生了积极作用。

一、主要作用

积分制把纷繁复杂的村级事务标准化、具象化，让乡村治理工作可量化、有抓手。将农村基层治理由“村里事”变成“家家事”，由“任务命令”转为“激励引导”。小积分，解决大问题。

二、运用领域

主要在村规民约落实、人居环境整治、文明创建、社会综治等领域运用。

三、运行流程：以推进村规民约落实为例

1.制定积分办法。将村规民约的各项要求细化为积分事项，鼓励的事项为加分项，禁止的事项为减分项，制定积分评价办法，在广泛征求村民意见、公开公示，并经村民代表大会审议通过后实施。

2.明确积分流程。以农户申报或专人采集信息方式，将村民遵守村规民约情况登记为积分，经过小组评定、公开公示后，形成每户积分台账。

3.开展积分应用。每季度或年末，通报积分排序，每户还可根据积分兑换适量物品，或者享受特定优待。有的设立“红黑榜”，获得五好家庭、文明示范户等荣誉的家庭列入红榜，道德失范、乱搭乱建、恶意上访等农户列入黑榜。通过“红黑榜”制度，把村规民约中的“倡导性遵守”转变为“约束性措施”。

资料来源：农业农村部网站。

▶▶▶

丨第五节丨

加强基层智慧治理能力建设

智慧治理是以大数据、云计算、区块链、人工智能等数字信息技术为支撑的全新社会治理模式，是推进基层直接民主制度化、规范化、程序化发展，提升基层治理能力，完善基层治理体系的重要支撑。加强基层智慧治理能力建设，要完善网络信息基础设施、整合数据资源、提升服务效能、拓展服务场景，以技术促服务，以服务促治理，加快推进乡村治理体系和治理能力现代化。

一、做好智慧治理基础设施规划建设

大幅提升乡村网络设施水平，加强基础设施共建共享，加快农村宽带通信网、移动互联网、数字电视网和下一代互联网发展。市、县级政府要将乡镇、村纳入信息化建设规划，统筹推进智慧城市、智慧社区基础设施、系统平台和应用终端建设，强化系统集成、数据融合和网络安全保障。重点规划农村治理、服务基础设施运营、公共事业管理等领域智慧化建设（改造），根据需要拓展其他建设（改造）项目。健全基层智慧治理标准体系，推广智能感知等技术。

二、整合智慧治理数据资源

实施“互联网＋基层治理”行动，完善乡镇、村地理信息等基础数据，根据服务群众需要，依法依规向村开放数据资源，发挥村信息为民服务实效。完善乡镇与部门政务信息系统数据资源共享交换机制，制定信息共享清单，加快建立标准统一、动态管理的社区数据资源体系，完善统一采集、统一制表、统一报送机制，减少工作台账报表。推进村级数据资源建设，实行村数据综合采集，实现一次采集、多方利用。加强社区数据安全管理和保障，强化关键信息基础设施防护，依法保护居民信息安全和个人隐私。完善政务公开信息化平台，建设分类分级、集中统一、共享共用、动态更新的政策文件库。

三、提升智慧治理服务效能

加强基层智慧治理顶层设计，完善纵横联动、五级协同的“一网统管”工作体系。完善全国一体化政务服务平台建设，发挥全国一体化政务服务平台“一网通办”枢纽作用，推动政务服务线上线下标准统一、全面融合、服务同质，构建全时在线、渠道多元、全国通办的一体化政务服务体系。推动“互联网+政务服务”向乡镇、村延伸覆盖。建设开发智慧社区信息系统和简便应用软件，增加政务服务事项网上受理、办理数量和种类，提高基层治理数字化智能化水平，创新政务服务、公共服务提供方式，提升政策宣传、民情沟通、便民服务效能，让数据多跑路、群众少跑腿。探索推进“多卡合一”“多码合一”，推进基本公共服务数字化应用，积极打造多元参与、功能完备的数字化生活网络，提升普惠性、基础性、兜底性服务能力。加快部署政务通用自助服务一体机，完善村级政务自助便民服务网络布局。充分考虑老年人、残疾人等特殊人群需求，推行适老化和无障碍信息服务，保留必要的线下办事服务渠道。

四、强化基层智慧治理能力

依托村级综合信息平台建立健全民情反馈、风险研判、应急响应、舆情应对机制，提升村庄全周期管理水平。全面推进“互联网+党建”，推动党建工作和党员管理服务信息化，做好网上群众工作。优化网格管理平台，推行“社区输入+网上推送+部门响应”工作模式，健全即时响应机制，及时回应群众诉求。坚持和发展新时代“枫桥经验”，提升网上行政复议、网上信访、网上调解、智慧法律援助等水平，促进矛盾纠纷源头预防和排查化解。搭建灾害风险预警模型，发展实时监测、智能预警、应急管理和疫情防控智能应用，全面提升村预警和应急处置能力。加强网络文明建设，建设互联网助推乡村文化振兴示范基地，推进乡村优秀文化资源数字化；加强乡村网络文化引导，支持“三农”题材网络文化优质内容创作，依法打击农村非法宗教活动及其有组织的渗透活动。探索推进村民委员会换届网上选民登记、村民协商、村务公开、民主监督等，畅通群众参与渠道。

五、拓展智慧治理应用场景

完善信息终端和服务供给，开发城乡社区协商议事、政务服务办理、养老、家政、卫生、托育等网上服务项目应用。推动政务服务平台、社区感知设施、家庭终端和城乡安全风险监测预警系统建设及互联互通，发展实时监测、智能预警、应急救援救护和智慧养老等社区惠民服务应用。深入推进智慧社区建设，加强智慧社区基础设施建设改造，实施村庄综合服务设施智慧化改造工程，推进智能感知设施建设，扩大智能感知设施和技术在安全管理、群防群治、机动车（自行车）管理、生活垃圾处理等领域的应用。鼓励社会资本投资建设智慧社区，运用第五代移动通信（5G）、物联网等现代信息技术推进智慧社区信息基础设施建设。集约建设智慧社区平台，完善电子政务服务流程，实行“前台一口受理、后台分工协同”运行模式，提供一体化管理和服务。大力发展电子商务，优先开发符合“三农”需要的信息终端、技术应用；推动购物消费、居家生活、公共文化生活、休闲娱乐、交通出行等各类生活场景数字化，支持村史馆、智慧家庭、智能体育场地等建设，打造多端互联、多方互动、智慧共享的数字社区生活。强化数字技能教育培训服务，助力未成年人、老年人、残疾人共享智慧生活，消除数字鸿沟。

专栏7-7　以数字化改革构建乡村智慧治理体系

浙江省以数字化改革为抓手，持续对乡村治理体制机制进行系统性重塑，不断推进乡村治理体系和治理能力现代化，为高质量发展建设共同富裕示范区奠定坚实基础。

浙江省的智慧治理可以追溯到2003年。2003年9月，浙江省人民政府印发《数字浙江建设规划纲要（2003—2007年）》，指出在未来的五年里，加快建设“数字浙江”支撑体系，构建覆盖城乡的宽带多媒体网络，加快电子政务建设，实现省、市、县三级政务网络的互联互通；促进农村与农业信息化，推进省、市、县、乡、村五级农业信息网络体系建设。至2016年，建成了“数字浙江1.0”框架体系。

2016年1月，浙江省人民政府印发《浙江省“互联网＋”行动计划》，提出着力推进“互联网＋政府治理”：一是加强政务资源整合，推动全省电子政务的基础设施整合、信息资源共享和业务协同；二是推进政务数据开放，推动民生保障服务相关领域的政府数据向社会开放；三是构建新型政务服务体系，深化“四张清单一张网”改革，加快推动网上政务服务平台向乡镇延伸，发展面向移动互联网的政务服务应用；四是打造网上协同治理体系，探索网络化社会管理服务新模式。同年8月，浙江省发布《浙江省信息化发展“十三五”规划（“数字浙江2.0”发展规划）》，推动构建“数字浙江2.0”框架体系。2021年6月，浙江省人民政府研究出台《浙江省数字政府建设“十四五”规划》，明确了创新全域智慧的协同治理体系、完善开放共享的数据治理体系等主要任务，提出到2025年，形成以党建为统领、数智为特征的“四治融合”基层治理体系，建成“县乡一体、条抓块统”高效协同治理格局，高质量建成数智治理先行省。

经历20年发展，浙江省乡村智慧治理体系不断完善，治理能力不断提升。浙江省乡村智慧治理以数字应用平台为基础，通过建设农业农村数据仓，绘制乡村重要资源全域地理信息图，设计开发浙农经管、浙农宅地、浙农田、浙农码等“浙农”系列场景应用；聚焦县乡一体、平台融合、数据共享，推进省市县数字化建设工作体系与县以下全贯通，实现“基层治理四平台”所有乡镇（街道）全覆盖，为乡村治理装上“智慧大脑”。通过基层治理信息互联互通，实时更新村情民生数据，提升基层治理服务水平。德清县打造的“数字乡村一张图”数字化平台，形成覆盖全县141个村（社区）的物联感知网，将每个村庄的规划、经营、环境、服务和治理五个模块，涉及环境治理、水域监测、危房监测、智慧气象、医疗健康、智慧养老等120余项功能信息通过一张图直观呈现，实现村级应急效率提高30%、垃圾分类精准率达90%以上。通过推动智慧治理体系建设，浙江全省农村共建成各类视频监控探头252.9万个，农村公共出入口视频监控联网率达到100%；建设五级联网的农村集体“三资”管理服务系统，实现实时化监管、智能化预警；推进民生场景资源数字化和服务在线化，构建便捷的“一站式”线上公共服务体系；通过创新“线上”民主模式，激发村民参与治理的积极性、主动性；通过实施村级事务阳光工程，完善线上线下村级党务、村务、财务“三公开”制度。

资料来源：浙江省人民政府网站。

PART 08

第八章

扎实推进乡村建设

自实施乡村振兴战略以来，各地区各部门不断加大资金投入力度，加强农村基础设施建设，强化农村公共服务，持续改善农村生产生活条件，使乡村面貌发生了很大变化。但还要看到，我国农村基础设施和公共服务体系还不健全，部分领域还存在一些突出短板和薄弱环节，与农民日益增长的美好生活需要还有差距。全面推进乡村振兴，要把乡村建设摆在社会主义现代化建设的重要位置，顺应农民群众对美好生活的向往，以普惠性、基础性、兜底性民生建设为重点，强化规划引领，统筹资源要素，动员各方力量，加强村庄规划建设与管理，加强农村基础设施和公共服务体系建设，强化农村资金投入保障。

▶▶▶

| 第一节 |

加强村庄规划建设与管理

村庄规划是法定规划，是国土空间规划体系中乡村地区的详细规划，是开展国土空间开发保护活动、实施国土空间用途管制、核发乡村建设项目规划许可、进行各项建设等的法定依据。扎实推进乡村建设，要科学推进村庄规划建设，加强乡村规划政策支持。

一、科学推进村庄规划建设

（一）完善县乡村规划布局

强化县域国土空间规划管控，统筹划定落实永久基本农田、生态保护红线、城镇开发边界。统筹县城、乡镇、村庄规划建设，明确村庄分类布局。推进县域产业发展、基础设施、公共服务、生态环境保护等一体规划，加快形成县乡村功能衔接互补的建管格局，推动公共资源在县域内实现优化配置。

（二）加快推进村庄规划

按照集聚提升类、城郊融合类、特色保护类和搬迁撤并类等村庄分类，分类推进村庄规划。优化布局乡村生活空间，严格保护农业生产空间和乡村生态空间，科学划定养殖业适养、限养、禁养区域。坚持先规划后建设，加强分类指导，保持历史耐心，遵循乡村发展规律，注重传统特色和乡村风貌保护，不搞“一刀切”。严禁随意撤并村庄搞大社区、违背农民意愿大拆大建。

二、加强乡村规划政策支持

（一）优化调整用地布局

允许在不改变县级国土空间规划主要控制指标的情况下，优化调整村庄各类用地布局。涉及永久基本农田和生态保护红线调整的，严格按国家有关规定执行，调整结果依法落实到村庄规划中。

（二）探索规划“留白”机制

各地可在乡镇国土空间规划和村庄规划中预留不超过5%的建设用地机动指标，村民居住、农村公共公益设施、零星分散的乡村文旅设施及农村新产业新业态等用地可申请使用。对一时难以明确具体用途的建设用地，可暂不明确规划用地性质。建设项目规划审批时落地机动指标、明确规划用地性质，项目批准后更新数据库。机动指标使用不得占用永久基本农田和生态保护红线。

▸▸▸

第二节

加强农村基础设施建设

2021年，我国农村户籍人口7.6亿人、常住人口4.98亿人，未来即便是常住人口城镇化率达到70%以上，还将有数亿人生活在农村。这与使农村基本具备现代生活条件的要求相比还有不小的差距，农村道路、供水、能源、通信等公共基础设施还不健全，厕所、垃圾污水处理、村容村貌等人居环境条件还需持续改善。

一、加强农村交通物流网络建设

目前，具备条件的乡镇和建制村通硬化路、通客车目标全面实现，基本形成了遍布农村、连接城乡的农村公路网络。但相对于人民群众日益增长的美好生活需要、农业农村现代化发展需求和交通强国建设要求，农村公路发展还存在一定差距，包括路网通达深度仍然不足、技术等级水平总体偏低、安全防护及桥涵等配套设施建设不足、管理养护存在明显短板、客货运输服务水平不高，以及“四好农村路”发展长效机制有待完善等。加强农村基础设施建设，首先是要加强农村交通物流网络建设。

（一）构建便捷高效的农村公路骨干路网

总体按照三级及以上公路标准，推进以乡镇及主要经济节点为网点，主要服务乡村地区对外沟通交流及产业经济发展的对外快速骨干公路建设，着力加强与国省干线公路、城市道路、其他运输方式的衔接，提高通行能力和运行效率，促进城乡互联互通。结合乡村产业布局和特色村镇建设，推动串联乡村主要旅游景区景点、主要产业和资源节点、中小城镇和特色村庄的区域联网骨干公路建设，促进农村公路与乡村产业深度融合发展。

（二）构建普惠公平的农村公路基础网络

推进农村公路建设项目更多向进村入户倾斜，构建广泛覆盖人口聚居的主要村庄、直接服务农民群众出行和农村生产生活的农村公路基础网络，进一步提高农村公路覆盖范围、通达深度和服务水平，巩固拓展脱贫攻坚成果。结合村庄、经济、产业、人口分布，优化农村公路网络，推进较大人口规模自然村（组）通硬化路建设，对于交通量较小、建养条件困难、高寒高海拔、环境敏感等地区，因地制宜选用合理技术标准和路面形式。有序推进建制村通双车道公路改造、窄路基路面公路拓宽改造或错车道建设。加强通村公路和村内道路连接，统筹规划和实施农村公路的穿村路段，灵活选用技术标准，兼顾村内主干道功能。

（三）营造安全宜人的农村公路交通环境

打造平安农村路、美丽农村路，夯实农村公路交通安全基础，营造美丽宜人并具有文化氛围的农村交通出行环境。加强农村公路交通安全隐患治理，实施农村公路安全提升工程，及时推进危桥改造，配套建设必要桥梁。加大抢险设备和物资投入，扩大农村公路灾害保险覆盖面，提升农村公路应急保障能力。完善农村公路交通标志、标线，加强农村客、货运营车辆技术维护与安全监管。实施农村公路路域环境洁化、绿化、美化，促进与乡村旅游、生态宜居乡村融合发展，按需完善沿线服务设施和应急设施。

（四）完善适用多元的农村公路养护运行机制

推进农村公路养护市场化改革，建立政府与市场合理分工的养护生产组织模式，提高养护专业化、机械化、规模化水平。推进农村公路养护规范化发展，完善农村公路养护技术标准，推广低成本、高效率、标准化、易操作养护技术。通过设置多种形式的公益性岗位，吸收农民群众参与农村公路日常养护。创新多种养护模式，尝试对不同行政等级道路组成的农村公路骨干路网实行集中统一养护，探索破除传统国省干线公路和农村公路养护界限，合理划分养护区域，对区域内的国省干线公路和农村公路实施一体化养护。

（五）发展便民多元的农村客运服务体系

加快建立农村客运政府购买服务制度，因地制宜推进农村客运结构调整和资源整合，采用城乡公交、定线班车、区域经营或预约响应等多种客运组织模式，加快实现有条件的地区农村客运网络全覆盖，尽可能提高农村客运公交化运行比重，推进城乡客运一体化发展。加强农村客运运营安全管理，推广应用农村客运运营与安全信息系统，全方位加强农村运输事前事中事后监管。有条件的地区灵活采用“城乡公交+镇村公交”“城乡公交+班线客运公交化改造”等多种模式推动全域公交发展，其他地区重点推动城乡基本公共客运服务均等化，适应城乡融合发展需要，满足基本公共客运服务供给，保障农村群众“行有所乘”。

（六）发展畅通集约的农村物流服务体系

综合利用交通、邮政、快递、农业、商贸等资源，构建县乡村三级农村物流节点体系，补齐农村地区物流基础设施建设短板，提升农村物流网络覆盖率。推动邮政物流、农村客运小件快运、电商快递、冷链物流、货运班车等多种农村物流形式的发展，畅通农产品进城、农业生产资料和农民生活消费品下乡的物流服务体系，促进城乡物流网络均衡发展。鼓励交通运输、商贸、供销、电商、邮政、快递等企业开展农村物流统仓共配，提升效率、降低成本。鼓励各地因地制宜打造农村物流服务品牌，集约化发展农村现代物流并加强与上下游产业一体化发展，有条件的地区发展智慧物流。

二、加强农业农村水利基础设施建设

农村供水工程是一项保民生、得民心、稳增长的惠民工程，是扎实推进乡村建设的一项重要任务。2021年全国集中供水的行政村比例为83.64%，供水普及率达到85.33%，比2013年有明显提高（见图8-1），但2021年西藏、辽宁、湖南集中供水的行政村比例低于70%，湖南、江西供水普及率低于70%。扎实推进乡村建设，还应持续加强农业农村水利基础设施建设。

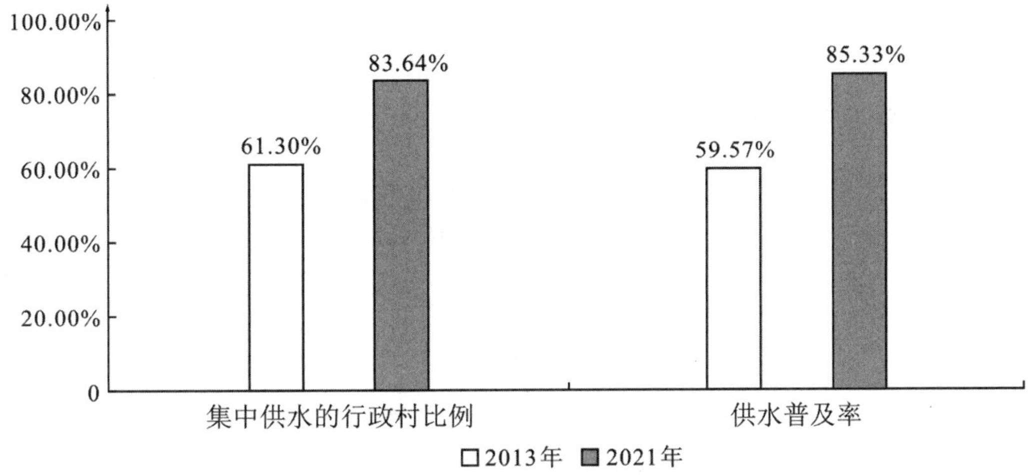

图8-1 2013年、2021年的农村供水情况

资料来源：2013年、2021年《中国城乡建设统计年鉴》。

（一）巩固拓展农村供水成果

地方水行政主管部门会同有关部门做好对供水薄弱地区、脱贫地区、脱贫人口和供水易反复人群的饮水状况动态监测，加强摸排，找准农村供水存在的问题和风险隐患，建立问题台账。公布供水单位服务电话，畅通群众反映问题和举报监督通道，建立健全问题快速发现和响应机制，将解决农村供水问题纳入地方人民政府帮扶政策范围，及时化解农村供水风险和隐患，保持动态清零。强化工程管理管护，巩固维护好已建农村供水工程成果。加强与气象、水文等部门对接，做实应急供水方案，加强演练，必要时采取启动应急备用水源、凿井取水、应急调水、拉水送水等措施，防止出现规模性饮水不安全问题。

（二）分类推进农村供水发展

统筹考虑乡村振兴发展、实际用水需求、地方财力水平等因素，对于城郊融合类村庄和集聚提升类村庄，优先实施规模化供水工程建设，实现供水高质量发展；对于特色保护类村庄和规模化供水工程不能覆盖的区域，通过加强水源保护、小型工程规范化建设和改造，提升供水保障水平；对于搬迁撤并类村庄和暂不具备改造条件的分散供水工程，通过水源保护和维修养护，辅以必要的工程建设，保障饮水安全。

（三）推进农村供水工程建设

聚焦民生改善，优化农村供水工程布局，推动农村供水规模化发展，稳步推进农村饮水安全向农村供水保障转变，提升供水标准和保障水平。具备条件的地区，要推动城镇管网向农村地区延伸，逐步实现城乡供水一体化；暂不具备条件的，要以人口集聚的乡镇或行政村为中心，通过建设改造万人工程、延伸供水管网，扩大规模化供水覆盖范围。巩固维护好已建农村供水工程成果，因地制宜建设、更新改造水源工程、老旧供水工程和管网设施，在牧区、山区、偏远地区等不具备规模化供水条件的地区，推进实施小型供水工程标准化建设和改造。

（四）加强灌区现代化建设与改造

围绕农业高质高效，以粮食主产区为重点，推进现代化大型灌区建设，实施灌区续建配套与现代化改造，完善灌区骨干工程体系，开展灌区信息化建设，推进高标准农田建设，提高水土资源利用效率，夯实国家粮食安全基础。

1.推进现代化灌区建设。以粮食生产功能区、重要农产品生产保护区和特色农产品优势区为重点，在东北三江平原、黄淮海平原、长江中下游地区、西南地区等水土资源条件适宜地区，建设现代化大型灌区。在欠发达地区、革命老区、民族地区等，结合水源工程建设，推进实施中小型灌区，提升粮食生产保障能力，支撑特色农产品生产，促进改善当地经济发展和人民群众生活水平。

2.实施既有灌区改造。推进大型灌区续建配套与现代化改造，坚持先建机制、后建工程，建立健全良性运行管理体制机制，构建设施完善、节水高效、管理科学、保障有力的灌区运行管护体系，推动完善渠首水源工程、骨干渠系、计量监测等设施，开展灌区信息化建设。实施中型灌区续建配套与节水改造，选取具备条件的中型灌区，完善灌区输配水系统及渠系建筑物建设，着力提高灌区输配水效率，提升调度运行和信息化管理水平。

（五）提升信息化管理水平

以县域农村集中供水工程为对象，健全完善农村供水管理信息系统，提高信息化管理水平。加强对千吨万人供水工程的取用水水量、进出厂水水质、主要供水设施设备运行状态的自动化监控系统建设，增强预报、预警、预演、预案能力。对于水源取水口和加压泵站，加强远程控制，提升工作效率，降低供水成本。推进不同层级系统之间的信息共享，促进互联互通。

三、实施乡村清洁能源建设工程

近年来，乡村清洁能源体系建设取得一定进展，但乡村清洁能源建设不平衡不充分的问题仍然比较突出，部分地区的农村燃气普及率明显偏低，2021年青海、贵州、云南、甘肃、黑龙江、新疆的燃气普及率不到10%，要坚持实施乡村清洁能源建设工程。

（一）推动农村生产生活电气化

坚持政府主导、电网支撑、各方参与，推动提升农村电气化水平。在粮食主产区、特色农产品优势区，推动农产品加工包装、仓储保鲜、冷链物流等全产业链电能替代。支持地方开展新能源汽车和家电下乡，推广普及节能高效家电，经济发达地区的电网企业合理确定乡镇供电配置标准，满足农户使用新型家电设备的要求。

（二）继续实施农村供暖清洁替代

1.大力推广太阳能、风能供暖。利用农房屋顶、院落空地和具备条件的易地搬迁安置住房屋顶发展太阳能供热。在大气污染防治重点地区的农村，整县域开展“风光＋蓄热电锅炉”等集中供暖。在青海、西藏、内蒙古等农牧区，采用“离网型光伏发电＋蓄电池供电”，利用户用蓄热电暖气供暖。

2.积极推动生物质能清洁供暖。合理发展以农林生物质、生物质成型燃料等为主的生物质锅炉供暖，因地制宜推广生物质热解气等集中供暖，鼓励采用大中型锅炉，在乡村、城镇等人口聚集区进行集中供暖。在大气污染防治非重点地区的乡村，因地制宜推广“户用成型燃料+清洁炉具”供暖模式。

3.因地制宜推进地热能供暖。在地热资源丰富、面积较大的乡镇，优先开展地热能集中供暖。利用地源热泵，加快推广浅层地温能和中深层地热资源开发利用，打造地热能高效开发利用示范区。

四、实施农房质量安全提升工程

党的十八大以来，我国大力实施农村危房改造，全国建档立卡贫困户全部实现住房安全有保障，农村住房条件和居住环境明显改善。同时也要看到，我国农房的设计建造水平亟待提高，村庄建设仍然存在较多短板。迫切需要完善农房功能，提高农房品质。

在全面推进乡村振兴中提高农房质量安全，重点是要推进农村低收入群体等重点对象危房改造和地震高烈度设防地区农房抗震改造，逐步建立健全农村低收入群体住房安全保障长效机制。加强农房周边地质灾害综合治理。深入开展农村房屋安全隐患排查整治，以用作经营的农村自建房为重点，对排查发现存在安全隐患的房屋进行整治。新建农房要避开自然灾害易发地段，顺应地形地貌，不随意切坡填方弃渣，不挖山填湖、不破坏水系、不砍老树，形成自然、紧凑、有序的农房群落。农房建设要满足质量安全和抗震设防要求，推动配置水暖厨卫等设施。因地制宜推广装配式钢结构、木竹结构等安全可靠的新型建造方式。以农村房屋及其配套设施建设为主体，完善农村工程建设项目管理制度，省级统筹建立从用地、规划、建设到使用的一体化管理体制机制，并按照“谁审批、谁监管”的要求，落实安全监管责任。建设农村房屋综合信息管理平台，完善农村房屋建设技术标准和规范。加强历史文化名镇名村、传统村落、传统民居保护与利用，提升防火防震防垮塌能力。保护民族村寨、特色民居、文物古迹、农业遗迹、民俗风貌。

五、加快推进数字乡村建设

数字乡村建设是指加快农村地区信息基础设施建设，推动信息技术与农村生产生活全面深度融合，推动远程教育、远程医疗等应用普及。数字乡村是乡村振兴的战略方向，也是建设数字中国的重要内容。加快推进数字乡村建设，既要推进乡村信息基础设施优化升级，又要推动乡村传统基础设施数字化改造升级。

（一）推进乡村信息基础设施优化升级

持续实施电信普遍服务，开展农村地区4G基站补盲建设，逐步推动5G和千兆光纤网络向有条件、有需求的乡村延伸。持续推进城市农村“同网同速”，优化提升农村宽带网络质量。探索运用卫星等多种手段，提升农村及偏远地区学校、医院网络接入水平和质量。深入实施智慧广电建设工程，依托有线电视网络承载智慧乡村服务。优化广播电视业务网络，推动广播电视服务走向“终端通”“人人通”。优化农村信息服务基础设施建设，有序推进农业农村、商务、民政、邮政、供销等部门农村信息服务站点的整合共享，推广“多站合一、一站多用”。鼓励开发适应“三农”特点的信息终端、技术产品、移动互联网应用软件，不断丰富“三农”信息终端和服务供给。

（二）推动乡村传统基础设施数字化改造升级

完善农村公路基础数据统计调查制度，强化电子地图定期更新，提升农村公路管理数字化水平，推动“四好农村路”高质量发展。加快农村电网数字化改造，实施农村电网巩固提升工程，补强农网薄弱环节。加快农村水利工程智慧化、水网智能化，进一步加强全国河湖长制管理信息系统建设和应用，推动各类信息共享和联动更新。支持国家骨干冷链物流基地、区域性农产品冷链物流设施、产地冷链物流设施等建设，补齐冷链物流短板。

▶▶▶

| 第三节 |

加强农村公共服务体系建设

经过多年努力，我国农村基本公共服务“有没有”的问题基本解决，但“好不好”的问题还比较突出。推进乡村建设，必须加大投入力度，加快实施农村基本公共服务提升行动，优化公共服务资源配置，推动城镇公共服务向农村覆盖，切实增强农村基本公共服务可及性、便利性，更好满足农村居民过上现代文明生活的需求。

一、着力提高农村教育质量

教育公平是社会公平的重要基础。切实办好农村义务教育，才能让农村下一代掌握更多知识和技能。面对新形势新任务新要求，农村教育事业还面临一系列问题和挑战，例如：农村义务教育经费投入持续增长，但增幅低于全国平均水平；乡村教师队伍存在结构性缺员较为突出、素质能力有待提升、发展通道相对偏窄、职业吸引力不强等问题。加强农村公共服务体系建设，仍要坚持把提高农村教育质量摆在优先发展的战略地位。

（一）健全农村教育体系

多渠道增加农村普惠性学前教育供给，完善普惠性学前教育保障机制。继续改善乡镇寄宿制学校办学条件，保留并办好必要的乡村小规模学校，在县城和中心镇新建或改扩建普通高中和中等职业学校。把耕读教育和科学素质教育纳入教育培训体系。加大涉农高校、涉农职业院校、涉农学科专业建设力度。支持县城职业中学等学校根据当地产业发展需要试办社区学院。加强乡村教师队伍建设，推进县域内义务教育学校校长、教师交流轮岗，支持建设城乡学校共同体。加快发展面向乡村的网络教育。

（二）加强乡村教师队伍建设

落实城乡统一的中小学教职工编制标准。继续实施革命老区、民族地区、边疆地区人才支持计划、教师专项计划和银龄讲学计划。加大乡村骨干教师培养力度，精准培养本土化优秀教师。改革完善“国培计划”，深入推进“互联网+义务教育”，健全乡村教师发展体系。对长期在乡村学校任教的教师，职称评审可按规定“定向评价、定向使用”，高级岗位实行总量控制、比例单列，可不受所在学校岗位结构比例限制。落实好乡村教师生活补助政策，加强乡村学校教师周转宿舍建设，按规定将符合条件的乡村教师纳入当地住房保障范围。

二、全面推进健康乡村建设

医疗卫生服务直接关系人民身体健康，完善乡村医疗卫生体系，是全面推进健康中国建设的迫切要求，也是全面推进乡村振兴的应有之义。当前和今后一个时期，全面推进健康乡村建设要重点加强乡村医疗卫生体系和乡村卫生健康人才队伍建设。

（一）加强乡村基层医疗卫生体系建设

提升村卫生室标准化建设和健康管理水平，提升乡镇卫生院医疗服务能力。加强县级医院和妇幼保健机构建设，持续提升县级疾控机构应对重大疫情及突发公共卫生事件能力。加快紧密型县域医共体建设，实行医保总额预算管理，强化基本医保、大病保险、医疗救助三重制度保障功能。加强出生缺陷防治知识普及和健康教育。

（二）加强乡村卫生健康人才队伍建设

按照服务人口1‰左右的比例，以县为单位每5年动态调整乡镇卫生院人员编制总量，允许编制在县域内统筹使用，用好用足空余编制。推进乡村基层医疗卫生机构公开招聘，艰苦边远地区县级及基层医疗卫生机构可根据情况适当放宽学历、年龄等招聘条件，对急需紧缺卫生健康专业人才可以采取面试、直接考察等方式公开招聘。乡镇卫生院应至少配备1名公共卫生医师。深入实施全科医生特岗计划、农村订单定向医学生免费培养和助理全科医生培训，支持城市二级及以上医院在职或退休医师到乡村基层医疗卫生机构多点执业，开办乡村诊所，充实乡村卫生健康人才队伍。完善乡村基层卫生健康人才激励机制，落实职称晋升和倾斜政策，优化乡镇医疗卫生机构岗位设置，按照政策合理核定乡村基层医疗卫生机构绩效工资总量和水平。优化乡村基层卫生健康人才能力提升培训项目，加强在岗培训和继续教育。落实乡村医生各项补助，逐步提高乡村医生收入待遇，做好乡村医生参加基本养老保险工作，深入推进乡村全科执业助理医师资格考试，推动乡村医生向执业（助理）医师转化，引导医学专业高校毕业生免试申请乡村医生执业注册。鼓励免费定向培养源于本乡本土的大学生乡村医生，多途径培养培训乡村卫生健康工作队伍，改善乡村卫生服务和治理水平。

三、加强农村养老服务供给

农村养老问题事关农村社会和谐稳定。与城镇相比，农村人口老龄化的程度更深、速度更快，多层次的养老需求更大。满足老年人多方面需求，让老年人有一个幸福美满的晚年，是加强农村公共服务体系建设、扎实推进乡村建设的重要任务之一。

（一）完善农村养老服务体系

健全县乡村衔接的三级养老服务网络，推进村级幸福院、日间照料中心等建设，推动乡镇敬老院升级改造。发展农村普惠型养老服务和互助性养老，加大居家养老支持力度。落实城乡居民基本养老保险待遇确定和基础养老金正常调整机制，适时提高基础养老金标准。

（二）大力发展农村养老服务

构建乡镇牵头，村民委员会、老年人协会、低龄健康老年人、农村留守妇女、村干部、党员、志愿者等广泛参与的农村互助养老服务格局。完善农村留守老年人关爱服务体系。大力培育农村为老服务社会组织，强化农村老年人社会支持体系建设。鼓励农村集体建设用地优先用于发展养老服务，逐步提高农村养老服务设施的建设补贴、运营补贴水平。支持民族地区、特殊类型地区因地制宜发展农村养老服务。

四、提升村级综合服务能力

到2021年，全国有村级服务站的村共39.18万个，村级服务站覆盖率为77.09%；东、中、西部地区村级服务站覆盖率均超过70%，东北地区较低，为54.75%[①]。加强农村公共服务体系建设，当前和今后一个时期还应继续开展农村地区普惠性、基础性、兜底性服务能力建设，提升村级综合服务能力。

（一）实施村级综合服务设施提升工程

推进“一站式”便民服务，整合利用现有设施和场地，完善村级综合服务站点，支持党务服务、基本公共服务和公共事业服务就近或线上办理。加强村级综合服务设施建设，进一步提高村级综合服务设施覆盖率。加强农村全民健身场地设施建设。推进公共照明设施与村内道路、公共场所一体规划建设，加强行政村村内主干道路灯建设。加快推进完善革命老区、民族地区、边疆地区、欠发达地区基层应急广播体系。因地制宜建设农村应急避难场所，开展农村公共服务设施无障碍建设和改造。

---

① 农业农村部农村合作经济指导司编《中国农村合作经济统计年报（2021年）》，中国农业出版社，2022，第103页。

（二）提升农村地区民政公共服务水平

提供就业社保、社会救助、卫生健康、法律咨询等公共服务。发展农村普惠性托幼服务，健全农村留守儿童、妇女、老年人、残疾人以及困境儿童关爱服务体系。加快推动乡镇社会工作服务站建设，吸引社会工作人才提供专业服务。加强农村公益性殡葬设施建设。完善村就业和社会保险服务体系，加强退役军人、农村劳动力就业创业指导和职业培训，多渠道促进转移就业。加快推进村综合文化服务建设，推动与新时代文明实践活动深度融合。加强文物古迹、历史建筑、传统村落保护，支持编修村史村志。推进智慧广播电视进村入户，发展数字农家书屋。完善村文化、体育设施建设，加强文化活动和科学健身指导。加强老年教育、家长学校或家庭教育等服务站点建设，服务终身教育。加强科普宣传教育服务，提高农民科学文化素养。

（三）加强农村社会工作人才队伍建设

加快推动乡镇社会工作服务站建设，加大政府购买服务力度，吸引社会工作人才提供专业服务，大力培育社会工作服务类社会组织。加大本土社会工作专业人才培养力度，鼓励村干部、年轻党员等参加社会工作职业资格评价和各类教育培训。持续实施革命老区、民族地区、边疆地区社会工作专业人才支持计划。加强乡村儿童关爱服务人才队伍建设。通过项目奖补、税收减免等方式引导高校毕业生、退役军人、返乡入乡人员参与社区服务。

▶▶▶

第四节

强化农村资金投入保障

乡村振兴是党和国家的大战略，乡村建设是促进乡村振兴战略落地见效的重要举措，必须加大真金白银的投入。面临大规模、长时期的乡村建设投入需求，扎实推进乡村振兴要强化资金投入保障，健全投入保障制度，创新投融资机制，拓宽资金筹集渠道，加快形成财政优先保障、金融重点倾斜、社会积极参与的多元投入格局。

一、增强财政支农的基础性作用

当前和今后一个时期，增强财政支持农业农村发展、扎实推进乡村建设的基础性作用，要继续把农业农村作为一般公共预算优先保障领域，中央预算内投资进一步向农业农村倾斜，新增教育、文化、医疗卫生等社会事业经费要向农村倾斜。

（一）完善土地出让收入使用范围

土地出让收入是地方政府性基金预算收入的重要组成部分。长期以来，土地增值收益取之于农、主要用之于城，有力推动了工业化、城镇化快速发展，但直接用于农业农村的比例偏低，对农业农村发展的支持作用发挥不够。为拓宽实施乡村振兴战略资金来源，需调整完善土地出让收入使用范围。

1.提高土地出让收入用于农业农村比例。以省（自治区、直辖市）为单位确定计提方式。各省（自治区、直辖市）可结合本地实际，从以下两种方式中选择一种组织实施：一是按照当年土地出让收入用于农业农村的资金占比逐步达到50%以上计提，若计提数小于土地出让收入8%的，则按不低于土地出让收入8%计提；二是按照当年土地出让收入用于农业农村的资金占比逐步达到10%以上计提。严禁以已有明确用途的土地出让收入作为偿债资金来源发行地方政府专项债券。各省（自治区、直辖市）可对所辖市、县设定差异化计提标准，但全省（自治区、直辖市）总体上要实现土地出让收入用于农业农村比例逐步达到50%以上的目标要求。北京、上海等土地出让收入高、农业农村投入需求小的少数地区，可根据实际需要确定提高土地出让收入用于农业农村的具体比例。中央将根据实际支出情况考核各省（自治区、直辖市）土地出让收入用于农业农村的比例是否达到要求，具体考核办法由财政部另行制定。

2.做好与相关政策衔接。从土地出让收入中计提的农业土地开发资金、农田水利建设资金、教育资金等，以及在市、县政府缴纳的新增建设用地土地有偿使用费中，实际用于农业农村的部分，计入土地出让收入用于农业农村的支出。允许省级政府按照现行政策继续统筹土地出让收入用于支持“十三五”易地扶贫搬迁融资资金偿还。允许将已收储土地的出让收入，继续通过计提国有土地收益基金用于偿还因收储土地形成的地方政府债务，并作为土地出让成本性支出计算核定。各地应当依据土地管理法等有关法律法规及政策规定，合理把握土地征收、收储、供应节奏，保持土地出让收入和收益总体稳定，统筹处理好提高土地出让收入用于农业农村比例与防范化解地方政府债务风险的关系。

3.建立市县留用为主、中央和省级适当统筹的资金调剂机制。土地出让收入用于农业农村的资金主要由市、县政府安排使用，重点向县级倾斜，赋予县级政府合理使用资金自主权。省级政府可从土地出让收入用于农业农村的资金中统筹一定比例资金，在所辖各地区间进行调剂，重点支持粮食主产和财力薄弱县（市、区、旗）乡村振兴。省级统筹办法和具体比例由各省（自治区、直辖市）自主确定。中央财政继续按现行规定统筹农田水利建设资金的20%、新增建设用地土地有偿使用费的30%，向粮食主产区、中西部地区倾斜。

4.加强土地出让收入用于农业农村资金的统筹使用。允许各地根据乡村振兴实际需要，打破分项计提、分散使用的管理方式，整合使用土地出让收入中用于农业农村的资金，重点用于高标准农田建设、农田水利建设、现代种业提升、农村供水保障、农村人居环境整治、农村土地综合整治、耕地及永久基本农田保护、村庄公共设施建设和管护、农村教育、农村文化和精神文明建设支出，以及与农业农村直接相关的山水林田湖草生态保护修复、以工代赈工程建设等。加强土地出让收入用于农业农村资金与一般公共预算支农投入之间的统筹衔接，持续加大各级财政通过原有渠道用于农业农村的支出力度，避免对一般公共预算支农投入产生挤出效应，确保对农业农村投入切实增加。

5.加强对土地出让收入用于农业农村资金的核算。根据改革目标要求，进一步完善土地出让收入和支出核算办法，加强对土地出让收入用于农业农村支出的监督管理。规范土地出让收入管理，严禁变相减免土地出让收入，确保土地出让收入及时足额缴入国库。严格核定土地出让成本性支出，不得将与土地前期开发无关的基础设施和公益性项目建设成本纳入成本核算范围，虚增土地出让成本，缩减土地出让收入。

（二）健全涉农资金统筹整合长效机制

涉农资金统筹整合工作坚持从上至下推动，破除体制机制性障碍，从源头解决投入总量不足、结构不优、效率不高、融合不强等问题，但个别地区还存在思想认识不到位、管理手段跟不上、行业间项目整合难度大、中央资金与省级资金不能有效整合等问题。强化乡村建设的资金投入保障，仍需健全涉农资金统筹整合长效机制。

1.统筹整合、协同高效。根据农业生产领域中央与地方事权和支出责任，进一步完善财政供给机制。用足用活存量资金，用好增量资金，统筹实施农业农村重大项目，逐步“推磨转圈”“腾笼换鸟”，确保“干一件、成一件”。

2.政府引导、多元投入。发挥财政投入“四两拨千斤”的杠杆作用，推动土地出让收入、地方专项债等资金加大对农业农村的支持力度，探索乡村振兴基金等新模式、新途径，引导农民群众、社会资本、金融资金加大投入力度，形成各方共建合力。

二、提高金融服务乡村建设能力

在增强财政支农基础性作用的同时，扎实推进乡村振兴还应重视、挖掘金融服务体系的作用，健全适合农业农村特点的农村金融体系，推动农村金融机构回归本源，把更多金融资源配置到农村经济社会发展的重点领域和薄弱环节，更好地满足乡村振兴多样化的金融需求。

（一）探索金融支持乡村建设行动的有效模式

在明确还款来源、收益覆盖成本、符合地方政府债务管理规定的基础上，鼓励金融机构创新金融产品，加大对乡村建设的中长期信贷支持力度，推动改善农村道路交通、水利、供电、供气、通信、人居环境整治、仓储保鲜冷链物流、农产品产地市场等基础设施，助力农村基础设施提档升级。

（二）增加农业农村基础设施建设贷款投放

银行业金融机构要努力增加农村基础设施建设贷款和农田基本建设贷款投放，在风险可控的前提下，鼓励根据借款人资信状况和偿债能力、项目建设进度、投资回报周期等，适当延长贷款期限，积极发放中长期贷款。对于国家乡村振兴重点帮扶县的基础设施建设项目，在不增加地方政府隐性债务风险的前提下，支持金融机构在审慎合规经营的基础上，在授信审批、贷款额度、利率、期限等方面给予优惠。鼓励建立健全农业农村基础设施建设融资项目库，强化信息共享和服务对接，加大对产业园区、旅游景区、乡村旅游重点村一体化建设信贷支持力度。在依法合规的前提下，根据借款人资信状况和偿债能力、项目建设进度、投资回报周期等，创新匹配度高的金融产品和融资模式，合理满足农村规模化供水工程建设和小型供水工程标准化改造等金融需求。鼓励金融机构通过组建银团等方式，合力支持乡村基础设施建设。

（三）拓宽农村资产抵押质押物范围

积极推广农村承包土地的经营权抵押贷款业务，大力开展保单、农机具和大棚设施、活体畜禽、圈舍、养殖设施等抵押质押贷款业务。在农村宅基地制度改革试点地区，依法稳妥开展农民住房财产权（宅基地使用权）抵押贷款业务。在具备条件的地区探索开展农村集体经营性资产股份质押贷款、农垦国有农用地使用权抵押贷款、农村集体经营性建设用地使用权抵押贷款、林权抵押贷款等业务。相关单位要继续完善确权登记颁证、价值评估、流转交易、抵押物处置等配套机制，加大动产和权利担保统一登记业务推广力度，畅通农村资产抵押质押融资链条。

三、引导社会资本稳妥有序投入

对标全面推进乡村振兴、加快建设农业强国目标任务，聚焦乡村建设的重点领域、关键环节，还应撬动更多社会资本，充分调动各方面积极性。根据各地农业农村实际发展情况，因地制宜创新投融资模式，推动资源整合、投资结构优化、投资效能提升，稳妥有序投入农业农村，支持乡村建设。

（一）支持社会资本投资农业农村基础设施建设

支持社会资本参与高标准农田建设、中低产田改造、耕地地力提升、盐碱地开发利用、农田水利建设，农村产业路、资源路、旅游路建设，通村组路硬化，丘陵山区农田宜机化改造，农房质量安全提升，农村电网巩固，农村供水工程建设和小型工程标准化改造，太阳能、风能、水能、地势能、生物质能等清洁能源建设，以及建设乡村储气罐站和微管网供气系统。立足乡村现有基础扎实稳妥推进乡村建设，协调推进农村道路、供水、乡村清洁能源、数字乡村等基础设施建设。在有条件的地区推动实施区域化整体建设，推进田水林路电综合配套，同步发展高效节水灌溉。鼓励参与渔港和避风锚地建设，协同推动乡村基础设施建设和公共服务发展。

（二）探索区域整体开发模式

支持有实力的社会资本在符合法律法规和相关规划、尊重农民意愿的前提下，立足乡村发展实际和乡村建设现状，因地制宜、稳妥有序探索区域整体开发模式，统筹乡村基础设施和公共服务建设、高标准农田建设、国家级水产健康养殖和生态养殖示范区建设、产业融合发展等进行整体化投资；建立完善合理的利益分配机制，为当地农业农村发展提供区域性、系统性解决方案，促进农业提质增效，带动农村人居环境显著改善、农民收入持续提升，实现社会资本与农户互惠共赢。

（三）创新政府和社会资本合作模式

鼓励信贷、保险机构加大金融产品和服务创新力度，配合财政支持农业农村重大项目实施，加大投贷联动等投融资模式探索力度。鼓励各级农业农村部门按照有关要求，对本地区农业投资项目进行系统性梳理，探索在高标准农田建设、智慧农业、仓储保鲜冷链物流、农村人居环境整治等领域，培育适于采取政府和社会资本合作模式、有稳定收益的公益性项目，依法合规、有序推进政府和社会资本合作，让社会资本投资可预期、有回报、能持续。鼓励社会资本探索通过资产证券化、股权转让等方式，盘活项目存量资产，丰富资本进入退出渠道。

（四）探索设立乡村振兴投资基金

各地要结合当地发展实际，推动设立金融机构大力支持、社会资本广泛参与、市场化运作的乡村振兴基金。鼓励有实力的社会资本结合地方农业产业发展和投资情况规范有序设立产业投资基金。充分发挥农业农村部门的行业优势，积极稳妥推进基金项目储备、项目推介等工作，鼓励相关基金通过直接股权投资和设立子基金等方式，充分发挥在乡村振兴产业发展、基础设施建设等方面的引导和资金撬动作用。

PART 09

第九章

全面深化农村改革

2013年党的十八届三中全会决定围绕健全城乡发展一体化体制机制，加快构建新型农业经营体系，赋予农民更多财产权利，推进城乡要素平等交换和公共资源均衡配置，完善城镇化健康发展体制机制。2017年中央农村工作会议强调，实施乡村振兴战略，必须大力推进体制机制创新，强化乡村振兴制度性供给。当前，我国经济社会发展正处在转型期，农村改革发展面临的环境更加复杂、困难挑战增多。新时代新征程全面推进乡村振兴，要继续深化农村土地制度改革，创新农业经营体制机制，深化农村集体产权制度改革，完善农业支持保护制度，扩大农业对外开放。

▶▶▶

第一节

深化农村土地制度改革

党的十八大以来，我国农村土地产权权能不断完善，农村土地要素市场化配置效率进一步提升，全面深化农村土地制度改革取得显著成效。未来一个时期，为更好地维护农民集体、承包农户、经营主体的权益，需要进一步深化农村土地制度改革，稳定土地承包关系，着力推进农业现代化。同时，为充分激发农村土地要素活力，促进土地资源合理利用，迫切需要对农村宅基地、集体经营性建设用地等进行改革，形成合理的利益分配格局。

一、稳妥推进“长久不变”实施，切实做好“长久不变”基础工作

（一）稳定土地承包关系

第二轮土地承包到期后应坚持延包原则，不得将承包地打乱重分，确保绝大多数农户原有承包地继续保持稳定。对少数存在承包地因自然灾害毁损等特殊情形且群众普遍要求调地的村组，届时可按照大稳定、小调整的原则，由农民集体民主协商，经本集体经济组织成员的村民会议三分之二以上成员或者三分之二以上村民代表同意，并报乡（镇）政府和县级政府农业等行政主管部门批准，可在个别农户间作适当调整，但要依法依规从严掌握。

（二）第二轮土地承包到期后再延长三十年

土地承包期再延长三十年，使农村土地承包关系从第一轮承包开始保持稳定长达七十五年，是实行“长久不变”的重大举措。现有承包地在第二轮土地承包到期后由农户继续承包，承包期再延长三十年，以各地第二轮土地承包到期为起点计算。以承包地确权登记颁证为基础，已颁发的土地承包权利证书在新的承包期继续有效且不变不换，证书记载的承包期限届时作统一变更。对个别调地的，在合同、登记簿和证书上作相应变更处理。

（三）继续提倡“增人不增地、减人不减地”

为避免承包地的频繁变动，防止耕地经营规模不断细分，进入新的承包期后，因承包方家庭人口增加、缺地少地导致生活困难的，要帮助其提高就业技能，提供就业服务，做好社会保障工作。因家庭成员全部死亡而导致承包方消亡的，发包方应当依法收回承包地，另行发包。通过家庭承包取得土地承包权的，承包方应得的承包收益，依照继承法的规定继承。

（四）建立健全土地承包权依法自愿有偿转让机制

维护进城农户土地承包权益，现阶段不得以退出土地承包权作为农户进城落户的条件。对承包农户进城落户的，引导支持其按照自愿有偿原则依法在本集体经济组织内转让土地承包权或将承包地退还集体经济组织，也可鼓励其多种形式流转承包地经营权。对长期弃耕抛荒承包地的，发包方可以依法采取措施防止和纠正弃耕抛荒行为。

（五）完善落实农村土地所有权、承包权、经营权“三权”分置政策体系

不断探索农村土地集体所有制的有效实现形式，充分发挥所有权、承包权、经营权的各自功能和整体效用，形成层次分明、结构合理、平等保护的格局。深入研究农民集体和承包农户在承包地上、承包农户和经营主体在土地流转中的权利边界

及相互权利关系等问题，充分维护农户承包地的各项权能。完善土地经营权流转市场，健全土地流转规范管理制度，探索更多放活土地经营权的有效途径。

（六）健全农村土地承包相关法律政策

按照党中央确定的政策，抓紧修改相关法律，建立健全实行“长久不变”、维护农户土地承包权益等方面的制度体系。在第二轮土地承包到期前，中央农办、农业农村部等部门应研究出台配套政策，指导各地明确第二轮土地承包到期后延包的具体办法，确保政策衔接、平稳过渡。

专栏9-1　中共中央、国务院发布《关于保持土地承包关系稳定并长久不变的意见》

按照党的十九大提出的“保持土地承包关系稳定并长久不变，第二轮土地承包到期后再延长三十年”的要求，为充分保障农民土地承包权益，进一步完善农村土地承包经营制度，推进实施乡村振兴战略，中共中央、国务院就保持农村土地承包关系稳定并长久不变（简称“长久不变”）提出意见。

意见强调，自实行家庭承包经营以来，党中央、国务院一直坚持稳定农村土地承包关系的方针政策，先后两次延长承包期限，不断健全相关制度体系，依法维护农民承包土地的各项权利。在中国特色社会主义进入新时代的关键时期，党中央提出保持土地承包关系稳定并长久不变，是对党的农村土地政策的继承和发展，有利于巩固和完善农村基本经营制度，有利于促进中国特色现代农业发展，有利于推动实施乡村振兴战略，有利于保持农村社会和谐稳定。

要紧扣处理好农民和土地关系这一主线，稳定基本经营制度，坚持农村土地农民集体所有，确保集体经济组织成员平等享有土地权益，不断探索具体实现形式，不搞土地私有化；坚持家庭承包经营基础性地位，尊重农民主体地位，推进农业农村现代化，维护农村社会稳定。

意见指出，要准确把握“长久不变”政策内涵，保持土地集体所有、家庭承包经营的基本制度长久不变，保持农户依法承包集体土地的基本权利长久不变，保持农户承包地稳定。

要稳妥推进“长久不变”实施，稳定土地承包关系，第二轮土地承包到期后再延长三十年，使农村土地承包关系从第一轮承包开始保持稳定长达七十五年。继续提倡“增人不增地、减人不减地”，建立健全土地承包权依法自愿有偿转让机制。

要切实做好“长久不变”基础工作，做好承包地确权登记颁证工作，完善落实农村土地所有权、承包权、经营权“三权”分置政策体系，健全农村土地承包相关法律政策。

各省（自治区、直辖市）党委和政府要充分认识实行“长久不变”的重要性、系统性、长期性，按照党中央、国务院要求，切实加强领导，落实工作责任，保障“长久不变”和第二轮土地承包到期后再延长三十年政策在本地顺利实施。

资料来源：央视网。

二、进一步改革完善农村宅基地制度

（一）完善宅基地权能

以保障农民基本居住权为前提，以赋予农民更加充分的财产权益为方向，适应乡村振兴和城乡融合发展趋势，坚持历史耐心、守正创新、先立后破、稳慎推进的原则，一手抓改革、一手强管理，花大力气补齐宅基地基础工作短板，健全宅基地管理长效体制机制①。稳慎推进农村宅基地制度改革。深化农村宅基地制度改革试点，加快建立依法取得、节约利用、权属清晰、权能完整、流转有序、管理规范的农村宅基地制度。探索宅基地所有权、资格权、使用权分置有效实现形式。保障农村集体经济组织成员家庭作为宅基地资格权人依法享有的权益，防止以各种形式非法剥夺和限制宅基地农户资格权。尊重农民意愿，积极稳妥盘活利用农村闲置宅基地和闲置住宅。规范开展房地一体的宅基地确权登记颁证，加强登记成果共享应用。完善农村宅基地统计调查制度，建立全国统一的农村宅基地数据库和管理信息平台。

（二）加强农村宅基地管理

1.严格落实“一户一宅”规定。宅基地是农村村民用于建造住宅及其附属设施的集体建设用地，包括住房、附属用房和庭院等用地。农村村民一户只能拥有一处宅基地，面积不得超过本省、自治区、直辖市规定的标准。农村村民应严格按照批准面积和建房标准建设住宅，禁止未批先建、超面积占用宅基地。经批准易地建造住宅的，应严格按照“建新拆旧”要求，将原宅基地交还村集体。农村村民出卖、出租、赠与住宅后，再申请宅基地的，不予批准。对历史形成的宅基地面积超标和“一户多宅”等问题，要按照有关政策规定分类进行认定和处置。人均土地少、不能保障一户拥有一处宅基地的地区，县级人民政府在充分尊重农民意愿的基础上，可以采取措施，按照省、自治区、直辖市规定的标准保障农村村民实现户有所居。

---

① 刘俊杰：《深化农村宅基地制度改革》，《经济日报》2023年2月24日第6版。

2.鼓励节约集约利用宅基地。严格落实土地用途管制，农村村民建住宅应当符合乡（镇）土地利用总体规划、村庄规划。合理安排宅基地用地，严格控制新增宅基地占用农用地，不得占用永久基本农田；涉及占用农用地的，应当依法先行办理农用地转用手续。城镇建设用地规模范围外的村庄，要通过优先安排新增建设用地计划指标、村庄整治、废旧宅基地腾退等多种方式，增加宅基地空间，满足符合宅基地分配条件农户的建房需求。城镇建设用地规模范围内，可以通过建设农民公寓、农民住宅小区等方式，满足农民居住需要。

3.鼓励盘活利用闲置宅基地和闲置住宅。鼓励村集体和农民盘活利用闲置宅基地和闲置住宅，通过自主经营、合作经营、委托经营等方式，依法依规发展农家乐、民宿、乡村旅游等。城镇居民、工商资本等租赁农房居住或开展经营的，要严格遵守合同法的规定，租赁合同的期限不得超过二十年。合同到期后，双方可以另行约定。在尊重农民意愿并符合规划的前提下，鼓励村集体积极稳妥开展闲置宅基地整治，整治出的土地优先用于满足农民新增宅基地需求、村庄建设和乡村产业发展。闲置宅基地盘活利用产生的土地增值收益要全部用于农业农村。在征得宅基地所有权人同意的前提下，鼓励农村村民在本集体经济组织内部向符合宅基地申请条件的农户转让宅基地。各地可探索通过制定宅基地转让示范合同等方式，引导规范转让行为。转让合同生效后，应及时办理宅基地使用权变更手续。对进城落户的农村村民，各地可以多渠道筹集资金，探索通过多种方式鼓励其自愿有偿退出宅基地。

4.依法保护农民合法权益。要充分保障宅基地农户资格权和农民房屋财产权。不得以各种名义违背农民意愿强制流转宅基地和强迫农民“上楼”，不得违法收回农户合法取得的宅基地，不得以退出宅基地作为农民进城落户的条件。严格控制整村撤并，规范实施程序，加强监督管理。宅基地是农村村民的基本居住保障，严禁城镇居民到农村购买宅基地，严禁下乡利用农村宅基地建设别墅大院和私人会馆。严禁借流转之名违法违规圈占、买卖宅基地。

5.做好宅基地基础工作。各级农业农村部门要结合国土调查、宅基地使用权确权登记颁证等工作，推动建立农村宅基地统计调查制度，组织开展宅基地和农房利用现状调查，全面摸清宅基地规模、布局和利用情况。逐步建立宅基地基础信息数据库和管理信息系统，推进宅基地申请、审批、流转、退出、违法用地查处等的信息化管理。要加强调查研究，及时研究解决在宅基地管理和改革过程中出现的新情况新问题，注意总结基层和农民群众创造的好经验好做法，落实新修订的土地管理法规定，及时修订完善各地宅基地管理办法。要加强组织领导，强化自身建设，加大法律政策培训力度，以工作促体系建队伍，切实做好宅基地管理工作。

三、深化农村集体经营性建设用地入市试点

（一）稳妥有序推进农村集体经营性建设用地入市

在符合国土空间规划、用途管制和依法取得的前提下，积极探索实施农村集体经营性建设用地入市制度，明确农村集体经营性建设用地入市范围、主体和权能。严格管控农村集体经营性建设用地入市用途。允许农村集体在农民自愿的前提下，依法把有偿收回的闲置宅基地、废弃的集体公益性建设用地转变为集体经营性建设用地入市。健全集体经济组织内部的增值收益分配制度，保障进城落户农民土地合法权益。

（二）完善农村集体经营性建设用地入市服务体系

依法合规开展农村集体经营性建设用地使用权、农民房屋财产权、集体林权抵押融资，以及承包地经营权、集体资产股权等担保融资。实现已入市集体土地与国有土地在资本市场同地同权。建立健全农业信贷担保体系，鼓励有条件有需求的地区按市场化方式设立担保机构。建立健全城乡统一的建设用地市场。加快修改完善土地管理法实施条例，完善相关配套制度，制定出台农村集体经营性建设用地入市指导意见。全面推开农村土地征收制度改革，扩大国有土地有偿使用范围。建立公平合理的集体经营性建设用地入市增值收益分配制度。建立公共利益征地的相关制度规定。

把县域作为城乡融合发展的重要切入点，科学编制国土空间规划，因地制宜合理安排建设用地规模、结构和布局及配套公共服务设施、基础设施，有效保障农村

产业融合发展用地需要。规模较大、工业化程度高、分散布局配套设施成本高的产业项目要进产业园区；具有一定规模的农产品加工要向县城或有条件的乡镇城镇开发边界内集聚；直接服务种植养殖业的农产品加工、电子商务、仓储保鲜冷链、产地低温直销配送等产业，原则上应集中在行政村村庄建设边界内；利用农村本地资源开展农产品初加工、发展休闲观光旅游而必需的配套设施建设，可在不占用永久基本农田和生态保护红线、不突破国土空间规划建设用地指标等约束条件、不破坏生态环境和乡村风貌的前提下，在村庄建设边界外安排少量建设用地，实行比例和面积控制，并依法办理农用地转用审批和供地手续。具体用地准入条件、退出条件等由各省（区、市）制定，并可根据休闲观光等产业的业态特点和地方实际探索供地新方式。

拓展农村集体建设用地使用途径。农村集体经济组织兴办企业或者与其他单位、个人以土地使用权入股、联营等形式共同兴办企业的，可以依据《中华人民共和国土地管理法》第六十条的规定使用规划确定的建设用地。单位或者个人也可以按照国家统一部署，通过农村集体经营性建设用地入市的渠道，以出让、出租等方式使用集体建设用地。

大力盘活农村存量建设用地。在充分尊重农民意愿的前提下，可依据国土空间规划，以乡镇或村为单位开展全域土地综合整治，盘活农村存量建设用地，腾挪空间用于支持农村产业融合发展和乡村振兴。探索在农民集体依法妥善处理原有用地相关权利人的利益关系后，将符合规划的存量集体建设用地，按照农村集体经营性建设用地入市。在符合国土空间规划的前提下，鼓励对依法登记的宅基地等农村建设用地进行复合利用，发展乡村民宿、农产品初加工、电子商务等农村产业。

（三）切实保障农民合法权益

以农村集体经营性建设用地入市为契机，引进一批规模大、实力强、适合村级发展的项目，让“三变改革”有载体、能落地。建立健全农村集体经营性建设用地入市增值收益分配机制，创新完善农户参与“三变”改革的利益联结机制，以产业为平台、股权为纽带、农民为主体，探索新型农业经营主体与农户合股联营模式，建立劳动就业、经营服务、股份合作、集体经济分红的利益联结分享机制，使农民通过土地入股获分红、集体建设用地入市得收益金、资金入股分利金、就业入企获薪金。强化村级经济组织建设，提高农村集体经济组织的资源整合能力，完善集体经济组织法人治理结构，推动农村治理体系和治理能力现代化。加快建设农村产权交易网络信息服务平台，推动村集体统一经营管理的资源、资产进入平台公开交易，建立股权登记和交易机制，畅通股权转退通道，让农户通过自由流转股权实现要素资源市场化，使资产在竞争机制中实现增值[①]。

四、改革创新完善征地制度

（一）合理确定征地补偿标准

按照土地价格的构成理论，对土地权益者各项权利的产能价值以及因基础设施、规划用途改变等形成的级差地租进行全面核算，在相应的基础上科学制定土地区片价。同时，建立与社会总体收入、消费水平相适应的征地补偿动态调整机制，确保补偿安置标准的合理性长期不变。

（二）鼓励推进多种方式的征地补偿安置机制

量化被征用土地的发展权益，以“留地安置”等多种方式，给农村集体经济组织安排相应的建设用地，并通过用途安排、明确规划等手段，确保老百姓发展权益的实现，切实保障被征地农民的持续生存和发展能力。

（三）改革资源配置和政府采购制度

农民土地被征收后，有关部门应结合区域社会经济发展状况、农村集体经济组织管理水平和经营能力等，制定相应的政策，给“留用地”配套合适的商业机会和产业项目；同时，还可以定向采购农村集体的产品，让被征地农民共享工业化与城镇化成果。

---

① 何微微：《稳妥有序推进农村集体经营性建设用地入市》，2022年3月31日，http://www.moa.gov.cn/xw/qg/202203/t20220331_6394942.htm。

（四）充分发挥被征地农民的主体作用

引入公众参与机制，提高被征地农民的知情权、参与权，让征地补偿拆迁、安置、发展等问题真正成为老百姓自己的事情。这样，可以让广大人民群众真正成为改革的受益者，可以实现农民从被动的征地拆迁到主动自行征地拆迁的转变，有效化解征地矛盾和冲突，实现和谐征地。

（五）做到征地程序公开透明

进一步增强有关部门依法行政的意识和能力，推动行政权力规范运行。除依法不能公开的，都应向社会公开征求意见，创造条件让公众广泛参与，使征地工作相关重要决策事项都充分地体现人民群众的意愿，并确保各类信息公开透明。

▶▶▶

第二节

创新农业经营体制机制

在坚持家庭承包经营的基础上，培育从事农业生产和服务的新型农业经营主体是关系我国农业现代化的重大战略。加快培育新型农业经营主体，加快形成以农户家庭经营为基础、合作与联合为纽带、社会化服务为支撑的立体式复合型现代农业经营体系，对于推进农业供给侧结构性改革、引领农业适度规模经营发展、带动农民就业增收、增强农业农村发展新动能具有十分重要的意义。

一、进一步支持小农户发展

（一）提升小农户发展能力

1.*启动家庭农场培育计划*。采取优先承租流转土地、提供贴息贷款、加强技术服务等方式，鼓励有长期稳定务农意愿的小农户稳步扩大规模，培育一批规模适度、生产集约、管理先进、效益明显的农户家庭农场。鼓励各地通过发放良技良艺良法应用补贴、支持农户家庭农场优先承担涉农建设项目等方式，引导农户家庭农场采用先进科技和生产力手段。指导农户家庭农场开展标准化生产，建立可追溯生产记录，加强记账管理，提升经营管理水平。完善名录管理、示范创建、职业培训等扶持政策，促进农户家庭农场健康发展。

2.*实施小农户能力提升工程*。以提供补贴为杠杆，鼓励小农户接受新技术培训。支持各地采取农民夜校、田间学校等适合小农户的培训形式，开展种养技术、经营管理、农业面源污染治理、乡风文明、法律法规等方面的培训。新型职业农民培育工程和新型农业经营主体培育工程要将小农户作为重点培训对象，帮助小农户发展成为新型职业农民。涉农职业院校等教育培训机构要发挥专业优势，优先做好农村实用人才带头人示范培训。鼓励各地通过补贴学费等方式，引导各类社会组织向小农户提供技术培训。

3.加强小农户科技装备应用。加快研发经济作物、养殖业、丘陵山区适用机具和设施装备，推广应用面向小农户的实用轻简型装备和技术。建立健全农业农村社会化服务体系，实施科技服务小农户行动，支持小农户运用优良品种、先进技术、物质装备等发展智慧农业、设施农业、循环农业等现代农业。引导农业科研机构、涉农高校、农业企业、科技特派员到农业生产一线建立农业试验示范基地，鼓励农业科研人员、农业技术推广人员通过下乡指导、技术培训、定向帮扶等方式，向小农户集成示范推广先进适用技术。

4.改善小农户生产基础设施。鼓励各地通过以奖代补、先建后补等方式，支持村集体组织小农户开展农业基础设施建设和管护。支持各地重点建设小农户急需的通田到地末级灌溉渠道、通村组道路、机耕生产道路、村内道路、农业面源污染治理等设施，合理配置集中仓储、集中烘干、集中育秧等公用设施。加强农业防灾减灾救灾体系建设，提高小农户抗御灾害能力。

（二）提高小农户组织化程度

1.引导小农户开展合作与联合。支持小农户通过联户经营、联耕联种、组建合伙农场等方式联合开展生产，共同购置农机、农资，接受统耕统收、统防统治、统销统结等服务，降低生产经营成本。支持小农户在发展休闲农业、开展产品营销等过程中共享市场资源，实现互补互利。引导同一区域同一产业的小农户依法组建产业协会、联合会，共同对接市场，提升市场竞争能力。支持农村集体经济组织和合作经济组织利用土地资源、整合涉农项目资金、提供社会化服务等，引领带动小农户发展现代农业。

2.创新合作社组织小农户机制。坚持农户成员在合作社中的主体地位，发挥农户成员在合作社中的民主管理、民主监督作用，提升合作社运行质量，让农户成员切实受益。鼓励小农户利用实物、土地经营权、林权等作价出资办社入社，盘活农户资源要素。财政补助资金形成的资产，可以量化到小农户，再作为入社或入股的股份。支持合作社根据小农户生产发展需要，加强农产品初加工、仓储物流、市场营销等关键环节建设，积极发展"农户 + 合作社""农户 + 合作社 + 工厂或公司"等模式。健全盈余分配机制，可分配盈余按照成员与合作社的交易量（交易额）比例、成员所占出资份额统筹返还，并按规定完成优先支付权益，使小农户共享合作收益。扶持农民用水合作组织多元化创新发展。支持合作社依法自愿组建联合社，提升小农户合作层次和规模。

3.发挥龙头企业对小农户带动作用。完善农业产业化带农惠农机制，支持龙头企业通过订单收购、保底分红、二次返利、股份合作、吸纳就业、村企对接等多种形式带动小农户共同发展。鼓励龙头企业通过"公司 + 农户""公司 + 农民合作社 + 农户"等方式，延长产业链、保障供应链、完善利益链，将小农户纳入现代农业产业体系。鼓励小农户以土地经营权、林权等入股龙头企业并采取特殊保护，探索实行农民负盈不负亏的分配机制。鼓励和支持发展农业产业化联合体，通过统一生产、统一营销、信息互通、技术共享、品牌共创、融资担保等方式，与小农户形成稳定利益共同体。

（三）拓展小农户增收空间

1.支持小农户发展特色优质农产品。引导小农户拓宽经营思路，依靠产品品质和特色提高自身竞争力。各地要结合特色优势农产品区域布局，紧盯市场需求，深挖当地特色优势资源潜力，引导小农户发展地方优势特色产业，形成一村一品、一乡一特、一县一业。探索建立农业产业到户机制，制定"菜单式"产业项目清单，指导小农户自主选择。支持小农户发挥精耕细作优势，引入现代经营管理理念和先进适用技术装备，发展劳动密集化程度高、技术集约化程度高、生产设施化程度高的园艺、养殖等产业，实现小规模基础上的高产出高效益。引导小农户发展高品质农业、绿色生态农业，开展标准化生产、专业化经营，推进种养循环、农牧结合，生产高附加值农产品。实施小农户发展有机农业计划。

2.带动小农户发展新产业新业态。大力拓展农业功能，推进农业与旅游、文化、生态等产业深度融合，让小农户分享二三产业增值收益。加强技术指导、创业孵化、产权交易等公共服务，完善配套设施，提高小农户发展新产业新业态的能力。支持小农户发展康养农业、创意农业、休闲农业及农产品初加工、农村电商等，延伸产业链和价值链。开展电商服务小农户专项行动。支持小农户利用自然资源、文化遗产、闲置农房等发展观光旅游、餐饮民宿、养生养老等项目，拓展增收渠道。

3.鼓励小农户创业就业。鼓励有条件的地方构建市场准入、资金支持、金融保险、用地用电、创业培训、产业扶持等相互协同的政策体系，支持小农户结合自身优势和特长在农村创新创业。健全就业服务体系，扩大农村劳动力转移就业渠道，鼓励农村劳动力就地就近就业，支持农村劳动力进入二三产业就业。支持小农户在家庭种养基础上，通过发展特色手工和乡村旅游等，实现家庭生产的多业经营、综合创收。

（四）健全面向小农户的社会化服务体系

1.发展农业生产性服务业。大力培育适应小农户需求的多元化多层次农业生产性服务组织，促进专项服务与综合服务相互补充、协调发展，积极拓展服务领域，重点发展小农户急需的农资供应、绿色生产技术、农业废弃物资源化利用、农机作业、农产品初加工等服务领域。搭建区域农业生产性服务综合平台。创新农业技术推广服务机制，促进公益性农技推广机构与经营性服务组织融合发展，为小农户提供多形式技术指导服务。探索通过政府购买服务等方式，为小农户提供生产公益性服务。鼓励和支持农垦企业、供销合作社组织实施农业社会化服务惠农工程，发挥自身组织优势，通过多种方式服务小农户。

2.加快推进农业生产托管服务。创新农业生产服务方式，适应不同地区不同产业小农户的农业作业环节需求，发展单环节托管、多环节托管、关键环节综合托管和全程托管等多种托管模式。支持农村集体经济组织、供销合作社专业化服务组织、服务型农民合作社等服务主体，面向从事粮棉油糖等大宗农产品生产的小农户开展托管服务。鼓励各地因地制宜选择本地优先支持的托管作业环节，不断提升农业生产托管对小农户服务的覆盖率。加强农业生产托管的服务标准建设、服务价格指导、服务质量监测、服务合同监管，促进农业生产托管规范发展。实施小农户生产托管服务促进工程。

3.推进面向小农户产销服务。推进农超对接、农批对接、农社对接，支持各地开展多种形式的农产品产销对接活动，拓展小农户营销渠道。实施供销、邮政服务带动小农户工程。完善农产品物流服务，支持建设面向小农户的农产品贮藏保鲜设施、田头市场、批发市场等，加快建设农产品冷链运输、物流网络体系，建立产销密切衔接、长期稳定的农产品流通渠道。打造一批竞争力较强、知名度较高的特色农业品牌和区域公用品牌，让小农户分享品牌增值收益。加大对贫困地区农产品产销对接扶持力度，扩大贫困地区特色农产品营销促销。

4.实施“互联网+小农户”计划。加快农业大数据、物联网、移动互联网、人工智能等技术向小农户覆盖，提升小农户手机、互联网等应用技能，让小农户搭上信息化快车。推进信息进村入户工程，建设全国信息进村入户平台，为小农户提供便捷高效的信息服务。鼓励发展互联网云农场等模式，帮助小农户合理安排生产计划、优化配置生产要素。发展农村电子商务，鼓励小农户开展网络购销对接，促进农产品流通线上线下有机结合。深化电商扶贫频道建设，开展电商扶贫品牌推介活动，推动贫困地区农特产品与知名电商企业对接。支持培育一批面向小农户的信息综合服务企业和信息应用主体，为小农户提供定制化、专业化服务。

5.提升小城镇服务小农户功能。实施以镇带村、以村促镇的镇村融合发展模式，将小农户生产逐步融入区域性产业链和生产网络。引导农产品加工等相关产业向小城镇、产业园区适度集中，强化规模经济效应，逐步形成带动小农户生产的现代农业产业集群。鼓励在小城镇建设返乡创业园、创业孵化基地等，为小农户创新创业提供多元化、高质量的空间载体。提升小城镇服务农资农技、农产品交易等功能，合理配置集贸市场、物流集散地、农村电商平台等设施。

（五）完善小农户扶持政策

1.强化小农户支持政策。充分发挥财政杠杆作用，鼓励各地采取贴息、奖补、风险补偿等方式，撬动社会资本投入农业农村，带动小农户发展现代农业。对于财政支农项目投入形成的资产，鼓励具备条件的地方折股量化给小农户，让小农户享受分红收益。

2.健全针对小农户补贴机制。稳定现有对小农生产的普惠性补贴政策，创新补贴形式，提高补贴效率。完善粮食和重要农产品生产者补贴制度，鼓励各地对小农户参与生态保护实行补偿。支持小农户参与耕地草原森林河流湖泊休养生息等，对发展绿色生态循环农业、保护农业资源环境的小农户给予合理补偿。健全小农户生产技术装备补贴机制，按规定加大对丘陵山区小型农机具购置补贴力度。鼓励各地对小农户托管土地给予费用补贴。

3.提升金融服务小农户水平。发展农村普惠金融，健全小农户信用信息征集和评价体系，探索完善无抵押、无担保的小农户小额信用贷款政策，不断提升小农户贷款覆盖面，切实加大对小农户生产发展的信贷支持力度。鼓励产业链金融、互联网金融在依法合规的前提下为小农户提供金融服务。鼓励发展为小农户服务的小额贷款机构开发专门的信贷产品。加大支农再贷款支持力度，引导金融机构增加小农户信贷投放。

4.拓宽小农户农业保险覆盖面。建立健全农业保险保障体系，从覆盖直接物化成本逐步实现覆盖完全成本。发展与小农户生产关系密切的农作物保险、主要畜产品保险、重要“菜篮子”品种保险和森林保险，推广农房、农机具、设施农业、渔业、制种等保险品种。推进价格保险、收入保险、天气指数保险试点。鼓励地方建立特色优势农产品保险制度。建立第三方灾害损失评估、政府监督理赔机制，确保受灾农户及时足额得到赔付。鼓励发展农业互助保险，加大针对小农户农业保险保费补贴力度。

二、推动家庭农场发展壮大

（一）完善家庭农场名录管理制度

以县（市、区）为重点抓紧建立健全家庭农场名录管理制度，完善纳入名录的条件和程序，引导广大农民和各类人才创办家庭农场，同时把符合家庭农场条件的种养大户和专业大户、已在市场监管部门登记的家庭农场纳入名录管理，建立完整的家庭农场名录，实行动态管理，确保质量。健全家庭农场名录系统，及时把名录管理的家庭农场纳入系统，实现随时填报、动态更新和精准服务。

（二）强化示范创建引领

根据本地区劳动力状况、生产力水平、农业区域特色、家庭农场经营类别，依据经营管理能力、物质装备条件、适度经营规模、生产经营效益等因素，合理确定示范家庭农场评定标准和程序，加大示范家庭农场创建力度，加强示范引导，探索系统推进家庭农场发展的政策体系和工作机制。引导示范农场在发展适度规模经营、应用先进技术、实施标准化生产、纵向延伸农业产业链价值链以及带动小农户发展等方面发挥示范作用。鼓励乡村本土能人、有返乡创业意愿和回报家乡愿望的外出农民工、优秀农村生源大中专毕业生以及科技人员等人才创办家庭农场。实施青年农场主培养计划，对青年农场主进行重点培养和创业支持。总结推广各地培育家庭农场的好模式好经验，树立一批家庭农场发展范例，鼓励发展多种模式多种类型的家庭农场并对有突出贡献的单位及个人进行表彰。

（三）建立健全政策支持体系

1.依法保障家庭农场土地经营权。健全土地经营权流转服务体系，鼓励土地经营权有序向家庭农场流转。健全县乡两级土地流转服务平台，做好政策咨询、信息发布等服务工作。健全纠纷调解仲裁体系，有效化解土地流转纠纷。依法保护土地流转双方权利，引导土地流转双方合理确定租金水平，稳定土地流转关系，有效防范家庭农场租地风险。

2.加强家庭农场基础设施建设。支持家庭农场开展农产品产地初加工、精深加工、主食加工和综合利用加工，自建或与其他农业经营主体共建集中育秧、仓储、烘干、晾晒，以及保鲜库、冷链运输、农机库棚、畜禽养殖等农业设施，开展田头市场建设。支持家庭农场参与高标准农田建设，促进集中连片经营。

3.健全面向家庭农场的社会化服务。聚焦公益性服务，鼓励科研技术人员为家庭农场提供技术服务。支持各类社会化服务组织为家庭农场提供生产性服务，探索发展中介服务组织以解决家庭农场临时性用工需求。

4.强化家庭农场用地保障。鼓励各地通过多种方式加大对家庭农场建设设施用地支持力度。坚决查处违法违规在耕地上进行非农建设的行为。

5.完善和落实家庭农场的财政税收政策。鼓励有条件的地方通过现有渠道安排资金，采取以奖代补等方式，积极扶持家庭农场发展，扩大家庭农场受益面。对符合条件的家庭农场给予农业用水精准补贴和节水奖励。家庭农场生产经营活动按照规定享受相应的农业和小微企业减免税收政策。

6.加强家庭农场金融保险服务。鼓励金融机构针对家庭农场开发专门的信贷产品，在商业可持续的基础上为家庭农场提供优化的贷款服务和内容。开展家庭农场信用等级评价工作，鼓励金融机构对资信良好、资金周转量大的家庭农场发放信用贷款。鼓励开展家庭农场综合保险试点，继续实施农业大灾保险、三大粮食作物完全成本保险和种植收入保险试点，探索开展中央财政对地方特色优势农产品保险以奖代补政策试点，有效满足家庭农场的风险保障需求。

专栏9-2　江苏省家庭农场名录管理办法

第一条　为贯彻落实中央和省关于培育发展家庭农场的有关文件精神，引导和促进全省家庭农场高质量发展，强化对家庭农场的管理服务，健全家庭农场名录管理制度，特制订本办法。

第二条　本办法所称家庭农场，是以家庭为基本经营单元，以农场生产经营为主业，从事农业规模化、集约化、商品化生产经营，并以农业为家庭重要收入来源的新型农业经营主体。

第三条　本办法所指家庭农场名录系统（以下简称“名录系统”），是农业农村部开发的全国家庭农场名录系统。

第四条　家庭农场名录录入坚持主动服务、应录尽录、动态管理的原则，将符合条件的规模农业经营户全部纳入家庭农场名录系统。

第五条　家庭农场名录录入条件：

（一）以家庭为基本经营单元。

（二）土地经营权合法稳定。

（三）种植或养殖规模达到一定标准。其中：

（1）从事种植业的，露地农作物种植面积不低于20亩，设施农业占地面积不低于5亩，或年产值不低于4万元；

（2）从事畜禽养殖的，生猪年出栏不低于200头，羊年出栏不低于100只，肉牛年出栏不低于20头，奶牛存栏不低于20头，肉禽年出栏不低于1万只，蛋禽存栏不低于2000只，或年产值不低于15万元；

（3）从事水产养殖的，养殖面积不低于10亩，或年产值不低于4万元；

（4）从事种养结合的，主要产业规模或年产值不低于上述标准的70%；

（5）从事休闲旅游农业的，须以农业生产为前提，年销售收入或营业收入不低于10万元。

第六条　家庭农场名录录入内容：

（一）家庭农场基本情况：家庭农场名称、地址、示范等级、在市场监管部门注册登记情况，农场主姓名、身份证号、手机号、受教育程度，农场经营类型、经营土地面积、经营土地情况，在农场工作的劳动力数量。

（二）家庭农场行业分布情况：粮食作物种植面积、产量，大牲畜、猪、羊、家禽养殖数量。

（三）家庭农场经营情况：年经营总收入、年净利润，家庭农场产品主要销售渠道，是否有注册商标，是否通过农产品质量认证。

（四）家庭农场获得扶持情况：获得各级财政扶持资金总额，获得贷款支持资金总额，是否购买农业保险。

（五）农业农村部规定的其他相关信息。

第七条　家庭农场名录信息一般应当由乡镇农业农村部门负责采集并录入名录系统，或者由乡镇采集、县级录入。

县级农业农村部门负责对名录系统信息进行复核。

第八条　家庭农场名录实行动态管理。县乡农业农村部门应当及时对家庭农场发生变化的信息予以调整。

对存在以下情形之一的家庭农场，县乡农业农村部门应当及时从名录系统中予以注销：

（一）不再符合第五条所列条件的。

（二）拒不提供名录系统信息或者提供虚假信息的。

（三）不再存续的。

对存在以下任何情形的家庭农场，县乡农业农村部门应当另外建立专门的不良记录档案，作为名录系统信息的补充信息：

（一）发生农产品生产安全和质量安全事故的。

（二）经营活动中存在违法违纪行为的。

（三）拖欠土地租金的。

（四）拖欠银行贷款的。

（五）发生其他不良行为的。

省、市农业农村部门要加强核查，对发现的问题要及时督促改正，做到信息内容完整准确。

第九条　各级农业农村部门要加强对家庭农场的指导、服务和管理。省农业农村厅将以名录系统中的家庭农场数量作为省级及以上对市县相关专项转移支付资金测算因素和省级示范家庭农场推荐名额分配、相关工作核评的重要依据。

第十条　本办法自2022年11月15日起施行，有效期5年。《江苏省家庭农场名录管理暂行办法》（苏农规〔2020〕9号）同时废止。

资料来源：江苏省农业农村厅。

三、促进农民合作社规范发展

（一）提升合作社规范化水平

指导农民合作社制定相关章程、加强档案管理、建立健全基础台账、实行社务公开；农民合作社要依法建立成员（代表）大会、理事会、监事会等组织机构，各组织机构应密切配合、协调运转；指导农民合作社认真执行财务会计制度，合理配备财务会计人员或进行财务委托代理，建立农民合作社发展动态监测机制；农民合作社应按照法律和章程制定盈余分配方案，经成员（代表）大会批准实施；严格依法开展农民合作社登记注册，对农民合作社所有成员予以备案。

（二）增强合作社服务带动能力

鼓励农民合作社利用当地资源禀赋，壮大优势特色产业，发展新产业新业态，培育农业品牌，提高品牌知名度和市场认可度；鼓励农民合作社加强农产品初加工等关键环节能力建设，拓宽服务领域，支持生产托管，开展互助保险；鼓励农民合作社投入乡村基础设施建设和文化建设；鼓励农民合作社与其成员、周边农户建立紧密的利益联结关系；积极推进农民合作社与家庭农场、同业或产业密切关联的农民合作社之间的合作与联合，增强市场竞争力和抗风险能力。

（三）开展“空壳社”专项清理

合理界定清理范围，在对农民合作社发展情况摸底排查的基础上，重点对被列入经营异常名录、群众反映和举报存在问题以及在“双随机”抽查中发现异常情形的农民合作社依法依规进行清理；对列入清理范围的农民合作社，按照“清理整顿一批、规范提升一批、扶持壮大一批”的办法，实行分类处置，切实加强对清理工作的指导监督和协调配合，建立健全部门信息共享和通报工作机制；拓展企业简易注销登记适用范围，加强政策宣传和服务，为农民合作社自主申请注销提供便利服务。

（四）加强合作社试点示范引领

鼓励各地开展整县推进农民合作社规范化建设，创建一批农民合作社高质量发展示范县；深入推进农民合作社示范社创建，完善农民合作社示范社评定指标体系，健全农民合作社示范社动态监测制度；充分发挥典型引领作用，树立一批制度健全、运行规范的农民合作社典型。

（五）加大合作社政策支持力度

统筹整合资金加大对农民合作社的支持力度，落实农民合作社有关税收优惠政策，鼓励有条件的地方对农民合作社申请并获得农产品质量认证、品牌创建等给予适当奖励；支持金融机构结合职能定位和业务范围，对农民合作社提供金融支持，鼓励各地利用新型农业经营主体信息直报系统，点对点为农民合作社对接信贷、保险等服务；鼓励支持农民合作社与农村集体经济组织合作，依法依规盘活现有农村集体建设用地发展产业，通过城乡建设用地增减挂钩节余的用地指标积极支持农民合作社开展生产经营，落实农民合作社从事农产品初加工等用电执行农业生产电价政策；分级建立农民合作社带头人人才库，分期分批开展农民合作社骨干培训，鼓励有条件的农民合作社聘请职业经理人，鼓励支持普通高校设置农民合作社相关课程，为农民合作社培养专业人才，鼓励各地开展农民合作社国际交流合作等。

（六）强化合作社指导服务

地方各级政府要建立健全农业农村部门牵头的农民合作社工作综合协调机制，统筹指导、协调、推动农民合作社建设和发展。重点加强县乡农民合作社辅导员队伍建设，有条件的地方可通过政府购买服务等方式，为乡镇选聘农民合作社辅导员，采取多种方式，对农民合作社登记注册、民主管理、市场营销等给予指导并大力开展基层农民合作社辅导员培训。

四、进一步健全农业社会化服务体系

（一）拓展服务领域

坚持需求导向，聚焦粮棉油糖等重要农产品主产区，聚焦生产的关键薄弱环节，加大对社会化服务的引导支持力度，为保障粮食安全和重要农产品有效供给提供支撑。在此基础上，引导服务主体积极开辟新的服务领域，探索开展社会化服务的有效方法和路径，推动服务范围从粮棉油糖等大宗农作物向果菜茶等经济作物拓展，从种植业向养殖业等领域推进，从产中向产前、产后等环节及金融保险等配套服务延伸，不断提升社会化服务对农业全产业链及农林牧渔各产业的覆盖率和支撑作用。

（二）创新服务机制

鼓励服务主体积极创新服务模式和组织形式，大力发展多层次、多类型的专业化服务。要把农业生产托管作为推进农业社会化服务、发展服务带动型规模经营的重要方式，因地制宜发展单环节、多环节、全程生产托管等服务模式，有效满足多样化的服务需求。大力推广行之有效的“服务主体 + 农村集体经济组织 + 农户”“服务主体 + 各类新型经营主体 + 农户”等组织形式，促进各主体紧密联结，形成利益共享、风险共担的利益共同体。推动农资企业、农业科技公司、互联网平台等各类涉农组织向农业服务业延伸，采取“农资 + 服务”“科技 + 服务”“互联网 + 服务”等方式，推进技物结合、技服结合，实现业务拓展、创新发展。

（三）推进资源整合

按照资源共享、填平补齐的要求，把盘活存量设施、装备、技术、人才及各类主体作为重点，探索建设多种类型的农业综合服务中心，围绕农业全产业链，提供集农资供应、技术集成、农机作业、仓储物流、农产品营销等服务于一体的农业生产经营综合解决方案，破解农业生产主体做不了、做不好的共性难题，实现更大范围的服务资源整合、供需有效对接，促进资源集约、节约和高效利用。加快推进农业社会化服务平台试点和全面应用，不断完善平台功能，逐步引入银行、保险、担保等机构，共同为服务供需双方提供线上线下“一站式”、便捷化服务。

（四）提升科技水平

充分发挥农业社会化服务在集成推广应用绿色优质新品种、先进适用技术和现代物质装备中的重要作用，促进服务与科技深度融合，着力解决农业科技落地的“最后一公里”问题。鼓励服务主体充分利用互联网、大数据、云计算、区块链、人工智能等信息技术和手段，推广应用遥感、航拍、定位系统、视频监控等成熟的智能化设备和数据平台，对农牧业生产过程、生产环境、服务质量等进行精准监测，提升农业的信息化、智能化水平。鼓励服务主体与高等院校、职业学校、科研院所等加强合作，开展服务行业重大关键技术和装备研发，解决服务主体普遍面临的技术、装备、人才等难题。

（五）强化行业指导

鼓励相关部门、服务主体、行业协会等以县为基础，研究制定符合当地实际的服务标准和服务规范，强化服务过程指导和服务效果评估。加强服务价格监测，防止价格欺诈和垄断。强化服务合同监管，推广使用示范文本，规范服务行为，保障农户权益。鼓励地方建立服务主体名录库，加强动态监测，推动服务主体信用记录纳入全国信用信息共享平台。鼓励建立全国性或区域性的农业社会化服务行业协会、行业联盟等，发挥其联系政府、服务会员、整合资源、自律规范的功能。

▶▶▶

第三节

深化农村集体产权制度改革

农村集体产权制度改革关系着亿万农民的切身利益，也关系着我国农村集体经济组织的体制创新和未来的发展方向。为破解一些地方集体经营性资产归属不明、经营收益不清、分配不公开、成员的集体收益分配权缺乏保障等突出问题，迫切需要推进和深化农村集体产权制度改革，逐步构建中国特色社会主义农村集体产权制度，形成既体现集体优越性又调动个人积极性的农村集体经济运行新机制。

一、规范农村集体经济组织运行管理

（一）健全农村集体经济组织运行机制

指导农村集体经济组织健全法人治理机制，完善成员（代表）大会制度，健全理事会、监事会等机构；制定规范章程，明确机构职能、成员管理、集体资产经营和财务管理等事项；规范外部标识牌、公开章程制度，确保成员知情权、参与权、表达权、监督权落到实处。因地制宜做好集体经济组织换届选举工作，落实“村党组织书记应当通过法定程序担任村级集体经济组织负责人”要求，村党组织可提名推荐农村集体经济组织理事会成员。切实发挥村党组织领导作用，涉及集体资产运营管理、收支管理、收益分配等重要事项，须经村党组织研究讨论。组织开展农村集体经济组织登记赋码信息年检，重点核实法定代表人、集体资产总额、净资产总额、集体土地总面积等信息。

（二）切实发挥农村集体经济组织功能作用

指导农村集体经济组织重点围绕粮食和重要农产品生产为农户和各类经营主体提供居间服务；有需求且有条件的农村集体经济组织可以通过投资入股等方式设立公司法人，开展经营活动，探索建立集体资产管理与经营有效分离机制。指导有条件的地方探索村民委员会事务与集体经济事务分离。

二、加强农村集体资产监督管理

（一）落实农村集体资产监督管理制度

进一步核查集体资产数量、产权归属、台账建立、制度建设等基础信息，及时整治集体资产登记有遗漏、集体资产被侵占、合同管理不规范等问题。用好全国农村集体资产监督管理平台，实时掌握集体资产动态变化情况，推进集体资产管理规范化信息化。贯彻落实农村集体经济组织财务制度，组织开展财务管理专题培训。规范财务公开程序，重大财务事项决策参照执行“四议两公开”制度。强化集体经济组织负责人任期和离任审计，对一些集体经济体量大、工程项目建设多、廉政风险高的村，要加强审计监督。就非经营性资产而言，在清产核资基础上，建立健全台账管理制度，探索实行集体统一运行的管护机制，确保其更好地为集体经济组织成员提供公益性服务。

（二）明确农村集体资产权属

对于开展村庄撤并、建制调整的，稳妥做好集体资产管理衔接工作，不得因村庄撤并打乱原集体所有的界限。对一些经济条件接近、各项权利落实到户的村集体经济组织，在尊重农民意愿的基础上，可按照相关程序结合实际稳慎开展集体经济组织合并、集体资产统筹管理探索。

（三）切实加强确权到村集体的扶贫项目资产管理

全面摸清确权到村集体的扶贫项目资产底数，在账实相符的基础上，及时移交农村集体经济组织管理，纳入集体资产台账管理。结合集体资产年度清查工作，录入到全国农村集体资产监督管理平台。对于确权到村集体的经营性资产收益权可以份额或股份形式量化到成员，作为其参加集体收益分配的依据。在5年过渡期内，各地在充分尊重成员意见的基础上可将扶贫项目资产集体收益优先考虑用于帮扶脱贫人口和防止返贫监测对象。

（四）探索农村集体公益性资产产权制度改革

集体公益性资产是指用于公共服务的教育、科技、文化、卫生、体育等方面的非经营性资产，例如村委会办公室、卫生室、学校、文化站等。针对当前农村的学校、医院等公益性资产处于闲置状态的情况，可以在符合规划的前提下，探索利用闲置的各类房产设施、集体建设用地等，以自主开发、合资合作等方式发展乡村产业。

三、保障农村集体经济组织成员权益

（一）加快推进农村集体经济组织成员权证发放

加快成员权证发放工作。建立健全农村集体经济组织成员登记备案制度，确保成员名册信息和持有经营性资产收益权份额（或股权）信息完整准确录入平台，成员名册变更、收益权份额（或股权）转让等信息应及时登记。建立健全农村集体经济组织成员证书发放进度调度机制。

（二）稳妥解决农村集体经济组织成员身份重复确认问题

依托全国农村集体资产监督管理平台开展成员信息比对，通过“跨区身份证校验”核查解决成员身份重复确认问题。对成员身份重复确认人员，由其自愿选择保留一方成员身份、退出另一方成员身份，经相关集体经济组织确认和备案后，由成员退出的集体经济组织在平台中删除该成员相关信息。要切实维护农村妇女、入赘婿等群体的成员权益，引导各地通过协商、调处、诉讼等途径化解矛盾纠纷。

（三）积极探索农村集体经济组织成员财产权利多种实现形式

围绕完善农村集体经济组织成员集体资产收益权权能，鼓励有条件的地区积极探索开展集体资产收益权抵押担保、有偿退出等试点，研究制定进城落户农民依法自愿有偿退出集体收益分配权的具体办法。因地制宜加快建设农村产权流转交易市场，促进农村资源要素规范流动和优化配置。

四、稳步发展新型农村集体经济

（一）积极探索农村集体经济发展路径

指导农村集体经济组织立足自身实际，积极开展资源发包、物业出租、居间服务、资产使用权入股等风险较小、收益稳定的经营活动。支持资源优势地区的农村集体经济组织探索发展休闲旅游、健康养生、农耕体验等深度融合的新业态。鼓励有条件的地区探索开展跨村联合发展，与各类经营主体建立紧密利益联结机制。发展农村集体经济要坚持实事求是、量力而行，不得下指标、定任务，确保严格控制集体经营风险和债务规模。

（二）加快完善扶持农村集体经济发展的政策措施

鼓励从事农业生产及相关产业融合项目的农村集体经济组织申请农业经营主体信贷直通车服务；鼓励有条件的农村集体经济组织申报产地仓储保鲜设施等项目；鼓励有条件的农村集体经济组织参与农村各类中小型项目建设。农村集体经营性建设用地可以通过入股、租赁等方式直接用于发展乡村产业。加强集体经营管理人才的培养，完善激励机制，鼓励各地建立集体经营管理人员聘任管理制度。继续做好扶持村集体经济项目服务支撑，开展必要的规划指导、技术推广和产销对接等服务。

▶▶▶

第四节

完善农业支持保护制度

农业生产经营面临自然风险和市场风险的双重制约，需要政府采取相应的政策措施对其进行支持和保护。从国际经验看，一些发达国家为稳定提高农业综合生产能力，应对市场和价格波动，采取了一些诸如农业投资、农业补贴、农业保险等扶持政策。从我国情况看，农业生产成本普遍上升，大宗农产品价格普遍高于国际市场，农业比较效益偏低，农产品国际贸易环境复杂严峻，不稳定性不确定性增加，保证农业产业安全、提升农业竞争力面临压力和挑战，迫切需要加强对农业的支持和保护，提高我国农业质量效益和竞争力。

一、优化农业补贴政策

强化高质量发展和绿色生态导向，构建新型农业补贴政策体系。调整优化“绿箱”“黄箱”“蓝箱”支持政策，提高农业补贴政策精准性、稳定性和时效性。加强农产品成本调查，深化调查数据在农业保险、农业补贴、市场调控等领域的应用。加快构建新型农业补贴政策体系，稳定种粮农民补贴，完善稻谷、小麦最低收购价政策和玉米、大豆生产者补贴政策。完善粮食主产区利益补偿机制，健全产粮大县支持政策体系。鼓励粮食主产区与主销区之间开展多种形式的产销合作，引导主销区与主产区合作建设生产基地。扩大稻谷、小麦、玉米三大粮食作物完全成本保险和种植收入保险实施范围，支持有条件的省份降低产粮大县三大粮食作物农业保险保费县级补贴比例。建立以绿色生态为导向的农业补贴制度，鼓励对绿色农业发展机具、高性能机具以及保证粮食等主要农产品生产机具实行敞开补贴。

二、健全农业投入稳定增长机制

（一）健全政府投入保障机制

推动建立"三农"财政投入稳定增长机制，继续把农业农村作为一般公共预算优先保障领域，加大中央财政转移支付支持农业农村力度。制定落实提高土地出让收入用于农业农村比例考核办法，确保按规定提高用于农业农村的比例。督促推进各地区各部门进一步完善涉农资金统筹整合长效机制。加大地方政府债券支持农业农村力度，用于符合条件的农业农村领域建设项目。

（二）优化"三农"投入结构

优化财政支农支出结构，重点支持农民增收、农村重大改革、农业基础设施建设、农业结构调整、农业可持续发展、农村民生改善。推进行业内资金整合与行业间资金统筹相互衔接配合，增加地方自主统筹空间，加快建立涉农资金统筹整合长效机制。加大专项建设基金对扶贫、水利、农村产业融合、农产品批发市场等"三农"领域重点项目和工程支持力度。按照"取之于农、主要用之于农"的要求，出台调整完善土地出让收入使用范围进一步提高农业农村投入比例的意见。

（三）拓宽支农资金渠道

充分发挥财政资金引导作用，通过贴息、奖励、风险补偿、税费减免等措施，带动金融和社会资金更多投入农业农村，加快形成财政优先保障、社会积极参与的多元投入格局。通过扩大地方政府债券用于农业农村规模、保障财政支农投入、加大金融服务"三农"力度、积极引导鼓励社会资本投资农业农村等方式，多渠道加大农业农村投资力度。发挥财政投入引领作用，支持以市场化方式设立乡村振兴基金，撬动金融资本、社会力量参与，重点支持乡村产业发展。

三、健全农村金融服务体系

（一）完善农村金融服务政策体系

完善金融支农激励机制，鼓励银行业金融机构建立服务乡村振兴的内设机构。支持涉农信用信息数据库建设，基本建成新型农业经营主体信用体系。扩大农村资产抵押担保融资范围，提高农业信贷担保规模，引导金融机构将新增可贷资金优先支持县域发展。加快完善中小银行和农村信用社治理结构，保持农村中小金融机构县域法人地位和数量总体稳定。实施优势特色农产品保险奖补政策，鼓励各地因地制宜发展优势特色农产品保险。稳妥有序推进农产品收入保险，健全农业再保险制度。发挥“保险+期货”在服务乡村产业发展中的作用。

（二）建立健全乡村振兴金融服务组织体系

加快完善农村金融服务组织体系，积极引导涉农金融机构回归本源，提高金融服务乡村振兴的效率和水平。鼓励开发性、政策性金融机构在业务范围内为乡村振兴提供中长期信贷支持，增强农村经济增长动力。加大商业银行对乡村振兴的支持力度，着力提高金融服务覆盖面和信贷渗透率，做好小微普惠领域的金融服务。积极创新金融产品和服务方式，打造综合化、特色化乡村振兴金融服务体系。强化农村中小金融机构支农作用，引导农村信用社、农村商业银行、农村合作银行坚持服务县域、支农支小的市场定位。

（三）加强农村金融基础设施建设

加快运用现代金融科技，结合数字乡村、信用乡村建设，探索将金融服务嵌入智慧政务系统，为广大农村经营主体提供线上线下一体化服务；支持农村“三资”管理、产业大数据平台建设，搭建全面覆盖农村政府、企业、村民的金融服务平台，促进形成农村金融完整生态；全面开展信用乡镇、信用村创建活动，强化部门间信息互联互通，推动完善农村信用体系。

专栏9-3　新一轮农村改革推进工程

1.县乡村基本公共服务一体化试点示范。在东、中、西部和东北地区选择一批县（市、区），开展县乡村基本公共服务一体化试点示范，赋予县级更多资源整合使用权，推动县乡村基本公共服务功能衔接互补。

2.农村宅基地改革试点。在全国104个县（市、区）以及3个地级市开展新一轮农村宅基地制度改革试点，探索落实宅基地所有权、保障宅基地农户资格权和农民房屋财产权、适度放活宅基地和农民房屋使用权的具体路径和办法。

3.农村改革试验区集成创新。开展农村改革试验区建设行动，集中力量建设一批农村集成改革示范区、农业农村高质量发展改革示范区和乡村善治改革示范区。开展农村改革试点成果转化行动，推介100个农村改革创新案例。

4.乡村招才引智行动。建立城市人才定期服务乡村制度，每年引导10万名左右优秀教师、医生、科技人员、社会工作者等服务脱贫地区、边疆民族地区和革命老区。

5.乡村振兴金融服务行动。推动金融机构在县域布设一批网点，不断优化扩大县域网点覆盖面，开发一批适合农业农村特点的金融产品和服务，推进农业保险提标扩面。

资料来源：《“十四五”推进农业农村现代化规划》。

▶▶▶

第五节

扩大农业对外开放

2023年是“一带一路”倡议提出十周年。十年来，150多个国家和30多个国际组织参与共建“一带一路”国际合作，搭建起全球规模最大的国际经济合作平台，共商共建共享理念原则得到广泛实践，开放绿色廉洁理念深入人心。站在新的起点上，扩大农业对外开放，关系到利用两个市场、两种资源确保国家粮食安全和重要农产品有效供给，关系到我国农业国际竞争力的提高和农业高质量发展，关系到广泛开展国际合作，提升我国在全球粮农治理中的话语权，意义重大而深远。

一、丰富农业合作内容

（一）构建农业政策对话平台

加强政策沟通，完善沿线国家间多层次农业政策对话机制，探索建立沿线国家政府、科研机构、企业“三位一体”的政策对话平台，就农业发展战略充分交流对接，共同制定推进农业合作的规划和措施，协商解决合作中的问题，共同为务实合作及大型项目实施提供政策支持。

（二）强化农业科技交流合作

突出科技合作的先导地位，多渠道加强沿线国家间知识分享、技术转移、信息沟通和人员交流。结合各国需求并综合考虑国际农业科技合作总体布局，在“一带一路”沿线共建国际联合实验室、技术试验示范基地和科技示范园区，开展动植物疫病疫情防控、种质资源交换、共同研发和成果示范，促进品种、技术和产品合作交流。共建“一带一路”农业合作公共信息服务平台、技术咨询服务体系、高端智库和培训基地，推动区域农业物联网技术发展，提升“一带一路”沿线国家农业综合发展能力。

（三）优化农产品贸易合作

推动共建“一带一路”农产品贸易通道，合作开展运输、仓储等农产品贸易基础设施一体化建设，提升贸易便利化水平，扩大贸易规模，拓展贸易范围。鼓励建设多元稳定的“一带一路”农产品贸易渠道，发展农产品跨境电子商务。加强“一带一路”沿线国家农产品检验检疫合作交流，共建安全、高效、便捷的进出境农产品检验检疫监管措施和农产品质量安全追溯系统，共同规范市场行为，提高沿线国家动植物安全卫生水平。

（四）拓展农业投资合作

充分利用相关国际金融机构合作机制与渠道，加大农业基础设施和生产、加工、储运、流通等全产业链环节投资，推进关键项目落地。提升沿线国家间企业跨国合作水平，采取多种方式提升企业跨国投资能力和水平，促进沿线国家涉农企业互利合作、共同发展。推动沿线国家之间开展农业双向投资，鼓励本国企业参与沿线国家农业发展进程，帮助所在国发展农业、增加就业、改善民生，履行社会责任。

（五）加强能力建设与民间交流

加强以农民为主体的能力建设和民间交流，共同开展“一带一路”沿线国家农民职业教育培训，提高农民素质以及农民组织化水平，增进沿线国家间交流互信。加强“一带一路”沿线国家企业之间交流合作，共建跨国经营管理人员培训基地，培养复合型跨国经营管理人才。

二、健全农业合作机制

（一）加强政府间双边合作

开展多层次、多渠道沟通磋商，推动双边关系全面发展，为农业合作提供有力保障。在“一带一路”建设政府间谅解备忘录下推动签署农业合作备忘录或编制农业合作规划。充分发挥现有双边高层合作机制作用，推动更多沿线国家和地区以及相关国际和地区组织建立高水平、常态化农业合作机制。强化政府间条法磋商，加快商签“一带一路”沿线双边投资贸易协定，加强政府间交流协调，加强投资保护、金融、税收、通关、检验检疫、人员往来等方面合作，促进企业实践与政府服务有效对接，为开展“一带一路”农业国际合作创造更佳环境、争取更好条件。

（二）强化多边合作机制作用

深化与国际机构的交流与合作，充分利用二十国集团、亚太经合组织、上海合作组织、联合国亚太经社会、亚洲合作对话、阿拉伯国家联盟、中国—东盟、澜沧江—湄公河合作等现有涉农多边机制，深化与世界贸易组织、联合国粮食及农业组织、世界动物卫生组织、国际植物保护组织、国际农业发展基金、联合国世界粮食计划署、国际农业研究磋商组织等交流合作，加强与世界银行、亚洲开发银行、金砖国家新开发银行、亚洲基础设施投资银行、丝路基金合作，探索利用全球及区域开发性金融机构创新农业国际合作的金融服务模式，积极营造开放包容、公平竞争、互利共赢的农业国际合作环境。

（三）发挥重大会议论坛平台作用

充分利用中非合作论坛、博鳌亚洲论坛、“10+3”粮食安全圆桌会议、中国—东盟博览会、中国—南亚博览会、中国—亚欧博览会、中国—中东欧经贸论坛、中国—中东欧进出境动植物检疫暨农产品质量安全合作论坛、中国—阿拉伯博览会等重大会议论坛平台，加强“一带一路”农业合作交流。在“一带一路”国际合作高峰论坛框架下，逐步建立“一带一路”农业合作对话机制、农业规划研究交流平台，依托“一带一路”网站建立农业资源、产业、技术、政策等信息共享平台。

（四）共建境外农业合作园区

推动沿线国家企业合作共建农业产业园区，形成产业集群和平台带动效应，降低农业合作成本，增强风险防范能力。引导和支持企业参与农业合作园区建设和运营，围绕种植、养殖、深加工、农产品物流等领域加强基础设施建设，优化农业产业链条，为实现经济走廊和海上通道互联互通提供支撑。结合“一带一路”沿线国家的意愿和基础条件，共建一批农业合作示范区，构建“一带一路”农业合作的新载体和新样板。

PART 10

第十章

促进城乡融合发展

城乡融合发展是指以城乡生产要素双向自由流动和公共资源合理配置为重点，以工补农，以城带乡，统筹推进城乡基本公共服务普惠共享、城乡基础设施一体化发展、城乡产业协同发展、农民收入持续增长，形成工农互促、城乡互补、协调发展、共同繁荣的新型工农城乡关系，加快农业农村现代化和乡村振兴。坚持农业农村优先发展，坚持城乡融合发展，是全面建设社会主义现代化国家的题中应有之义。

从当前的情况看，我国城乡要素流动不顺畅、公共资源配置不合理等问题依然突出，影响城乡融合发展的体制机制障碍尚未根本消除。全面推进乡村振兴，走城乡融合发展之路，要健全城乡资源要素合理配置体制机制、健全城乡基本公共服务普惠共享体制机制、健全城乡基础设施一体化发展体制机制，要以县域经济发展为切入点，推进以县城为重要载体的城镇化建设，推动易地扶贫搬迁集中安置区融入城镇化。

▶▶▶

| 第一节 |

健全城乡资源要素合理配置体制机制

全面推进乡村振兴，有效促进各类资源要素在城乡区域间顺畅流动是关键一环。从我国的现实情况看，制约城乡要素双向流动和平等交换的障碍依然存在。为此，必须坚决破除妨碍城乡要素自由流动和平等交换的体制机制壁垒，促进各类资源要素更多向乡村流动，为全面推进乡村振兴注入新动能。

一、促进城乡人力资源双向流动

建立健全乡村人才振兴体制机制，完善人才引进、培养、使用、评价和激励机制。建立健全城乡人才合作交流机制，推进城市教科文卫体等工作人员定期服务乡村。允许入乡就业创业人员在原籍地或就业创业地落户并享受相关权益，建立科研人员入乡兼职兼薪和离岗创业制度。健全农业转移人口市民化配套政策体系，完善财政转移支付与农业转移人口市民化挂钩相关政策，建立城镇建设用地年度指标分配同吸纳农村转移人口落户数量和提供保障性住房规模挂钩机制，促进农业转移人口有序有效融入城市。依法保障进城落户农民农村土地承包权、宅基地使用权、集体收益分配权，建立农村产权流转市场体系，健全农户“三权”市场化退出机制和配套政策。

二、优化城乡土地资源配置

建立健全城乡统一的建设用地市场，规范交易规则，完善有偿使用制度，构建统一的自然资源资产交易平台，纳入公共资源交易平台体系。规范开展城乡建设用地增减挂钩，完善审批实施程序、节余指标调剂及收益分配机制。完善盘活农村存量建设用地政策，实行负面清单管理，优先保障乡村产业发展、乡村建设用地。依据国土空间规划，以乡镇或村为单位开展全域土地综合整治。鼓励对依法登记的宅基地等农村建设用地进行复合利用，发展休闲农业、乡村民宿、农产品初加工、农村电商等。建立土地征收公共利益认定机制，缩小土地征收范围，规范征地程序。保障和规范农村一二三产业融合发展用地，鼓励各地根据地方实际和农村产业业态特点探索供地新方式。探索建立补充耕地指标跨区域交易机制。

三、引导社会资本投向农业农村

深化“放管服”改革，持续改善乡村营商环境，引导和鼓励工商资本投入现代农业、乡村产业、生态治理、基础设施和公共服务建设。建立社会资本投资农业农村指引目录制度，发挥政府投入引领作用，支持以市场化方式设立乡村振兴基金，撬动金融资本、社会力量参与，重点支持乡村产业发展。在不新增地方政府隐性债务的前提下，引导银行业金融机构把农村基础设施建设作为投资重点，拓展乡村建设资金来源渠道，加大对农村基础设施建设的信贷支持力度。引导大中型银行进一步下沉服务重心，优化县域网点设置。

▶▶▶

| 第二节 |

健全城乡基本公共服务普惠共享体制机制

在全面推进乡村振兴、加快农业农村现代化的进程中，农村基础设施和公共服务体系建设扮演着重要角色，也是亟待解决的短板和弱项问题。当前，我国农村公共服务体系建设存在资源配置不均衡、服务水平差异大、人才短缺等问题，城乡基本公共服务发展不平衡，迫切需要加强和完善农村公共服务体系建设，健全城乡基本公共服务普惠共享体制机制。

一、建立城乡教育资源均衡配置机制

优先发展农村教育事业，建立以城带乡、整体推进、城乡一体、均衡发展的义务教育发展机制。鼓励省级政府建立统筹规划、统一选拔的乡村教师补充机制，为乡村学校输送优秀高校毕业生。推动教师资源向乡村倾斜，通过稳步提高待遇等措施增强乡村教师岗位吸引力。实行义务教育学校教师“县管校聘”，推行县域内校长教师交流轮岗和城乡教育联合体模式。完善教育信息化发展机制，推动优质教育资源城乡共享。多渠道增加乡村普惠性学前教育资源，推行城乡义务教育学校标准化建设，加强寄宿制学校建设。

二、健全乡村医疗卫生服务体系

建立和完善相关政策制度，增强基层医务人员岗位吸引力，加强乡村医疗卫生人才队伍建设。改善乡镇卫生院和村卫生室条件，因地制宜建立完善医疗废物收集转运体系，提高慢性病、职业病、地方病和重大传染病防治能力，加强精神卫生工作，倡导优生优育。健全网络化服务运行机制，鼓励县医院与乡镇卫生院建立县域医共体，鼓励城市大医院与县医院建立对口帮扶、巡回医疗和远程医疗机制。全面建立分级诊疗制度，实行差别化医保支付政策。因地制宜建立完善全民健身服务体系。

三、健全城乡公共文化服务体系

统筹城乡公共文化设施布局、服务提供、队伍建设，推动文化资源重点向乡村倾斜，提高服务的覆盖面和适用性。推行公共文化服务参与式管理模式，建立城乡居民评价与反馈机制，引导居民参与公共文化服务项目规划、建设、管理和监督，推动服务项目与居民需求有效对接。支持乡村民间文化团体开展符合乡村特点的文化活动。推动公共文化服务社会化发展，鼓励社会力量参与。建立文化结对帮扶机制，推动文化工作者和志愿者等投身乡村文化建设。划定乡村建设的历史文化保护线，保护好农业遗迹、文物古迹、民族村寨、传统村落、传统建筑和灌溉工程遗产，推动非物质文化遗产活态传承。发挥风俗习惯、村规民约等优秀传统文化基因的重要作用。

四、完善城乡统一的社会保险制度

完善统一的城乡居民基本医疗保险、大病保险和基本养老保险制度。巩固医保全国异地就医联网直接结算。建立完善城乡居民基本养老保险待遇确定和基础养老金正常调整机制。做好社会保险关系转移接续工作，建立以国家政务服务平台为统一入口的社会保险公共服务平台。构建多层次农村养老保障体系，创新多元化照料服务模式。

五、统筹城乡社会救助体系

做好城乡社会救助兜底工作，织密兜牢困难群众基本生活安全网。推进低保制度城乡统筹，健全低保标准动态调整机制，确保动态管理下应保尽保。全面实施特困人员救助供养制度，提高托底保障能力和服务质量。做好困难农民重特大疾病救助工作。健全农村留守儿童和妇女、老年人关爱服务体系。健全困境儿童保障工作体系，完善残疾人福利制度和服务体系。改革人身损害赔偿制度，统一城乡居民赔偿标准。

六、建立健全乡村治理机制

建立健全党组织领导的自治、法治、德治相结合的乡村治理体系，发挥群众参与治理主体作用，增强乡村治理能力。强化农村基层党组织领导作用，全面推行村党组织书记通过法定程序担任村委会主任和村级集体经济组织、合作经济组织负责人，健全以财政投入为主的稳定的村级组织运转经费保障机制。加强农村新型经济组织和社会组织的党建工作，引导其坚持为农村服务。加强自治组织规范化制度化建设，健全村级议事协商制度。打造“一门式”办理、“一站式”服务、线上线下结合的村级综合服务平台，完善网格化管理体系和乡村便民服务体系。

▶▶▶

| 第三节 |

健全城乡基础设施一体化发展体制机制

基础设施是经济社会发展的重要支撑。现阶段，我国农村基础设施建设存在投入不足、使用率低、维护缺位等问题，城乡基础设施建设差距仍然较大，一定程度上阻碍了农村的可持续发展。全面推进乡村振兴，必须把公共基础设施建设重点放在乡村，坚持先建机制、后建工程，加快推动乡村基础设施提档升级，实现城乡基础设施统一规划、统一建设、统一管护。

一、建立城乡基础设施一体化规划机制

以市县域为整体，统筹规划城乡基础设施，统筹布局道路、供水、供电、信息、广播电视、防洪和垃圾污水处理等设施。统筹规划重要市政公用设施，推动向城市郊区乡村和规模较大中心镇延伸。推动城乡路网一体规划设计，畅通城乡交通运输连接，加快实现县乡村（户）道路联通、城乡道路客运一体化，完善道路安全防范措施。统筹规划城乡污染物收运处置体系，严防城市污染上山下乡，因地制宜统筹处理城乡垃圾污水，加快建立乡村生态环境保护和美丽乡村建设长效机制。加强城乡公共安全视频监控规划、建设和联网应用，统一技术规范、基础数据和数据开放标准。

二、健全城乡基础设施一体化建设机制

明确乡村基础设施的公共产品定位，构建事权清晰、权责一致、中央支持、省级统筹、市县负责的城乡基础设施一体化建设机制。健全分级分类投入机制，对乡村道路、水利、渡口、公交和邮政等公益性强、经济性差的设施，建设投入以政府为主；对乡村供水、垃圾污水处理和农贸市场等有一定经济收益的设施，政府加大投入力度，积极引入社会资本，并引导农民投入；对乡村供电、电信和物流等经营性为主的设施，建设投入以企业为主。支持有条件的地方政府将城乡基础设施项目整体打包，实行一体化开发建设。

三、建立城乡基础设施一体化管护机制

合理确定城乡基础设施统一管护运行模式，健全有利于基础设施长期发挥效益的体制机制。对城乡道路等公益性设施，管护和运行投入纳入一般公共财政预算。明确乡村基础设施产权归属，由产权所有者建立管护制度，落实管护责任。以政府购买服务等方式引入专业化企业，提高管护市场化程度。推进城市基础设施建设运营事业单位改革，建立独立核算、自主经营的企业化管理模式，更好履行城乡基础设施管护责任。

▶▶▶

| 第四节 |

推进以县城为重要载体的城镇化建设

县城是我国城镇体系的重要组成部分，是城乡融合发展的关键支撑，对促进新型城镇化建设、构建新型工农城乡关系具有重要意义。当前，县城建设及产业发展状况难以支撑农民就近城镇化，也难以为城市要素入乡发展、城市人口入乡消费提供服务保障。加快推进县城建设，进一步提升县城功能，有助于畅通要素和消费品下乡渠道，带动更多农产品进城，激发县域内乡村发展活力，为城乡融合发展提供有力支撑。

一、加快农业转移人口市民化

坚持把推进农业转移人口市民化作为新型城镇化的首要任务，存量优先、带动增量，稳妥有序推进户籍制度改革，推动城镇基本公共服务均等化，健全配套政策体系，提高农业转移人口市民化质量。

（一）深化户籍制度改革

放开放宽除个别超大城市外的落户限制，试行以经常居住地登记户口制度。全面取消城区常住人口300万以下的城市落户限制，确保外地与本地农业转移人口进城落户标准一视同仁。全面放宽城区常住人口300万至500万的I型大城市落户条件。完善城区常住人口500万以上的超大特大城市积分落户政策，精简积分项目，确保社会保险缴纳年限和居住年限分数占主要比例，鼓励取消年度落户名额限制。

各城市因地制宜制定具体落户办法，促进在城镇稳定就业和生活的农业转移人口举家进城落户，并与城镇居民享有同等权利、履行同等义务。完善全国公开统一的户籍管理政务服务平台，提高户籍登记和迁移便利度。依法保障进城落户农民的农村土地承包权、宅基地使用权、集体收益分配权，健全农户“三权”市场化退出机制和配套政策。

（二）完善城镇基本公共服务提供机制

建立基本公共服务同常住人口挂钩、由常住地供给的机制，稳步提高非户籍常住人口在流入地享有的基本公共服务项目数量和水平，推动城镇基本公共服务常住人口全覆盖。省级政府依照国家基本公共服务标准，细化完善并定期调整本地区基本公共服务标准，按照常住人口规模和服务半径统筹基本公共服务设施布局。提高居住证持有人义务教育和住房保障等的实际享有水平，探索实施电子居住证改革。

（三）提高农业转移人口劳动技能素质

聚焦智能制造、信息技术、医疗照护、家政、养老托育等用工矛盾突出的行业和网约配送、直播销售等新业态，持续大规模开展面向新生代农民工等的职业技能培训。推动公共实训基地共建共享，支持职业技能培训线上平台建设。探索通过社保卡为符合条件的农民工发放电子培训券。扩大职业院校面向农业转移人口的招生规模，探索通过技能水平测试等对农民工进行学历教育学分认定。提高职业院校课程设置与市场需求的契合度，加快培育“双师型”教师队伍。

（四）强化随迁子女基本公共教育保障

保障随迁子女在流入地受教育权利，以公办学校为主将随迁子女纳入流入地义务教育保障范围。根据人口流动实际调整人口流入流出地区教师编制定额，加大人口集中流入城市义务教育阶段学位供给。逐步将农业转移人口纳入流入地中等职业教育、普通高中教育、普惠性学前教育保障范围。

（五）巩固提高社会保险统筹层次和参保覆盖率

推进全民参保计划，实现社会保险法定人群全覆盖。稳步推进基本养老保险全国统筹。做实基本医疗保险市级统筹，推动省级统筹。推进实现失业保险省级统筹，巩固完善工伤保险省级统筹，实施新就业形态就业人员职业伤害保障办法。逐步放开放宽居民在常住地或就业地参加社会保险的户籍限制。加强社会保险、基本医疗保险关系转移接续，完善全国统一的社会保险和医疗保障信息服务平台。加强执法监督，全面落实企业为农民工缴纳职工养老、医疗、工伤、失业、生育等社会保险费用的责任。支持有条件的地区有序推进居住证持有人在常住地申办最低生活保障。

（六）强化农民工劳动权益保障

建立劳动者平等参与市场竞争的就业机制，逐步消除性别、户籍、身份等各类影响平等就业的不合理限制或就业歧视，增强劳动力市场包容性。强化劳务派遣用工监管，加强对劳动密集型企业和中小微企业的劳动用工指导，建立新就业形态劳动者劳动权益保障机制。完善欠薪治理长效机制，持续推进根治拖欠农民工工资工作。引导法律援助机构为农民工提供支付劳动报酬、给予社保待遇、工伤赔偿等法律援助服务。在城市管理和综合执法过程中对外来人口、本地人口一视同仁。引导农民工参加群团组织，开展工会、共青团、妇联关爱帮扶农民工及随迁家属活动。

（七）完善农业转移人口市民化配套政策

健全中央和省级财政农业转移人口市民化奖励机制，建立财政、发改、公安等部门工作协同机制，中央财政和省级财政分别对吸纳跨省域、跨市域农业转移人口落户多的地区给予支持。加大中央财政均衡性转移支付中非户籍常住人口因素权重。推动中央预算内投资安排向吸纳农业转移人口落户多的城市倾斜，中央财政在安排城市基础设施建设、保障性住房等资金时，对吸纳农业转移人口多的地区给予适当支持，省级政府制定实施相应配套政策。各级国土空间规划编制修订充分考虑人口规模因素特别是进城落户人口数量，科学测算和合理安排城镇新增建设用地规模，在人口集中流入地区优先保障义务教育校舍建设和保障性住房建设用地需求。

二、优化城镇化空间布局和形态

提升城市群一体化发展和都市圈同城化发展水平，促进大中小城市和小城镇协调发展，形成疏密有致、分工协作、功能完善的城镇化空间格局。

（一）分类推动城市群发展

增强城市群人口经济承载能力，建立健全多层次常态化协调推进机制，打造高质量发展的动力源和增长极。深入实施京津冀协同发展、长三角一体化发展、粤港澳大湾区建设等区域重大战略，加快打造世界一流城市群。积极推进成渝地区双城经济圈建设，显著提升经济实力和国际影响力。实施长江中游、北部湾等城市群发展“十四五”实施方案，推动山东半岛、粤闽浙沿海、中原、关中平原等城市群发展。引导哈长、辽中南、山西中部、黔中、滇中、呼包鄂榆、兰州—西宁、宁夏沿黄、天山北坡等城市群稳步发展。构筑城市间生态和安全屏障，构建布局合理、功能完备的城镇体系，形成多中心、多层级、多节点的网络型城市群结构。加强城市群对周边欠发达地区、革命老区、边境地区、生态退化地区、资源型地区、老工业城市等特殊类型地区发展的辐射带动。

（二）有序培育现代化都市圈

健全省级统筹、中心城市牵头、周边城市协同的都市圈同城化推进机制。支持有条件的都市圈科学规划多层次轨道交通，统筹利用既有线与新线发展城际铁路和市域（郊）铁路，摸排打通国家公路和省级公路“瓶颈路”，打造1小时通勤圈。支持合作共建产业园区，促进教育医疗资源共享，健全重大突发事件联防联控机制。支持有条件的都市圈探索建立税收分享和经济统计分成机制。

（三）健全城市群和都市圈协同发展机制

在城市群和都市圈内探索经济管理权限与行政区范围适度分离，建立跨行政区利益共享和成本共担机制。支持在跨行政区合作园区联合成立管委会、整合平台公司，协作开展开发建设运营，允许合作园区内企业自由选择注册地。建立市场监管协调机制，统一监管标准，推动执法协作及信息共享。建立完善横向生态保护补偿机制，推动大气、水等污染联防联治。探索跨行政区开展能源、通信、应急救援等服务，建立健全自然灾害、公共卫生等重大突发事件和重要输电通道安全风险联防联控机制。探索经济统计分算方式。率先在都市圈推动规划统一编制实施，探索土地、人口等统一管理。

（四）推动超大特大城市转变发展方式

疏解非核心功能，提高健康宜居安全水平。系统运用资源环境承载能力、国土空间开发适宜性评价、城市体检结果，开展城市风险评估。中心城区人口密度高且人口持续流入的超大特大城市要有序实施功能疏解。高质量高标准推进国家级新区建设，完善郊区新城功能，推动组团式发展。

（五）提升大中城市功能品质

充分发挥资源和产业优势，承接符合自身功能定位、发展方向的超大特大城市产业转移和功能疏解，推动制造业差异化定位、规模化集群化发展，因地制宜建设先进制造业基地、商贸物流中心和区域专业服务中心，夯实实体经济发展基础。完善对外交通通道及设施，增强区域交通枢纽或节点功能。优化公共设施布局和功能，支持三级医院和高等学校在大中城市布局，增加文化体育资源供给，积极拓展绿化空间，营造现代时尚的消费场景，提升城市生活品质。支持中西部有条件的地区培育发展省域副中心城市，引导人口经济合理分布。

（六）增强小城市发展活力

依托资源禀赋和区位条件，推动要素条件良好、产业基础扎实、发展潜力较大的小城市加快发展，培育发展特色优势产业，持续优化公共服务供给，增强要素集聚能力、产业承接能力和人口吸引力。顺应城市兴衰规律，顺势而为、因势利导，引导人口流失城市严控增量、盘活存量，促进人口和公共服务资源向城区集中。支持资源枯竭城市因地制宜发展接续替代产业，加强民生保障和救助扶助。

（七）分类引导小城镇发展

坚持规模适度、突出特色、强化功能，因地制宜发展小城镇。支持大城市周边小城镇充分对接城市需求，加强规划统筹、功能衔接和设施配套，发展成为卫星镇。支持具有区位优势或独特资源的小城镇强化要素资源配置，发展成为先进制造、交通枢纽、商贸流通、文化旅游等专业功能镇。支持远离城市的小城镇完善基础设施和公共服务，增强服务乡村、带动周边功能，发展成为综合性小城镇。推进大型易地扶贫搬迁安置区新型城镇化建设。

三、推进新型城市建设

坚持人民城市人民建、人民城市为人民，顺应城市发展新趋势，加快转变城市发展方式，建设宜居、韧性、创新、智慧、绿色、人文城市。

（一）增加普惠便捷公共服务供给

科学布局义务教育学校，推进优质教育资源均衡配置，提高公办义务教育规模占比，鼓励建设九年一贯制学校，加强普通高中建设。逐步提升公立医院医疗水平，增强基层医疗卫生机构诊疗能力，组建紧密型城市医疗集团。提高公办养老机构服务水平，推动党政机关和国有企事业单位的培训疗养机构转型发展养老服务，支持民办养老机构健康发展，推进医养结合，扩大护理型床位供给。扩大3岁以下婴幼儿托位供给，支持社会力量发展托育服务设施。严格落实城镇小区配套园政策，大力发展公办幼儿园，扶持民办幼儿园提供普惠性服务，增加普惠性幼儿园学位数量。推进公共设施适老化适幼化改造，完善无障碍环境建设。按照每百户居民拥有不低于30平方米建筑面积标准，优化社区综合服务设施。统筹发展生活性服务业，开展高品质生活城市建设行动，打造城市“一刻钟便民生活圈”。

（二）健全市政公用设施

优化公交地铁站点线网布局，完善“最后一公里”公共交通网络。按照窄马路、密路网、微循环方式，构建级配合理的城市路网体系，完善机动车道、非机动车道、人行道“三行系统”，改善行人过街设施。完善以配建停车场为主、路外公共停车场为辅、路内停车为补充的停车设施体系，推进居住小区和机构停车位错时共享，在人流密集的公共场所增加非机动车停放设施。优化公共充换电设施建设布局，完善居住小区和公共停车场充电设施，新建居住小区固定车位全部建设充电设施或预留安装条件。推进水电气热信等地下管网建设，因地制宜在新城新区和开发区推行地下综合管廊模式，推动有条件城市路面电网和通信网架空线入廊入地。加强城市景观照明节约用电管理和用能清洁化。

（三）完善城市住房体系

建立多主体供给、多渠道保障、租购并举的住房制度，夯实城市政府主体责任，稳地价、稳房价、稳预期。建立住房和土地联动机制，实施房地产金融审慎管理制度，支持合理自住需求，遏制投资投机性需求。培育发展住房租赁市场，盘活存量住房资源，扩大租赁住房供给，完善长租房政策，逐步使租购住房在享受公共服务上具有同等权利。加快住房租赁法规建设，加强租赁市场监管，保障承租人和出租人合法权益。完善住房保障基础性制度和支持政策，有效增加保障性住房供给。以人口流入多的大城市为重点，扩大保障性租赁住房供给，着力解决符合条件的新市民、青年人等群体住房困难问题。单列租赁住房用地供应计划，主要利用集体经营性建设用地、企事业单位自有闲置土地、产业园区配套用地和存量闲置房屋建设，适当利用新供应国有建设用地建设。改革完善住房公积金制度，健全缴存、使用、管理和运行机制。

（四）有序推进城市更新改造

重点在老城区推进以老旧小区、老旧厂区、老旧街区、城中村等“三区一村”改造为主要内容的城市更新改造，探索政府引导、市场运作、公众参与模式。开展老旧小区改造，推进水电路气信等配套设施建设及小区内建筑物屋面、外墙、楼梯等公共部位维修，促进公共设施和建筑节能改造，有条件的加装电梯，打通消防通道，统筹建设电动自行车充电设施，改善居民基本居住条件。基本完成大城市老旧厂区改造，推动一批大型老旧街区发展成为新型文旅商业消费集聚区，因地制宜将一批城中村改造为城市社区或其他空间。注重改造活化既有建筑，防止大拆大建，防止随意拆除老建筑、搬迁居民、砍伐老树。

（五）增强防灾减灾能力

系统排查灾害风险隐患，健全灾害监测体系，提高预警预报水平。采取搬迁避让和工程治理等手段，防治山洪、泥石流、崩塌、滑坡、地面塌陷等地质灾害。开展既有重要建筑抗震鉴定及加固改造，新建建筑要符合抗震设防强制性标准。同步规划布局高层建筑、大型商业综合体等人员密集场所火灾防控设施，在森林、草原与城镇接驳区域建设防火阻隔带。合理布局应急避难场所，改进体育场馆等公共建筑和设施应急避难功能。完善供水、供电、通信等生命线备用设施，加强应急救灾和抢险救援能力建设。建设一批综合性国家储备基地，建立地方和企业储备仓储资源信息库，优化重要民生商品、防疫物资及应急物资等末端配送网络，重点加强突发公共卫生事件应对处置有关应急物资储备。开展自建房安全专项整治，完善自建房安全体检制度，严厉打击危及建筑安全的违法违规行为。完善和落实安全生产责任制，建立公共安全隐患排查和安全预防控制体系。

（六）构建公共卫生防控救治体系

加强疾病预防控制机构能力建设，地级市至少建成1个生物安全二级水平实验室，县级疾控中心重点提升疫情发现和现场处置能力，基层医疗卫生机构配备从事公共卫生工作的人员。增强救治能力，地级及以上城市建成传染病医院或相对独立的综合性医院传染病区，县级医院提高传染病监测和诊治能力，重点加强感染性疾病科和相对独立的传染病病区建设。建立疾控机构和医疗机构协同监测机制，提高早期识别和快速报告能力。提升平疫结合能力，预留应急空间，确保新建改建大型公共设施具备快速转化为救治与隔离场所的条件。

（七）加大内涝治理力度

坚持防御外洪与治理内涝并重、工程措施与生态措施并举，因地制宜基本形成源头减排、管网排放、蓄排并举、超标应急的排水防涝工程体系。老城区改造更新按有关标准补齐防洪排涝基础设施短板，全面消除历史上严重影响生产生活秩序的易涝积水点；高标准规划、建设新城区，不再出现“城市看海”现象。治理修复河湖水系，增加雨水调蓄空间。实施排水管网和泵站建设与改造，修复破损失效设施。建设排涝通道，整治河道、湖塘、排洪沟和道路边沟，确保与管网系统排水能力相匹配。推进雨水源头减排，因地制宜配套建设雨水集蓄利用设施，增强地面蓄水渗水能力。加强洪水监测预报和调度预演能力建设，完善堤线布置和河流护岸，在山洪易发地区合理建设截洪沟等设施，降低外洪入城风险。

（八）推进管网更新改造和地下管廊建设

全面推进燃气管道老化更新改造，重点改造城市及县城不符合标准规范、存在安全隐患的燃气管道、燃气场站、居民户内设施及监测设施。统筹推进城市及县城供排水、供热等管道老化更新改造。指导各地在城市老旧管网更新改造等工作中因地制宜协同推进管廊建设，在城市新区根据功能需求积极发展干、支线管廊，合理布局管廊系统，统筹各类管线敷设。加快明确入廊收费政策，多措并举解决投融资受阻问题。做好统筹协调，优化项目空间布局，合理安排建设时序，避免反复开挖。健全市政公用设施常态化管护机制，确保设施运行稳定安全。

（九）增强创新创业能力

强化国家自主创新示范区、高新技术产业开发区、经济技术开发区等创新功能。推动科研平台和数据向企业开放，鼓励大企业向中小企业开放资源、场景和需求。建设成本低、要素全、便利化、开放式的孵化器等众创空间，支持创新型中小微企业成长。促进特色小镇规范健康发展。强化对企业研发的政策支持和奖励。促进创新型应用型技能型人才成长、集聚和发挥作用，完善外籍人才停居留政策。加强公共就业创业服务，为劳动者和企业提供政策咨询、职业介绍、用工指导等便捷化服务。优化营商环境，全面推行“证照分离”“照后减证”，简化企业生产经营审批条件。提高监管效能，实现事前事中事后全链条全领域监管。

（十）推进智慧化改造

推进第五代移动通信（5G）网络规模化部署和基站建设，确保覆盖所有城市及县城，显著提高用户普及率，扩大千兆光网覆盖范围。推行城市数据一网通用，建设国土空间基础信息平台，因地制宜部署“城市数据大脑”建设，促进行业部门间数据共享、构建数据资源体系，增强城市运行管理、决策辅助和应急处置能力。推行城市运行一网统管，探索建设“数字孪生城市”，推进市政公用设施及建筑等物联网应用、智能化改造，部署智能交通、智能电网、智能水务等感知终端。依托全国一体化政务服务平台，推行政务服务一网通办，提供市场监管、税务、证照证明、行政许可等线上办事便利。推行公共服务一网通享，促进学校、医院、养老院、图书馆等公共服务机构资源数字化，提供全方位即时性的线上公共服务。丰富数字技术应用场景，发展远程办公、远程教育、远程医疗、智慧出行、智慧街区、智慧社区、智慧楼宇、智慧商圈、智慧安防和智慧应急。

（十一）推进生产生活低碳化

锚定碳达峰碳中和目标，推动能源清洁低碳安全高效利用，有序引导非化石能源消费和以电代煤、以气代煤，发展屋顶光伏等分布式能源，因地制宜推广热电联产、余热供暖、热泵等多种清洁供暖方式，推行合同能源管理等节能管理模式。开展绿色生活创建行动，倡导绿色出行和绿色家庭、绿色社区建设，推广节能产品和新建住宅全装修交付，建立居民绿色消费奖励机制。推进统一的绿色产品认证和标识体系建设，建立绿色能源消费认证机制。在60个左右大中城市率先建设完善的废旧物资循环利用体系。

（十二）推动历史文化传承和人文城市建设

保护历史文化名城名镇和历史文化街区、历史建筑、历史地段，保留历史肌理、空间尺度、景观环境。加强革命文物、红色遗址、文化遗产保护，推进大遗址、石窟寺、重点文物古迹等保护利用，统筹做好整体保护、研究传承、展示利用工作。推动非物质文化遗产融入城市建设，鼓励建筑设计传承创新。禁止拆真建假、以假乱真，严禁随意拆除老建筑、大规模迁移砍伐老树，严禁侵占风景名胜区内土地。

四、提升城市治理水平

树立全周期管理理念，聚焦空间治理、社会治理、行政管理、投融资等领域，提高城市治理科学化精细化智能化水平，推进城市治理体系和治理能力现代化。

（一）优化城市空间格局和建筑风貌

稳步推进市县国土空间规划编制工作，按照耕地和永久基本农田、生态保护红线、城镇开发边界的顺序，统筹划定落实三条控制线。制定报国务院审批城市国土空间总体规划审查工作规则，明确城市规模、开发强度、“三区三线”划定等要求。合理控制老城区开发强度，增加口袋公园、街心绿地、慢行系统等公共空间。严格限制新建建筑高度，治理“贪大、媚洋、求怪”等建筑乱象。

（二）提高建设用地利用效率

促进城镇建设用地集约高效利用，实行增量安排与消化存量挂钩，严格控制新增建设用地规模，推动低效用地再开发。鼓励地方结合实际划设工业用地控制线，推进“标准地”出让改革，健全长期租赁、先租后让、弹性年期等市场供应体系。提高低效工业用地容积率和单位用地面积产出率，建设城镇建设用地使用权二级市场。推动不同产业用地类型合理转换，探索增加混合产业、复合功能用地供给。鼓励地方完善老旧厂区和城中村存量建设用地用途转变规则，探索建设用地地表、地下、地上分设使用权。推广以公共交通为导向的开发（TOD）模式，打造站城融合综合体，鼓励轨道交通地上地下空间综合开发利用。

（三）提高街道社区治理服务水平

坚持党对基层治理的全面领导，强化和巩固党建引领基层治理作用。推动社区居民委员会设立环境和物业管理委员会、公共卫生委员会，促进提高物业管理覆盖率和群众满意度。健全社区工作者职业体系，实施大学生社工计划，引导高校毕业生到社区就业创业。创新社区与社会组织、社会工作者、社区志愿者、社会慈善资源的联动机制。开展综合网络和全科网格建设，健全“社区发令、部门执行”等机制。建设“一站式”矛盾纠纷调处平台。

（四）健全社会矛盾综合治理机制

坚持和发展新时代“枫桥经验”，构建源头防控、排查梳理、纠纷化解、应急处置的社会矛盾综合治理机制。畅通和规范群众诉求表达、利益协调、权益保障通道，完善人民调解、行政调解、司法调解联动工作体系。健全矛盾风险防控协同、矛盾纠纷多元化解机制，充分发挥调解、仲裁、行政裁决、行政复议、诉讼等作用，建设“一站式”矛盾纠纷调处平台。健全社会心理服务体系和危机干预机制，针对重点人群加强帮扶救助、法律援助、心理疏导、社会融入、社区康复等服务。加强基层人民调解组织和队伍建设，推动警官、检察官、法官、律师进社区。推进社会治安防控体系建设，强化重点地区排查整治，健全协调联动机制。

（五）优化行政资源配置和区划设置

科学配备、动态调整人员编制，优先满足贴近群众生产生活的社会管理、公共服务等领域用编需求。完善街道经费保障机制，推动编制资源向街道倾斜，将更多直面群众的服务事项依法下放至街道。健全城市管理综合执法机制，提升执法人员文明执法、规范执法水平。深化街道管理体制改革，依法赋予街道综合管理权、统筹协调权和应急处置权，并结合本地实际依法赋予街道行政执法权。严格控制撤县建市设区，推进市辖区结构优化和规模适度调整。促进具备条件的开发区向城市综合功能区转型。完善镇和街道设置标准。

（六）健全投融资机制

夯实企业投资主体地位，放宽放活社会投资。发挥政府投资引导作用和放大效应，推动政府投资聚焦市场不能有效配置资源、需要政府支持引导的公共领域，主要投向公益性项目。优化财政资金支出结构，发行地方政府专项债券支持符合条件的公益性城镇基础设施建设项目。创新城市投资运营模式，推进公共设施建设和土地潜在价值挖掘相统筹，提高收支平衡水平。引导社会资金参与城市开发建设运营，规范推广政府和社会资本合作（PPP）模式，稳妥推进基础设施领域不动产投资信托基金（REITs）试点。持续深化投资审批制度改革，加强与用地、环评、报建等制度的协同衔接，全面改善投资环境。合理确定城市公用事业价格，拓宽多元化融资渠道，鼓励银行业金融机构按市场化原则增加中长期贷款投放。防范化解城市债务风险，强化政府预算约束和绩效管理，合理处置和分类化解存量债务，严控增量债务。

▶▶▶

| 第五节 |

推动易地扶贫搬迁集中安置区融入城镇化

推动大型易地扶贫搬迁安置区融入新型城镇化，是巩固拓展脱贫攻坚成果、增强脱贫地区和搬迁群众内生发展动力的重要举措。聚焦大型易地扶贫搬迁安置区，以满足搬迁群众对美好生活的向往为出发点和落脚点，以巩固拓展易地扶贫搬迁脱贫成果实施新型城镇化和乡村振兴战略为主线，着力扶持壮大县域特色产业，着力促进搬迁群众就业创业，着力提升安置区配套设施，着力完善基本公共服务体系，着力健全社区治理体系，解决好搬迁群众急难愁盼问题，加快实现人口市民化、就业多元化、产业特色化、基本公共服务均等化、社会治理现代化，全面转变搬迁群众生产生活方式，确保搬迁群众稳得住、逐步能致富，对推动脱贫地区高质量发展如期实现中国式现代化具有重要意义。

一、分类引导大型安置区融入新型城镇化

（一）推动安置区与所在城镇一体化建设发展

将城镇安置区产业就业、基础设施和公共服务提升完善、社区管理和文化服务等项目统一纳入所迁入地区国民经济和社会发展规划、国土空间规划及相关建设规划予以重点支持和优先保障。统筹县域内资源禀赋大力发展特色优势产业，全力提升搬迁群众稳定就业质量。将安置社区纳入所在城镇社区治理体系，创新社区治理模式，建立开放融合现代社区，推动搬迁群众生产生活方式由农民向市民转变。促

进城镇居民与搬迁群众交流交往交融，提高搬迁群众适应城镇能力，增强搬迁群众对所在城镇的认同感和归属感。

（二）推进产业园区安置区产城融合发展

开展产业园区与周边安置社区“两区共建”，探索安置社区参与产业园区发展建设的有效实现形式，完善利益联结机制，让搬迁群众更多分享产业园区发展红利。支持将符合条件的安置区配套产业纳入产业园区范围，支持安置区配套产业园区提档升级，培育壮大特色支柱产业，增强产业园区吸纳搬迁群众就业创业能力。推动城镇基础设施向产业园区和安置区覆盖延伸，合理配建教育、医疗、养老、托育、商贸物流等生活服务设施，加快建成宜业宜居、环境优美、治理高效的现代化产业园区和安置社区。

（三）促进农村安置区城乡融合发展

结合实施乡村振兴战略，扎实稳妥推进乡村建设，推动城镇基础设施和公共服务设施向有条件的农村安置区延伸覆盖。强化县城对农村安置区后续产业的辐射带动能力，推动特色产业可持续发展。深化要素市场化配置改革，促进要素更多向农村安置区集聚，形成人才、土地、资金汇聚的良性循环。

二、加快搬迁人口市民化进程

（一）推进有序落户城镇

充分尊重搬迁人口落户城镇意愿，因地制宜制定具体落户办法，提高户籍登记和迁移便利度，鼓励支持有条件有意愿的搬迁群众进城落户。积极稳妥推广新市民居住证制度，推动城镇基本公共服务逐步覆盖未落户搬迁人口。依法保障已落户城镇的搬迁群众在迁出地农村的合法权益。

（二）提高融入城镇能力

大力推进移风易俗，继续开展搬迁群众生活方式适应性教育培训，帮助解决生活融入方面存在的困难。积极引导搬迁群众参加群团组织、社会团体，开展工会、共青团、妇联及志愿服务组织等关爱搬迁群众行动。鼓励引导新市民与所在地居民融合交往，构建团结和谐互帮互助的新型邻里关系，努力实现搬迁群众在迁入城镇的身份融入、情感融入、文化融入。

（三）强化合法权益保障

切实保障搬迁群众在迁出地原有合法耕地、林地、草场等承包经营权以及各类农牧业补贴和生态补偿等权益，探索整合利用腾退宅基地和碎片化集体建设用地，加快土地流转。做好迁出地和迁入地间各类社会保障政策转移接续工作，确保搬迁群众医疗保险、养老保险、城乡低保等应保尽保。有条件的地方可通过采购意外伤害保险、商业护理保险等方式，提升困难搬迁群众保障水平。加强对搬迁群众防止返贫动态监测，精准落实各类帮扶措施，对搬迁后出现突发性、紧迫性、临时性生活困难的人员按规定及时给予临时救助。鼓励支持各地在迁出地开展土地规模经营、依法依规实施国家储备林项目或油茶等木本油料种植项目，退耕还林还草，盘活迁出地土地资源，不断拓宽搬迁群众增收渠道。

三、促进搬迁人口高质量充分就业

（一）全面促进多元化就业

加强搬迁群众就业情况动态监测，提升大型安置区就业公共服务能力，合理配备公共就业服务站点或专门窗口，开展常态化用工信息对接。结合实施“春风行动”、东西部劳务协作等，深入开展职业指导、专场招聘会等就业服务活动，通过政府购买服务、补贴交通费用等方式，为搬迁群众外出就业提供劳务输出服务，对有需要的提供“点对点、一站式”服务。强化安置区配套产业园区、就业帮扶车间、社区工厂的就业吸纳能力，建立完善吸纳就业数量与具备条件的相关扶持措施之间的挂钩联动机制。支持在大型安置区设立零工市场，为搬迁群众灵活提供多种形式的临时性就业岗位。鼓励大型安置区成立社区劳务合作社或劳务服务公司，组织搬迁群众积极参与周边以工代赈项目和县域内重点工程项目建设，提高务工收入。充分挖掘县域就业资源，持续发挥公益性岗位作用，促进搬迁群众就地就近就业增收。

（二）大力支持多业态创业

鼓励和引导搬迁群众结合自身优势特长，围绕家政服务、餐饮服务、社区便利服务、产品组装加工、现代物流等领域开展创业，在安置区及其周边大力发展“小店经济”“夜市经济”。支持符合条件的大型安置区建设实训基地、创业园区等创业载体，引导具备创业能力和意愿的搬迁群众优先入驻，按规定给予创业补贴、场地租金和管理费减免、水电费用优惠等扶持政策。优化创业服务体系，强化创业培训，向安置区创业群众提供市场开拓、管理辅导、品牌打造等深度服务，引导当地龙头企业带动搬迁群众依托其产业链创业发展。

（三）全方位提升就业技能

依托用工企业、职业院校、技工学校等，持续开展面向搬迁群众的岗前培训、岗位技能提升培训、新型学徒制培训，按规定使用各类培训资源予以支持。围绕当地特色产业发展和劳务输出地用工需求，采取整建制购买培训项目、直接补贴等方式，畅通培训补贴资金直达用工企业和培训者渠道。鼓励地方在大型安置区举办多种形式的群众夜校，大力推广国家通用语言文字，探索推广职业技能线上培训，发挥致富能手“传帮带”作用，帮助搬迁群众就近就地接受便利培训服务。

四、推动县域产业特色化发展

（一）提升安置区后续产业可持续发展能力

立足当地资源禀赋和市场需求，支持有条件的大型城镇安置区新建改扩建一批配套产业园区、仓储保鲜冷藏设施、集贸市场等。引导临近产业园区的大型安置区配套建设社区工厂、商贸流通站点、休闲商业街区等，积极发展来料加工、包装运输、餐饮休闲等产业。在农村集中安置区规划发展一批“一村一品”专业村，因地制宜发展特色种养、农产品加工、特色手工业、电子商务、乡村旅游等产业。鼓励和引导具备条件的搬迁脱贫群众和防止返贫监测对象高质量发展庭院经济。延续支持安置区帮扶车间的相关优惠政策，通过骨干企业认领、合作重组等有效措施，推动帮扶车间规范化可持续运营。

（二）强化区域产业协作帮扶

积极发挥东西部协作、对口支援、定点帮扶和省域内对口帮扶等机制作用，动员东部地区和省域内发达地区的企业、社会组织对大型安置区开展结对帮扶，推广“发达地区企业＋安置区卫星工厂＋搬迁群众”的产业协作模式，鼓励东部地区或省域内发达地区以托管、代管等方式与大型安置区合作共建产业园区、“飞地”园区、帮扶车间等。继续大力实施消费帮扶，引导大型仓储物流、商贸物流、文旅企业通过股权投资、订单采购等方式，与大型安置区所在地建立产销共同体，支持对口帮扶城市将安置区特色产品纳入相关消费帮扶展销平台、直营店、专柜等，打通安置区特色产品供应链。鼓励对口帮扶城市大力推介大型安置区所在市县精品旅游线路和重点景区。

（三）提升县域特色产业辐射带动能力

优先支持大型安置区所在县建设产业转型升级示范园区和农村产业融合发展示范园，带动大型安置区配套产业园区发展。支持大型安置区围绕县域主导产业配套发展加工流通、冷链仓储、品牌电商、劳务经济等。优化大型安置区所在县域营商环境，加大招商引资力度，有序承接东部地区产业转移，建设一批资源精深加工、绿色食品、新材料、电子信息、轻工产品等劳动密集型产业基地。鼓励大型安置区所在县建设具备运输仓储、集散分拨等功能的物流配送中心，引导供销、邮政、大型电商平台等在大型安置区布局服务网点。支持大型安置区所在县开展国家全域旅游示范区、国家森林康养基地、精品生态旅游地创建，将有条件的大型安置区纳入区域性精品旅游线路。

五、全面提升安置区生产生活便利性

（一）推动县城基础设施延伸覆盖

结合推进以县城为重要载体的城镇化建设，推动大型安置区与县城基础设施一体规划、建设和管护。升级改造通达安置区的道路设施，为有条件的大型安置区开通公交或城乡客运线路，提高安置区与县城互联互通水平。统筹规划各类市政公用设施，推动供水、供气、供热管网和垃圾污水处理设施、信息通信网络等向安置区全面延伸覆盖。

（二）支持配套设施提档升级

提升安置区生活垃圾和污水治理设施配套能力，合理布局防洪排涝设施，完善消火栓、蓄水池、微型消防站等配套设施。补齐安置社区服务设施短板，支持社区服务中心、综合性文体场所等建设。推动邮政、金融、电信、燃气、电力等公共事业和资源回收商业网点覆盖一定人口规模的安置区。

（三）实现公共服务提标扩面

强化基本公共服务供给县域统筹，支持有条件的地方开展易地扶贫搬迁安置区基本公共服务标准化建设。对易地扶贫搬迁安置完成后符合当地城镇住房保障条件的住房困难家庭，纳入城镇住房保障范围，按照当地政策给予保障。在安置区配套建设完善与人口规模相适应的幼儿园，确保提供普惠性服务，满足就近入园需要，不断提升保教质量。支持安置区周边有条件的义务教育学校扩容增位，强化教师配备，加大紧缺学科专职教师补充力度。支持万人以上特大型安置区医疗卫生机构建设，完善县乡村三级联动医疗服务体系，支持发展远程医疗、派驻、巡诊、轮岗等服务方式。支持人口规模较大的安置区建设托育机构、未成年人救助保护机构、儿童福利院、养老院、幸福院和日间照料中心等，适度建设残疾人康复综合服务设施。支持安置区全民健身场地设施建设，打造绿色便捷全民健身新载体。

六、建设治理现代化的安置社区

（一）提高社区服务能力

按照国务院关于“十四五”城乡社区服务体系建设相关要求，鼓励通过政府购买服务提供安置区公共服务，提升服务效能，助推安置区公共服务体系建设。优化安置社区综合服务设施，规范安置社区公共服务和代办政务服务事项，推动就业、养老托育、医疗卫生、家政、助残等便民服务下沉，加强社区服务质量监管。鼓励安置社区以“党组织＋居民委员会＋社区资产运营机构”方式，采取资产入股、资源开发、合作运营等方式盘活社区资产。培育壮大安置社区专业人才队伍，优化配置社区工作者，支持大型安置区发展社会工作服务机构和志愿服务组织，提升对青少年、未成年人等重点群体服务的专业化水平，在有条件的安置社区积极配置公益律师、心理咨询师、矛盾调解员等。

（二）创新社区治理模式

按照宜城则城、宜乡则乡原则，加快构建以基层党组织为核心的安置社区组织体系。加强安置社区党组织建设，强化政治功能和组织功能，更好发挥党组织在社区治理中的领导作用，充分发挥党员先锋模范作用。新设立居民委员会的，应根据搬迁人口城镇落户进度和居住格局，科学确定居民委员会规模和辖区范围，推动居民委员会“应建尽建”。确需保留村民委员会的，应妥善做好村民委员会调整工作。加强安置社区基层群众性自治组织规范化建设，发挥基层群众性自治组织基础作用，引导群众形成科学健康绿色生活方式，促进居民融入社区。强化安置社区管理队伍建设，加大安置区街道、社区管理机构人员配备力度。完善网格化管理，加强安置区地名信息采集更新与共享应用，强化社区治理信息化建设，提高应急反应能力和管理服务水平。畅通搬迁群众诉求表达、利益协调、权益保障渠道，加强对重点人群的帮扶救助、法律援助、心理疏导。加强对事实无人抚养儿童关心关爱，切实加强其教育就学和基本生活保障。充分发挥工会、共青团、妇联等群团组织和社会组织作用，引导各类社会力量参与社区治理。

PART 11

第十一章

强化乡村振兴政治法律保障

党的十九大以来，为实施乡村振兴战略，以习近平同志为核心的党中央加强党对乡村振兴的全面领导，完善党的农村工作领导体制机制，制定实施《中国共产党农村工作条例》《中华人民共和国乡村振兴促进法》《乡村振兴责任制实施办法》《农民参与乡村建设指南（试行）》等一系列政策措施，为全面推进乡村振兴提供了政治法律保障和建设行动指南。

▶▶▶

第一节

加强党对乡村振兴的全面领导

为切实加强党对乡村振兴的全面领导，2018年2月，党的十九届三中全会通过《中共中央关于深化党和国家机构改革的决定》，要求加强和优化党对农业农村工作的领导。同年3月，中央决定组建农业农村部，将中央农村工作领导小组办公室设在农业农村部，负责组织协调农村工作。2019年9月，中共中央印发《中国共产党农村工作条例》，这是党的历史上首次专门制定关于农村工作的党内法规，充分体现了党对农村工作的高度重视。

《中国共产党农村工作条例》以习近平新时代中国特色社会主义思想为指导，对坚持和加强党对农村工作的全面领导作出了系统规定，是新时代党管农村工作的总依据。《中国共产党农村工作条例》围绕实施乡村振兴战略，强化农业农村优先发展的政策导向，明确五级书记抓乡村振兴的领导责任，提出加强党对农村经济建设、民主政治建设、精神文明建设、社会建设、生态文明建设的领导和农村党的建设的主要任务，对更好地把党集中统一领导的政治优势转化为重农强农、推动乡村振兴的行动优势，提高基层党组织和干部队伍领导“三农”工作的能力和水平，具有十分重要的意义。

一、加强党对农村经济建设的领导

巩固和加强农业基础地位，实施藏粮于地、藏粮于技战略，确保谷物基本自给、口粮绝对安全。深化农业供给侧结构性改革，构建现代农业产业体系、生产体系、经营体系，促进农村一二三产业融合发展，发展壮大农村集体经济，巩固和扩大脱贫攻坚成果，促进农民持续增收致富。

二、加强党对农村社会主义民主政治建设的领导

完善基层民主制度，深化村民自治实践，健全村党组织领导的充满活力的村民自治机制，丰富基层民主协商形式，保证农民依法实行民主选举、民主协商、民主决策、民主管理、民主监督。巩固农村基层政权，开展平安乡村建设，促进农村社会公平正义。

三、加强党对农村社会主义精神文明建设的领导

培育和践行社会主义核心价值观，深入开展中国特色社会主义、习近平新时代中国特色社会主义思想宣传教育，建好用好新时代文明实践中心。加强农村思想道德建设，传承发展提升农村优秀传统文化，推进移风易俗。加强农村思想政治工作，广泛开展民主法治教育。深入开展农村群众性精神文明创建活动，丰富农民精神文化生活，提高农民科学文化素质和乡村社会文明程度。

四、加强党对农村社会建设的领导

坚持保障和改善农村民生，大力发展教育、医疗卫生、养老、文化体育、社会保障等农村社会事业，加快改善农村公共基础设施和基本公共服务条件，提升农民生活质量。建立健全党委领导、政府负责、社会协同、公众参与、法治保障、科技支撑的现代乡村社会治理体制，健全党组织领导下的自治、法治、德治相结合的乡村治理体系，建设充满活力、和谐有序的乡村社会。

五、加强党对农村生态文明建设的领导

牢固树立和践行绿水青山就是金山银山的发展理念，统筹山水林田湖草系统治理，促进农业绿色发展，加强农村生态环境保护，改善农村人居环境，建设生态宜居美丽乡村。

六、加强农村党的建设

坚持农村基层党组织领导地位不动摇，乡镇党委和村党组织全面领导乡镇、村的各类组织和各项工作。村党组织书记应当通过法定程序担任村民委员会主任和村级集体经济组织、合作经济组织负责人，推行村“两委”班子成员交叉任职。加强村党组织对共青团、妇联等群团组织的领导，发挥它们的积极作用。健全村党组织领导下的议事决策机制、监督机制，建立健全村务监督委员会，村级重大事项决策实行“四议两公开”。健全以财政投入为主的稳定的村级组织运转经费保障制度，持续加强基本队伍、基本活动、基本阵地、基本制度、基本保障建设。

▶▶▶

丨第二节丨

为乡村振兴提供法治保障

党的十八大以来，我国立法工作坚持立改废释并举，农村法治建设不断强化，立法质量不断提高，基本形成了较为完备的农业农村法律法规体系。根据2018年中央一号文件要求，全国人大农业与农村委员会牵头起草了《中华人民共和国乡村振兴促进法（草案）》。2020年6月，第十三届全国人民代表大会常务委员会第十九次会议对《中华人民共和国乡村振兴促进法（草案）》进行了审议。2021年4月29日，第十三届全国人民代表大会常务委员会第二十八次会议通过了《中华人民共和国乡村振兴促进法》，自2021年6月1日起施行。

《中华人民共和国乡村振兴促进法》共有10章74条，对产业发展、人才支撑、文化繁荣、生态保护、组织建设、城乡融合、扶持措施、监督检查等方面作出了明确的规定，为全面实施乡村振兴战略，促进农业全面升级、农村全面进步、农民全面发展，加快农业农村现代化提供了法治保障。

深入贯彻落实《中华人民共和国乡村振兴促进法》要做到以下几点：一要健全强化乡村振兴体制机制。进一步夯实中央统筹、省负总责、市县乡抓落实的乡村振兴工作机制，将《中华人民共和国乡村振兴促进法》明确的各项乡村振兴工作落到实处。全面加强法律的监督检查，压实主体责任，健全完善乡村振兴推进和监督检查体制机制，建立科学、规范和合理的实施乡村振兴战略的目标责任制和考核评价制度。二要继续深化制度供给和体系建设。深入推进“三农”领域立法进程，加强政策顶层设计，建立健全配套制度。重点在农民和农村集体经济组织权益保护、乡村建设、生态环境保护、农村金融支撑、农村基层治理和宅基地管理等方面加强制度建设。指导地方加快有关农业方面的特色立法，因地制宜配套制定乡村振兴方面的地方性法规、规章，将法律确定的重要原则和制度要求等转化为可操作、能考核、能落地的制度措施。三要加强学习宣传。积极做好法律的宣传实施、辅导解读工作，指导和帮助各地农业农村部门和广大农村干部群众等各类主体准确理解把握法律相关规定。通过中国农民丰收节系列活动，加大宣传力度，在全社会营造依法推进乡村全面振兴的良好氛围。

▶▶▶

| 第三节 |

强化责任落实，扩大农民参与

为了全面落实乡村振兴责任制，根据《中国共产党农村工作条例》《中华人民共和国乡村振兴促进法》，2022年11月，中共中央办公厅、国务院办公厅印发《乡村振兴责任制实施办法》。为充分调动广大农民群众参与乡村建设的积极性、主动性、创造性，完善农民参与机制，激发农民参与意愿，强化农民参与保障，根据《乡村建设行动实施方案》，2023年1月，国家乡村振兴局等七部门联合印发《农民参与乡村建设指南（试行）》。

一、强化乡村振兴责任落实

（一）中央和国家机关有关部门乡村振兴责任

中央和国家机关有关部门党组（党委）对本单位本系统乡村振兴工作负主体责任，领导班子主要负责人是第一责任人。中央和国家机关有关部门乡村振兴责任主要包括：

第一，深入学习贯彻习近平总书记关于“三农”工作的重要论述和重要指示精神，认真落实中共中央、国务院关于乡村振兴战略的方针政策和决策部署，以及相关法律法规要求，结合职责研究和组织实施乡村振兴战略。

第二，加快建设农业强国，扎实推动乡村产业、人才、文化、生态、组织振兴，拟订并组织实施乡村振兴战略规划、重大政策、重大工程等，组织起草有关法律法规草案，指导推进和综合协调乡村振兴中的重大问题。

第三，全方位夯实粮食安全根基，强化藏粮于地、藏粮于技物质基础，健全辅之以利、辅之以义保障机制，执行最严格的耕地保护制度，牢牢守住18亿亩耕地红线，逐步把永久基本农田全部建成高标准农田，深入实施种业振兴行动，强化农业科技和装备支撑，健全种粮农民收益保障机制和主产区利益补偿机制，持续提高农业综合生产能力，确保粮食和重要农产品有效供给。树立大食物观，发展设施农业，构建多元化食物供给体系。深化农业供给侧结构性改革，推动品种培优、品质提升、品牌打造和标准化生产，提升农业质量效益和竞争力。

第四，巩固拓展脱贫攻坚成果，完善并组织实施配套政策，健全并推进实施防止返贫动态监测和帮扶机制，重点帮扶支持国家乡村振兴重点帮扶县、易地搬迁集中安置点等重点区域，持续做好中央单位定点帮扶工作，让脱贫攻坚成果更加扎实、更可持续。

第五，落实行业或者领域内乡村振兴各项任务，提出和落实推进乡村发展、乡村建设、乡村治理的主要目标和重大举措，针对存在的薄弱环节和突出问题，规范和健全制度措施、体制机制和政策体系。

第六，以处理好农民和土地的关系为主线深化农村改革，巩固和完善农村基本经营制度，发展新型农村集体经济，发展新型农业经营主体和社会化服务，发展农业适度规模经营。深化农村土地制度、农村集体产权制度改革，赋予农民更加充分的财产权益。完善农业支持保护制度，健全农村金融服务体系。持续深化供销合作社、农垦、农业水价、集体林权、国有林场林区等重点领域改革，推动农村改革扩面、提速、集成。

第七，坚持农业农村优先发展，在干部配备、要素配置、资金投入、公共服务等方面对乡村振兴予以优先保障，健全城乡融合发展体制机制和政策体系，畅通城乡要素流动渠道。

第八，总结推介乡村振兴经验典型。组织开展乡村振兴战略实施情况监测评价。按照规定组织开展乡村振兴有关督查考核、示范创建、表彰奖励等工作。

（二）地方党委和政府乡村振兴责任

第一，深入学习贯彻习近平总书记关于“三农”工作的重要论述和重要指示精神，认真落实中共中央、国务院关于乡村振兴战略的方针政策和决策部署，以及相关法律法规要求，结合本地区实际实施乡村振兴战略。

第二，以乡村振兴统揽新时代“三农”工作，将乡村振兴纳入本地区国民经济和社会发展规划、党委和政府工作重点统筹谋划部署，结合实际制定推动乡村振兴的政策措施、专项规划和年度任务并组织实施。

第三，把确保粮食和重要农产品供给作为首要任务，全面落实耕地保护和粮食安全党政同责，严格落实耕地和永久基本农田保护、高标准农田建设任务，保质保量完成粮食和重要农产品生产目标任务，调动农民种粮积极性，全面提高本地区粮食安全保障能力。

第四，把巩固拓展脱贫攻坚成果摆在突出位置，确保兜底保障水平稳步提高，确保“三保障”和饮水安全保障水平持续巩固提升，不断缩小收入差距、发展差距，增强脱贫地区和脱贫群众内生发展动力，切实运行好防止返贫动态监测和帮扶机制，守住不发生规模性返贫底线，努力让脱贫群众生活更上一层楼。

第五，立足本地区农业农村优势特色资源规划发展乡村产业，拓展农业多种功能，挖掘乡村多元价值，打造农业全产业链，促进农村一二三产业融合发展，推动建立现代农业产业体系、生产体系和经营体系，推动现代服务业同现代农业深度融合，把产业链延伸环节更多留在乡村，把产业发展的增值收益更多留给农民，拓宽农民增收致富渠道。

第六，鼓励和引导各类人才投身乡村振兴，选派优秀干部到乡村振兴一线岗位，大力培养本土人才，引导返乡回乡下乡就业创业人员参与乡村振兴，支持专业人才通过多种方式服务乡村，推动乡村振兴各领域人才规模不断壮大、素质稳步提升、结构持续优化。

第七，加强农村精神文明建设，组织开展新时代文明实践活动，深化群众性精神文明创建，广泛践行社会主义核心价值观，引导农民群众听党话、感党恩、跟党走。推进城乡精神文明建设融合发展，加强乡村公共文化服务体系建设，传承和发展优秀传统文化，持续推进农村移风易俗，推动形成文明乡风、良好家风、淳朴民风。

第八，加强农村生态文明建设，牢固树立和践行绿水青山就是金山银山的理念，加强乡村生态保护和环境治理修复，坚持山水林田湖草沙一体化保护和系统治理，持续抓好农业面源污染防治，加强土壤污染源头防控以及受污染耕地安全利用，健全耕地休耕轮作制度，防治外来物种侵害，促进农业农村绿色发展。

第九，组织实施乡村建设行动，结合农民群众实际需要，统筹乡村基础设施和公共服务布局，完善乡村水、电、路、气、通信、广播电视、物流等基础设施，提升农房建设质量，加强传统村落保护利用，加强村级综合服务设施建设，持续改善农村人居环境，提高农村教育、医疗、养老、文化、社会保障等服务水平，加快义务教育优质均衡发展和城乡一体化，加强县域商业体系建设，逐步使农村基本具备现代生活条件，建设宜居宜业和美乡村。

第十，加强农村基层组织建设，建立健全党委领导、政府负责、民主协商、社会协同、公众参与、法治保障、科技支撑的现代乡村社会治理体制和党组织领导的自治、法治、德治相结合的乡村治理体系。减轻基层组织负担。健全农村社会治安防控体系、公共安全体系和矛盾纠纷“一站式”、多元化解决机制，及时妥善处理信访事项，加强农业综合执法，及时处置自然灾害、公共卫生、安全生产、食品安全等风险隐患。持续整治侵害农民利益的不正之风和群众身边的腐败问题。

第十一，协同推进乡村振兴战略和新型城镇化战略的实施，以县域为重要切入点加快城乡融合发展，推进空间布局、产业发展、基础设施、基本公共服务等县域统筹。依法编制村庄规划，分类有序推进村庄建设，严格规范村庄撤并。加快农业转移人口市民化，持续推动农业转移人口融入城镇，积极推进城镇基本公共服务常住人口全覆盖，保障进城落户农民合法土地权益，鼓励依法自愿有偿转让。

第十二，坚持农村土地农民集体所有，坚持家庭经营基础性地位，坚持稳定土地承包关系，维护农户内家庭成员依法平等享有的各项权益，在守住土地公有制性质不改变、耕地不减少、粮食生产能力不减弱、农民利益不受损等底线基础上，充分尊重基层和群众创造，发挥农民主体作用，用好试点试验手段，推动农村重点领域和关键环节改革攻坚突破、落地见效。

第十三，统筹资源要素配置支持乡村振兴，优先保障乡村振兴财政投入，提高土地出让收入用于农业农村比例，县域新增贷款主要用于支持乡村振兴，落实政策性农业保险制度，确保投入力度与经济发展水平相同步、与乡村振兴目标任务相适应。完善农村新增建设用地保障机制，满足乡村产业、公共服务设施和农民住宅用地合理需求。

第十四，加强党对“三农”工作的全面领导，发挥各级党委农村工作领导小组牵头抓总、统筹协调等作用，推进议事协调规范化制度化建设，建立健全重点任务分工落实机制。加强各级党委农村工作部门建设，充实工作力量，完善运行机制，强化决策参谋、统筹协调、政策指导、推动落实、督导检查等职能。坚持大抓基层的鲜明导向，抓党建促乡村振兴。

（三）省级党委和政府乡村振兴责任

省级党委和政府对本地区乡村振兴工作负总责，并确保乡村振兴责任制层层落实。省级党委和政府主要负责人是本地区乡村振兴第一责任人，责任主要包括：

第一，结合本地区实际谋划确定乡村振兴阶段性目标任务和针对性政策措施，抓好乡村振兴重点任务分工、重大项目实施、重要资源配置等。

第二，每年主持召开党委农村工作会议，部署乡村振兴年度重点任务。定期主持召开党委常委会会议、政府常务会议听取工作汇报，研究决策重大事项，研究审议乡村振兴有关重要法规、规划、政策以及改革事项。定期组织党委理论学习中心组开展乡村振兴专题学习。

第三，组织开展乡村振兴督促指导和工作调研，总结推广典型经验，及时纠正和处理乡村振兴领域违纪违规问题。落实乡村振兴联系点制度，带头定点联系1个以上涉农县。

第四，推动完善考核监督、激励约束机制，督促党委常委会委员、政府领导班子成员根据职责分工抓好分管（含协管、联系）行业（领域）或者部门（单位）乡村振兴具体工作。

（四）市级党委和政府乡村振兴责任

市级党委和政府负责本地区乡村振兴工作，做好上下衔接、域内协调、督促检查，发挥好以市带县作用。市级党委和政府主要负责人是本地区乡村振兴第一责任人，责任主要包括：

第一，研究提出推进乡村振兴的阶段目标、年度计划和具体安排，及时分解工作任务，指导县级抓好落实，对乡村振兴有关项目实施、资金使用和管理、目标任务完成情况进行督促、检查和监督。

第二，每年主持召开党委农村工作会议，部署年度重点任务。定期召开党委常委会会议、政府常务会议听取工作汇报，推进乡村振兴重点任务，及时研究解决乡村振兴重大问题。定期组织党委理论学习中心组开展乡村振兴专题学习。

第三，定点联系1个以上涉农乡镇，定期开展乡村振兴专题调研，总结经验做法、研究解决问题、指导推进工作。

第四，督促党委常委会委员、政府领导班子成员根据职责分工抓好分管（含协管、联系）行业（领域）或者部门（单位）乡村振兴具体工作。

（五）县级党委和政府乡村振兴责任

县级党委和政府是乡村振兴“一线指挥部”。县级党委和政府主要负责人是本地区乡村振兴第一责任人，应当把主要精力放在乡村振兴工作上，责任主要包括：

第一，结合本地区实际谋划制定乡村振兴规划和年度实施方案，明确阶段性目标和年度目标任务，整合各类资源要素，做好乡村振兴进度安排、资金使用、项目实施、工作推进等，组织落实好各项政策措施。

第二，每年主持召开党委农村工作会议，部署年度重点任务。定期主持召开党委常委会会议、政府常务会议专题研究乡村振兴工作，不定期召开工作调度会、现场推进会，扎实推进乡村振兴重点任务。定期组织党委理论学习中心组开展乡村振兴专题学习。

第三，推动建立乡村振兴推进机制，组织攻坚重点任务，谋划推进落实乡村振兴重点任务、重大项目、重要政策，确保乡村振兴每年都有新进展。

第四，以县域为单位组织明确村庄分类，优化村庄布局，指导推动村庄规划编制，分类推进乡村振兴。建立乡村振兴相关项目库，健全乡村振兴资金项目信息公开制度，对乡村振兴资金项目管理负首要责任。

第五，深入基层联系群众，经常性调研乡村振兴工作，定点联系1个以上行政村，原则上任期内基本走遍辖区内所有行政村，协调解决乡村振兴推进过程中的困难和问题。

第六，督促党委常委会委员、政府领导班子成员根据职责分工抓好分管（含协管、联系）行业（领域）或者部门（单位）乡村振兴具体工作。

（六）乡镇党委和政府乡村振兴责任

乡镇党委和政府应当把乡村振兴作为中心任务，发挥基层基础作用，健全统一指挥和统筹协调机制，“一村一策”加强精准指导服务，组织编制村庄规划，抓好乡村振兴资金项目落地、重点任务落实。乡镇党委和政府主要负责人是本地区乡村振兴第一责任人，谋划符合本地区实际的具体目标任务和抓手，每年制定工作计划，组织落实上级党委和政府部署的乡村振兴重点工作。经常性、制度化进村入户开展调研，原则上任期内走遍辖区所有自然村组。

（七）村党组织乡村振兴责任

村党组织统一领导村级各类组织和各项工作，村民委员会和农村集体经济组织发挥基础性作用，全面落实“四议两公开”制度，组织动员农民群众共同参与乡村振兴。确定本村乡村振兴重点任务并组织实施，具体落实各级各部门下达的各类政策、项目、资金等。及时公开村级党务、村务、财务情况，公布惠农政策落实、土地征收征用以及土地流转、集体经营性建设用地入市、资金使用和项目建设等情况。村党组织书记是本村乡村振兴第一责任人，带领村“两委”班子成员抓好具体任务落实，加强与驻村第一书记和工作队等帮扶力量沟通协调，经常性入户走访农民群众，原则上每年走遍或者联系本村所有农户，及时协调解决农民群众生产生活实际问题。

（八）中央定点帮扶单位乡村振兴责任

中央定点帮扶单位应当履行帮扶责任，聚焦巩固拓展脱贫攻坚成果和全面推进乡村振兴，制定年度计划，发挥自身优势创新帮扶举措，持续选派挂职干部和驻村第一书记，加强工作指导，督促政策落实，提高帮扶实效。东西部协作双方各级党委和政府应当坚持双向协作、互惠互利、多方共赢，统筹推进教育、文化、医疗卫生、科技等领域对口帮扶工作，深化区县、村企、学校、医院等结对帮扶，加强产业合作、资源互补、劳务对接、人才交流等，把帮扶重点转向巩固拓展脱贫攻坚成果和全面推进乡村振兴。工会、共青团、妇联、科协、残联等群团组织应当发挥优势和力量参与乡村振兴。鼓励和支持各民主党派、工商联以及无党派人士等在乡村振兴中发挥积极作用。支持军队持续推进定点帮扶工作，健全长效机制，巩固提升帮扶成效，协助建强基层组织，支持提高民生服务水平，深化军民共建社会主义精神文明活动，积极促进退役军人投身乡村振兴。企事业单位和社会组织应当积极履行社会责任，支持乡村振兴。深入实施“万企兴万村”行动，探索建立健全企业支持乡村振兴机制。发挥第三次分配作用，鼓励引导各类公益慈善资金支持乡村振兴。鼓励公民个人主动参与乡村振兴。

（九）责任落实考核监督

第一，实行乡村振兴战略实绩考核制度。中央农村工作领导小组负责组织开展省级党委和政府推进乡村振兴战略实绩考核，制定考核办法。坚持全面考核与突出重点相结合、统一规范与分类考核相结合、实绩考核与督导检查相结合，重点考核省级党委和政府落实乡村振兴责任制以及党中央、国务院部署的乡村振兴阶段性目标任务和年度重点工作完成情况。中央农村工作领导小组办公室、中央组织部、农业农村部每年制定考核工作方案，明确考核指标和具体程序，经中央农村工作领导小组审定后，会同中央和国家机关有关部门组织实施。考核结果报党中央、国务院审定后，向各省（自治区、直辖市）党委和政府通报，并作为对省级党委和政府领导班子以及有关领导干部综合考核评价的重要依据。省级党委和政府参照上述规定，结合实际组织开展市县党政领导班子和领导干部推进乡村振兴战略实绩考核。

乡村振兴战略实绩考核应当实事求是、客观公正，坚持定量与定性相结合、以定量指标为主，探索采取第三方评估、暗访抽查、群众认可度调查等方式对各地乡村振兴工作进展情况进行评估评价。考核工作应当力戒形式主义、官僚主义，防止出现频繁报数据材料、过度留痕等问题，切实减轻基层负担。

第二，实行乡村振兴工作报告制度。各级党委和政府应当每年向上级党委和政府报告实施乡村振兴战略进展情况。各级党委应当将实施乡村振兴战略进展情况作为向本级党的代表大会、党委全体会议报告的重要内容。

第三，中央农村工作领导小组每年对各省（自治区、直辖市）实施乡村振兴战略情况开展督查，督查结果纳入年度乡村振兴战略实绩考核；每年对中央和国家机关有关部门实施乡村振兴战略情况开展督查。县级以上地方党委和政府定期对下级党委和政府乡村振兴战略实施情况开展监督，及时发现和解决存在的问题，推动政策举措落实落地。

第四，中央纪委国家监委对乡村振兴决策部署落实情况进行监督执纪问责。国家发展改革委、财政部、农业农村部、审计署、国家乡村振兴局等部门和单位按照各自职责对乡村振兴政策落实、资金使用和项目实施等实施监督。

第五，农业农村部、国家统计局依法建立客观反映乡村振兴进展的指标和统计体系。县级以上地方党委和政府应当对本地区乡村振兴战略实施情况进行评估。

（十）责任落实奖惩机制

第一，地方党委和政府以及党委农村工作领导小组、中央和国家机关有关部门可以按照有关规定，对落实乡村振兴责任到位、工作成效显著的部门和个人，以及作出突出贡献的社会帮扶主体，以适当方式予以表彰激励。

第二，各级党委和政府及其有关部门在乡村振兴工作中不履行或者不正确履行职责，存在形式主义、官僚主义等问题的，应当依照有关党内法规和法律法规，追究负有责任的领导人员和直接责任人员的责任；构成犯罪的，依法追究刑事责任。

第三，建立常态化约谈机制，对乡村振兴工作中履职不力、工作滞后的，上级党委和政府应当约谈下级党委和政府，本级党委和政府应当约谈同级有关部门。

二、提升乡村建设的农民参与度

（一）组织动员农民参与

第一，健全党组织领导下的村民自治机制，坚持和完善“四议两公开”制度，充分发挥村民委员会、村务监督委员会、村集体经济组织和共青团、妇女组织等作用，依托村民会议、村民代表会议、村民议事会、村民理事会、村民监事会等，开展宣传发动，增强农民参与感、责任感、归属感。

第二，增强农村基层党组织政治功能和组织功能，完善农村基层党组织引领带动机制，运用网格化管理、党员联户、党员示范带动等联系群众工作机制，组织群众、宣传群众、凝聚群众、服务群众，推动乡镇干部常态化下沉网格、村干部包网入户，促进形成农民群众愿参与、会参与、能参与乡村建设的生动局面。涉及村庄规划、建设、管护等乡村建设重要事项，应由村党组织提议，经村“两委”会议商议、党员大会审议、村民会议或村民代表会议决议，并及时公开决议和实施结果。

第三，完善村党组织领导下的村民委员会、村务监督委员会、村集体经济组织推动落实机制，增强农民群众自我管理、自我服务、自我教育、自我监督的实效。对乡村建设重要事项，由村民委员会组织农民充分讨论、参与决策、投身建设和管护，村务监督委员会组织农民监督资金使用、项目建设、政策落实，农村集体经济组织可结合实际组织成员承担建设、管护任务。完善村民议事会、村民理事会、村民监事会等协商推进机制，落实民事民议、民事民办、民事民管要求，充分保障农民的知情权、参与权、监督权。

第四，以村“两委”为主体，发挥驻村第一书记和工作队作用，围绕村庄规划、建设和管护，压实党员、网格员等责任，开展宣传发动，让农民充分了解村庄建设政策和发展定位，了解参与路径和方式，引导农民在思想和行动上积极支持村庄建设。

第五，组织乡村建设交流学习，加大“请进来”力度，引导规划师、设计师、建筑师等专业技术人才深入基层、下沉到村，提供规划、设计、建设、管理全链条咨询服务，帮助村“两委”班子谋思路、出措施，辅导农民转变观念，提升参与建设本领；采取“走出去”方式，组织村“两委”、村民代表学习示范样板村发动组织农民、推进乡村建设的经验。

第六，发挥村规民约规范约束作用，将农民参与乡村建设纳入村规民约，鼓励农民通过投工投劳、捐款捐物、志愿服务等多种方式参与乡村建设。

第七，优先支持村“两委”动员能力强、群众参与程度高、投工投劳意愿足、利益冲突化解好的村庄实施基础项目建设，优先支持参与意愿高、主动投工投劳的农户实施入户项目建设。

（二）引导农民参与村庄规划

第一，坚持规划先行、科学规划、依规建设，将党的领导、政府组织领导、农民发挥主体作用、专业人员技术指导作用有机结合，充分尊重农民意愿，围绕“建设什么样的村庄、怎样建设村庄”，引导农民献计献策、共商共议，积极参与村庄规划。

第二，乡镇党委、政府组织村“两委”和规划编制人员宣讲村庄规划政策，重点讲清村庄规划的法定地位、编制程序，让常住村民和在外村民都知晓规划是村庄建设的主要依据，农民参与是规划编制的重要前提，村民会议或者村民代表会议讨论通过是规划审批的必要条件，审定批准的规划必须严格执行，让农民充分重视规划，自觉遵守规划。

第三，乡镇政府依托村党组织和村民委员会开展村庄规划编制工作，注重吸纳具有规划知识、了解农村实际、熟悉乡村文化的村民或在外同乡参与规划。村庄规划编制专业人员应开展一定时间的驻村调研，充分听取农民意见，通过会议讨论、入户调研、问卷调查等方式，了解村民真实想法和诉求。

第四，通过会议协商、入户协商等方式，引导农民共议村庄建设定位、建设目标、建设任务、建设举措。存在争议的，应组织农民深入讨论，逐步达成共识。

第五，村庄规划草案应在村内公示，按照“四议两公开”制度规定履行审议程序。

第六，村庄规划由乡镇政府报请县（市、区）政府批准后，采取“上墙、上网”等多种方式向村民及时、长期公开，并将规划成果转化为简明易懂的规划图表和管制规则，让农民看得懂、记得住、好监督。

（三）带动农民实施建设

第一，坚持先建机制、后建工程，采取以工代赈、先建后补、以奖代补等方式，引导村民投工投劳、就地取材开展建设，吸纳更多农民就地就近就业。

第二，村“两委”应聚焦农民急难愁盼的切身利益问题，组织农民议定村庄建设项目优先序，将群众需求强烈、短板突出、兼顾农业生产和农民生活条件改善的项目，优先申请纳入乡村建设项目库。

第三，村庄建设项目应符合村庄规划并依法办理规划许可，注重经济实用，杜绝形象工程，吸纳村民代表、返乡创业人员、新乡贤、乡村建设工匠等参与项目策划、方案设计。

第四，对入户道路、入院管道、户厕改造、庭院绿化、农房修缮等权属边界清晰的户属设施项目，由农民自主开展建设，行业主管部门提供规划引导、技术指导和政策支持。对村内道路、公共照明、农田水利、村容村貌改造、文化体育等技术要求简单的村级小型公益设施项目，可由村民委员会、农村集体经济组织承接，组织有能力、有意愿的农民开展建设。对等级公路、规模性供水、仓储保鲜、清洁能源、通信网络、污水垃圾处理等技术要求较高的专业设施项目，应由符合资质的主体承接，优先聘用本地农民或通过村民委员会、农村集体经济组织组织农民参与建设。

第五，村务监督委员会全程监督工程项目进度和施工质量，阶段验收和竣工验收时，入户或联户项目须由农户签字同意，村庄公共设施项目须由村“两委”、村务监督委员会负责人签字同意。

第六，村民委员会应将承建的乡村建设项目收支情况，以便于群众理解和接受的形式，如实向全体成员公开，接受成员监督。

（四）支持农民参与管护

第一，坚持建管并重、长效运行，在深入落实地方政府主导责任、行业主管部门监管责任、运营企业管护责任的同时，发挥村民委员会作用，支持农民参与农村公共基础设施和公共服务设施管护。

第二，按产权归属落实农村公共基础设施和公共服务设施管护责任，合理确定管护主体，保障管护经费。村民委员会对所属公共基础设施承担管护责任，可委托村民、农民合作社或者社会力量代管。户属设施由农户承担管护责任，村民委员会组织村民或者社会力量提供社会化服务。供水、电力、燃气、通信、邮政等设施运营企业对所属公共基础设施承担管护责任，学校（幼儿园）、医院（卫生院）、养老院等农村公共服务供给单位承担所属设施管护责任，自觉接受村“两委”和村民监督，优先聘用当地农民开展管护。

第三，采用党员责任区、街巷长制、文明户评选、“信用＋”、积分制、有偿使用等方式，引导农民积极参与管护。推行“门前三包”，村“两委”组织制定“门前三包”环境标准，与农户签订责任书，悬挂责任牌，明确房前屋后环境卫生、绿化美化、公共设施、公共秩序的管护主体、责任区域、包干内容、管理责任，定期组织考评，发动农民共同维护人居环境整治成果。组织受益者认领，对村内小型公园、图书室、活动室等设施，鼓励受益农民自愿组建管护团队，明确管护义务与责任，采取多种形式加强设施管护。对于入街入户的建设项目，由受益农户共同管护。组建使用者协会，由村民委员会或者村民小组组织使用农户负责设施的日常管理和维修养护。设立公益性管护岗位，对村庄公共基础设施、人居环境设施管护等领域公益性岗位，优先从低收入农户中聘请管护员，负责日常巡查、小修、保洁等管护工作。

第四，健全农村准经营性、经营性基础设施收费机制，充分考虑成本变化、农户承受能力、财政支持能力，合理确定收费标准，引导农民自觉缴纳有偿服务费用。

第五，村“两委”在村务公开栏内设立公示专栏，公示村庄公共基础设施管护主体、管护责任、管护方式、管护费用及经费来源，接受农民监督。

（五）强化农民参与保障

第一，各地应将组织农民参与乡村建设作为实施乡村建设行动的重要举措，加强组织领导和统筹协调，发挥县级党委“一线指挥部”作用、乡镇党委“龙头”作用和农村基层党组织战斗堡垒作用，用好驻村第一书记和工作队，提高组织动员农民能力，保障农民参与权益。以县为单位组织编制农民参与乡村建设权责清单，明确农民参与村庄规划编制实施、基础设施建设管护、人居环境整治提升方面的权利和责任。持续开展村庄清洁行动，县乡主要负责同志为“一线总指挥”，村党组织书记是第一责任人，广泛发动农民群众清洁村庄公共环境和庭院环境。在乡村建设中深入开展美好环境与幸福生活共同缔造活动，组织农民群众决策共谋、发展共建、建设共管、效果共评、成果共享，共同建设美好家园。

第二，深入实施设计下乡、“百校联百县兴千村”、“万企兴万村”等行动，建立乡村建设辅导制度，通过选派、招聘、购买服务等方式，组织了解乡村、热爱乡村、致力于服务乡村的规划、建筑、景观、文化艺术、乡村治理等领域的专业人员，下乡进村开展陪伴式规划、设计和建设，指导村庄规划编制、矛盾化解和项目实施，促进提高农民参与质量、提升乡村建设水平。加强农民参与乡村建设理念教育和技能培训，培养一批乡村建设工匠、土专家等本土人才，结合基层干部培训，提高乡镇干部、村党组织书记等组织农民参与乡村建设的能力。

第三，创新乡村建设政府投入机制，通过先建后补等方式，引导农民群众由“要我参与”向“我要参与”、由“要我建”向“我要建”转变。对采取以工代赈方式实施的农业农村基础设施项目，按照招投标法和村庄建设项目施行简易审批的有关要求，可以不进行招标。对农民投资投劳项目，采取直接补助、以奖代补等方式推进建设。

第四，定期调查评估农民参与乡村建设情况，将项目实施前农民对乡村建设政策和参与方式的知晓率，项目实施中农民以投工投劳、捐款捐物、志愿服务等形式参加建设的参与率，项目实施后农民对项目质量和建设效果的满意度，分别作为项目批准立项、奖补资金拨付、竣工验收的重要指标，原则上知晓率、参与率、满意度应分别达到80%以上。健全投诉举报机制，畅通投诉渠道，公开举报方式，及时受理和处置有关农民参与乡村建设的投诉、建议。

第五，将农民参与乡村建设作为全国文明村镇、国家乡村振兴示范县及省级部门按规定开展的乡村振兴示范乡镇、示范村创建的重要内容，纳入美丽宜居村庄示范创建和美丽庭院评选指标。支持县（市、区）选树一批农民参与乡村建设先进村、模范户。

第六，深入总结农民参与乡村建设经验，推广可复制、可借鉴的典型案例，重视发挥乡村“邻里效应”，以身边人身边事影响带动农民参与乡村建设。广泛开展“我的家乡我建设”等群众性建设活动，以乡情乡愁为纽带吸引凝聚各方人士支持家乡建设。

参考文献

[1]规划实施协调推进机制办公室.乡村振兴战略规划实施报告：2018—2022年[M].北京：中国农业出版社，2022.

[2]华中农业大学乡村振兴研究院.迈向农业农村现代化的乡村全面振兴之路[M].北京：中国农业出版社，2023.

[3]华中农业大学乡村振兴研究院.为乡村振兴提供制度保障和政策支撑 [M].北京：中国农业出版社，2021.

[4]宋洪远.新时代中国农村发展与制度变迁（2012—2022）[M].北京：人民出版社，2023.

[5]习近平.高举中国特色社会主义伟大旗帜 为全面建设社会主义现代化国家而团结奋斗：在中国共产党第二十次全国代表大会上的报告 [M].北京：人民出版社，2022.

[6]习近平.论“三农”工作 [M].北京：中央文献出版社，2022.

[7]中共中央党史和文献研究院.习近平扶贫论述摘编 [M].北京：中央文献出版社，2018.

[8]中共中央党史和文献研究院.习近平关于国家粮食安全论述摘编 [M].北京：中央文献出版社，2023.

[9]中共中央党史和文献研究院.习近平关于“三农”工作论述摘编 [M].北京：中央文献出版社，2019.

[10]中央农村工作领导小组办公室.习近平关于“三农”工作的重要论述学习读本[M].北京：人民出版社，2023.

[11]习近平.加快建设农业强国 推进农业农村现代化 [EB/OL].（2023-03-15）[2023-04-30]. http://www.qstheory.cn/dukan/qs/2023-03/15/c_1129432282.htm.

[12]习近平.坚持把解决好“三农”问题作为全党工作重中之重 举全党全社会之力推动乡村振兴 [EB/OL].（2022-03-31）[2023-04-30]. http://www.qstheory.cn/dukan/qs/2022-03/31/c_1128515304.htm.

[13]中国共产党中央委员会办公厅，中华人民共和国国务院办公厅.中共中央 国务院关于实施乡村振兴战略的意见 [A/OL].（2018-02-04）[2023-04-30]. https://www.gov.cn/zhengce/2018-02/04/content_5263807.htm.

[14]赵秋丽，李志臣.山东：打造乡村振兴的齐鲁样板[N/OL].光明日报，2019-02-28 [2023-04-30].https://epaper.gmw.cn/gmrb/html/2019-02/28/nw.D110000gmrb_20190228_6-01.htm.

[15]中共中央党史和文献研究院.习近平关于“三农”工作论述摘编：五、深化农业供给侧结构性改革 [EB/OL].（2019-06-25）[2023-04-30]. http://www.moa.gov.cn/ztzl/xjpgysngzzyls/zyll/202105/t20210521_6368141.htm.

[16]姚大伟.习近平李克强王沪宁赵乐际韩正分别参加全国人大会议一些代表团审议 [N].人民日报，2018-03-09（1）.

[17]中国共产党中央委员会办公厅，中华人民共和国国务院办公厅.中共中央办公厅 国务院办公厅印发《关于加快推进乡村人才振兴的意见》[A/OL].（2021-02-23）[2023-04-30]. https://www.gov.cn/zhengce/2021-02/23/content_5588496.htm.

[18]中华人民共和国文化和旅游部，中华人民共和国教育部，中华人民共和国自然资源部，等.关于推动文化产业赋能乡村振兴的意见 [A/OL].（2022-03-21）[2023-04-30]. https://www.gov.cn/zhengce/zhengceku/2022-04/07/content_5683910.htm.

[19]张灿强.聚焦四大目标推进生态振兴 [J].理论导报，2021(1):61-62.

[20]董峻，王立彬.中央农村工作会议在北京举行 习近平作重要讲话 [EB/OL].（2017-12-29）[2023-04-30]. https://www.gov.cn/govweb/xinwen/2017-12/29/content_5251611.htm.

[21]习近平.把乡村振兴战略作为新时代“三农”工作总抓手 [EB/OL].（2019-06-01）[2023-04-30]. http://www.qstheory.cn/dukan/qs/2019-06/01/c_1124561415.htm.

[22]本报评论员.全面理解妥善处理“四个关系”：五论认真学习习近平总书记在政治局第八次集体学习时关于乡村振兴战略重要讲话精神[N].农民日报，2018-09-29（2）.

[23]中国共产党中央委员会办公厅，中华人民共和国国务院办公厅.中共中央国务院关于做好2022年全面推进乡村振兴重点工作的意见 [A/OL].（2022-02-22）[2023-04-30]. https://www.gov.cn/zhengce/2022-02/22/content_5675035.htm.

[24]中国共产党中央委员会办公厅，中华人民共和国国务院办公厅.中共中央国务院关于做好二〇二三年全面推进乡村振兴重点工作的意见 [A/OL].（2023-02-13）[2023-04-30].https://www.gov.cn/gongbao/content/2023/content_5743582.htm.

[25]中国共产党中央委员会办公厅，中华人民共和国国务院办公厅.中共中央国务院关于加强基层治理体系和治理能力现代化建设的意见 [A/OL].（2021-07-11）[2023-04-30]. https://www.gov.cn/zhengce/2021-07/11/content_5624201.htm.

[26]中国共产党中央委员会办公厅，中华人民共和国国务院办公厅.中共中央办公厅 国务院办公厅印发《乡村建设行动实施方案》[A/OL].（2022-05-23）[2023-04-30]. https://www.gov.cn/gongbao/content/2022/content_5695035.htm.

[27]中国共产党中央委员会办公厅，中华人民共和国国务院办公厅.中共中央国务院关于建立健全城乡融合发展体制机制和政策体系的意见 [A/OL].（2019-05-05）[2023-04-30]. https://www.gov.cn/zhengce/2019-05/05/content_5388880.htm.

[28]中国共产党中央委员会办公厅，中华人民共和国国务院办公厅.中共中央办公厅 国务院办公厅印发《关于推进以县城为重要载体的城镇化建设的意见》[A/OL].（2022-05-06）[2023-04-30]. https://www.gov.cn/zhengce/2022-05/06/content_5688895.htm.

[29]中华人民共和国国家发展和改革委员会.国家发展改革委印发指导意见 推动大型易地扶贫搬迁安置区融入新型城镇化实现高质量发展 [EB/OL].（2023-01-28）[2023-04-30]. https://www.gov.cn/xinwen/2023-01/28/content_5738973.htm.

[30]中华人民共和国国务院.粮食流通管理条例 [A/OL].（2021-02-15）[2023-04-30]. https://flk.npc.gov.cn/detail2.html?ZmY4MDgxODE3YjYzYjkzNTAxN2I3YWRjZTkxNjc4Y2Y.

[31]中华人民共和国国务院办公厅.国务院办公厅关于印发粮食安全省长责任制考核办法的通知 [A/OL].（2015-11-12）[2023-04-30]. http://www.lswz.gov.cn/html/zt/szzrz/2018-06/29/content_238267.shtml.

[32]中华人民共和国国家发展和改革委员会.国家发展改革委关于进一步做好粮食和大豆等重要农产品生产相关工作的通知 [A/OL].（2022-03-10）[2023-04-30]. https://www.gov.cn/zhengce/zhengceku/2022-03/19/content_5679800.htm.

[33]中华人民共和国农业农村部.农业农村部关于落实党中央国务院2023年全面推进乡村振兴重点工作部署的实施意见 [A/OL].（2023-02-03）[2023-04-30]. https://www.gov.cn/zhengce/zhengceku/2023-02/22/content_5742671.htm.

[34]中华人民共和国农业农村部.农业农村部关于印发《"十四五"全国种植业发展规划》的通知 [A/OL].（2021-12-29）[2023-04-30]. http://www.moa.gov.cn/govpublic/ZZYGLS/202201/t20220113_6386808.htm.

[35]陈晨.我国推出稳定大豆生产支持政策 [N].光明日报，2023-03-17（10）.

[36]中华人民共和国农业农村部，中华人民共和国国家发展和改革委员会，中华人民共和国财政部，等.农业农村部 国家发展改革委 财政部 自然资源部关于印发《全国现代设施农业建设规划 (2023—2030年)》的通知 [A/OL].（2023-06-09）[2023-06-30]. https://www.gov.cn/govweb/zhengce/zhengceku/202306/content_6887551.htm.

[37]中华人民共和国农业农村部.农业农村部关于印发《全国高标准农田建设规划（2021—2030年）》的通知 [A/OL].（2021-09-16）[2023-04-30]. http://www.moa.gov.cn/hd/zbft_news/qggbzntjsgh/xgxw_28866/202109/t20210916_6376566.htm.

[38]唐仁健.唐仁健发表署名文章：全力以赴推进种业振兴 [EB/OL].（2021-09-08）[2023-04-30]. http://www.moa.gov.cn/xw/zwdt/202109/t20210908_6375935.htm.

[39]中华人民共和国农业农村部.农业农村部关于印发《"十四五"全国农业机械化发展规划》的通知 [A/OL].（2022-01-05）[2023-04-30]. http://www.moa.gov.cn/govpublic/NYJXHGLS/202201/t20220105_6386316.htm.

[40]中华人民共和国国家发展和改革委员会.国家发展改革委关于"十四五"时期深化价格机制改革行动方案的通知 [A/OL].（2021-05-18）[2023-04-30]. https://www.gov.cn/zhengce/zhengceku/2021-05/26/content_5612469.htm.

[41]中华人民共和国国务院.国务院关于印发“十四五”推进农业农村现代化规划的通知 [A/OL].（2021-11-12）[2023-04-30]. https://www.gov.cn/gongbao/content/2022/content_5675948.htm.

[42]中华人民共和国农业农村部.农业现代化辉煌五年系列宣传之三十四：农业“三项补贴”改革取得显著成效 [EB/OL].（2021-08-23）[2023-04-30]. http://www.jhs.moa.gov.cn/ghgl/202108/t20210823_6374588.htm.

[43]中华人民共和国农业农村部.农业现代化辉煌五年系列宣传之三十七：农业保险 织密农业“安全网”[EB/OL].（2021-08-31）[2023-04-30]. http://www.ghs.moa.gov.cn/ghgl/202108/t20210831_6375341.htm.

[44]中华人民共和国国务院.国务院关于建立粮食生产功能区和重要农产品生产保护区的指导意见 [A/OL].（2017-04-10）[2023-04-30]. https://www.gov.cn/zhengce/content/2017-04/10/content_5184613.htm.

[45]郭乃硕.完善粮食主产区利益补偿机制 [EB/OL].（2023-03-06）[2023-04-30]. http://www.rmzxb.com.cn/c/2023-03-06/3306210.shtml.

[46]中华人民共和国国家发展和改革委员会，国家粮食和物资储备局.国家发展改革委 国家粮食和物资储备局关于坚持以高质量发展为目标加快建设现代化粮食产业体系的指导意见 [A/OL].（2019-08-30）[2023-04-30]. http://www.lswz.gov.cn/html/zcfb/2019-08/30/content_246391.shtml.

[47]中国共产党中央委员会办公厅，中华人民共和国国务院办公厅.中共中央国务院关于坚持农业农村优先发展做好“三农”工作的若干意见 [A/OL].（2019-02-19）[2023-04-30]. https://www.gov.cn/zhengce/2019-02/19/content_5366917.htm.

[48]中华人民共和国国务院办公厅.国务院办公厅关于促进畜牧业高质量发展的意见 [A/OL].（2020-09-27）[2023-04-30]. https://www.gov.cn/zhengce/content/2020-09/27/content_5547612.htm.

[49]中华人民共和国农业农村部.农业现代化辉煌五年系列宣传之四：渔业高质量发展取得实效 [EB/OL].（2021-05-12）[2023-04-30]. http://www.ghs.moa.gov.cn/ghgl/202105/t20210512_6367567.htm.

[50]中华人民共和国农业农村部.农业农村部关于印发《“十四五”全国渔业发展规划》的通知 [A/OL].（2021-12-29）[2023-04-30]. https://www.gov.cn/zhengce/zhengceku/2022-01/07/content_5666859.htm.

[51]中华人民共和国农业农村部，中华人民共和国国家发展和改革委员会，中华人民共和国科学技术部，等.农业农村部 国家发展改革委 科技部 财政部 商务部 国家市场监督管理总局 国家粮食和物资储备局关于印发《国家质量兴农战略规划（2018—2022年）》的通知 [A/OL].（2019-02-11）[2023-04-30]. https://www.gov.cn/zhengce/zhengceku/2019-10/28/content_5445884.htm.

[52]中华人民共和国财政部，国家粮食和物资储备局.关于深入推进优质粮食工程的意见 [A/OL].（2021-06-18）[2023-04-30]. https://www.gov.cn/zhengce/zhengceku/2021-06/29/content_5621465.htm.

[53]中华人民共和国应急管理部，中华人民共和国国家发展和改革委员会，中华人民共和国财政部，等.应急管理部 国家发展改革委 财政部 国家粮食和储备局关于印发《“十四五”应急物资保障规划》的通知 [A/OL].（2022-10-11）[2023-04-30].https://www.gov.cn/zhengce/zhengceku/2023-02/03/content_5739875.htm.

[54]国家粮食和物资储备局办公室.国家粮食和物资储备局办公室关于进一步加强粮食储备协同监管的通知 [A/OL].（2020-12-02）[2023-04-30]. http://sousuo.lswz.gov.cn/html/tzgg/2020-12/02/content_262944.shtml.

[55]中华人民共和国农业农村部.农业现代化辉煌五年系列宣传之三十：农业对外投资步伐更加坚实 [EB/OL].（2021-07-28）[2023-04-30]. http://www.jhs.moa.gov.cn/ghgl/202107/t20210728_6372940.htm.

[56]中国共产党中央委员会办公厅，中华人民共和国国务院办公厅.中共中央办公厅 国务院办公厅印发粮食节约行动方案 [A/OL].（2021-11-01）[2023-04-30]. https://www.gov.cn/zhengce/2021-11/01/content_5648085.htm.

[57]中华人民共和国国务院办公厅.国务院办公厅关于完善支持政策促进农民持续增收的若干意见 [A/OL].（2016-12-06）[2023-04-30]. https://www.gov.cn/zhengce/content/2016-12/06/content_5143969.htm.

[58]中国共产党中央委员会办公厅，中华人民共和国国务院办公厅.中共中央办公厅、国务院办公厅印发《关于引导农村土地经营权有序流转发展农业适度规模经营的意见》[A/OL].（2014-11-20）[2023-04-30]. https://www.gov.cn/xinwen/2014-11/20/content_2781544.htm.

[59]中国共产党中央委员会办公厅，中华人民共和国国务院办公厅.中共中央 国务院关于保持土地承包关系稳定并长久不变的意见 [A/OL].（2019-11-26）[2023-04-30]. https://www.gov.cn/xinwen/2019-11/26/content_5455882.htm.

[60]中华人民共和国农业农村部.农业现代化辉煌五年系列宣传之二十：家庭农场加快培育 [EB/OL].（2021-06-15）[2023-04-30]. http://www.jhs.moa.gov.cn/ghgl/202106/t20210615_6369594.htm.

[61]中华人民共和国农业农村部.农业现代化辉煌五年系列宣传之二十一：农民合作社实现规范提升 [EB/OL].（2021-06-17）[2023-04-30]. http://www.ghs.moa.gov.cn/ghgl/202106/t20210617_6369793.htm.

[62]中华人民共和国农业农村部.农业农村部关于促进农业产业化龙头企业做大做强的意见 [A/OL].（2021-10-22）[2023-04-30]. https://www.gov.cn/zhengce/zhengceku/2021-10/27/content_5645191.htm.

[63]中华人民共和国农业农村部.农业农村部关于加快发展农业社会化服务的指导意见[A/OL].（2021-07-16）[2023-04-30].https://www.gov.cn/zhengce/zhengceku/2021-07/16/content_5625383.htm.

[64]中华人民共和国人力资源和社会保障部，中华人民共和国国家发展和改革委员会，中华人民共和国财政部，等.人力资源社会保障部 国家发展改革委 财政部 农业农村部 国家乡村振兴局关于进一步支持农民工就业创业的实施意见 [A/OL].（2022-11-16）[2023-04-30]. http://www.mohrss.gov.cn/xxgk2020/fdzdgknr/zcfg/gfxwj/jy/202211/t20221118_490347.html.

[65]中华人民共和国国家发展和改革委员会，中央农村工作领导小组办公室，中华人民共和国财政部，等.关于在农业农村基础设施建设领域积极推广以工代赈方式的意见 [A/OL].（2020-11-10）[2023-04-30]. https://www.gov.cn/zhengce/zhengceku/2020-11/10/content_5560155.htm.

[66]中央农村工作领导小组办公室，中华人民共和国农业农村部.中央农村工作领导小组办公室 农业农村部关于进一步加强农村宅基地管理的通知 [A/OL].（2019-09-20）[2023-04-30].http://www.moa.gov.cn/gk/tzgg_1/tz/201909/t20190920_6328397.htm.

[67]中华人民共和国农业农村部，中国共产党中央委员会组织部，中华人民共和国财政部，等.农业农村部 中央组织部 财政部 国家乡村振兴局关于做好农村集体产权制度改革成果巩固提升工作的通知[A/OL].（2022-08-29）[2023-04-30].http://www.zcggs.moa.gov.cn/ncjtzcjdgl/202212/t20221230_6418000.htm.

[68]中国人民银行，中国银行保险监督管理委员会，中国证券监督管理委员会，等.人民银行 银保监会 证监会 财政部 农业农村部 乡村振兴局联合发布《关于金融支持巩固拓展脱贫攻坚成果 全面推进乡村振兴的意见》[A/OL].（2021-07-01）[2023-04-30]. https://www.gov.cn/xinwen/2021-07/01/content_5621872.htm.

[69]中国共产党中央委员会办公厅，中华人民共和国国务院办公厅.中共中央 国务院关于加强新时代老龄工作的意见 [A/OL].（2021-11-24）[2023-04-30].https://www.gov.cn/zhengce/2021-11/24/content_5653181.htm.

[70]习近平.促进我国社会保障事业高质量发展、可持续发展 [EB/OL].（2022-04-15）[2023-04-30].http://www.qstheory.cn/dukan/qs/2022-04/15/c_1128558491.htm.

[71]中华人民共和国农业农村部，中华人民共和国国家发展和改革委员会，中华人民共和国科学技术部，等.农业农村部 国家发展改革委 科技部 自然资源部 生态环境部 国家林草局关于印发《“十四五”全国农业绿色发展规划》的通知 [A/OL].（2021-12-07）[2023-04-30]. https://www.gov.cn/zhengce/zhengceku/2021-09/07/content_5635867.htm.

[72]中华人民共和国农业部，中华人民共和国国家发展和改革委员会，中华人民共和国科学技术部，等.农业部 国家发展改革委 科技部 财政部 国土资源部 环境保护部 水利部 国家林业局关于印发《全国农业可持续发展规划（2015—2030年）》的通知 [A/OL].（2015-09-14）[2023-04-30]. http://www.moa.gov.cn/ztzl/mywrfz/gzgh/201509/t20150914_4827900.htm.

[73]中华人民共和国国家发展和改革委员会.国家发展改革委关于印发“十四五”循环经济发展规划的通知 [A/OL].（2021-07-01）[2023-04-30]. https://www.gov.cn/zhengce/zhengceku/2021-07/07/content_5623077.htm.

[74]中华人民共和国农业农村部.农业农村部关于推进稻渔综合种养产业高质量发展的指导意见 [A/OL].（2022-10-27）[2023-04-30].https://www.gov.cn/zhengce/zhengceku/2022-11/01/content_5723093.htm.

[75]中华人民共和国农业农村部.农业农村部关于拓展农业多种功能促进乡村产业高质量发展的指导意见 [A/OL].（2022-01-04）[2023-04-30]. http://www.moa.gov.cn/nybgb/2021/202112/202201/t20220104_6386258.htm.

[76]中华人民共和国农业农村部.农业农村部关于印发《全国乡村产业发展规划（2020-2025年）》的通知 [A/OL].（2020-07-09）[2023-04-30]. https://www.gov.cn/zhengce/zhengceku/2020-07/17/content_5527720.htm.

[77]中华人民共和国农业农村部.农业农村部关于加快推进农产品初加工机械化高质量发展的意见 [A/OL].（2023-03-01）[2023-04-30]. https://www.gov.cn/zhengce/zhengceku/2023-03/20/content_5747508.htm.

[78]中华人民共和国国务院办公厅.国务院办公厅关于印发“十四五”现代物流发展规划的通知 [A/OL].（2022-05-17）[2023-04-30]. https://www.gov.cn/gongbao/content/2023/content_5736713.htm.

[79]中华人民共和国农业农村部.农业农村部关于加快农产品仓储保鲜冷链设施建设的实施意见 [A/OL].（2020-04-13）[2023-04-30].https://www.gov.cn/zhengce/zhengceku/2020-04/21/content_5504611.htm.

[80]中华人民共和国驻加拿大大使馆经济商务处.商务部召开例行新闻发布会（2021年1月14日）[EB/OL].（2021-01-22）[2023-04-30].http://ca.mofcom.gov.cn/article/jmxw/202101/20210103033144.shtml.

[81]中华人民共和国农业部，中华人民共和国国家发展和改革委员会，中华人民共和国财政部.农业部 国家发展改革委 财政部关于加快发展农业生产性服务业的指导意见[A/OL].（2017-08-16）[2023-04-30].http://www.moa.gov.cn/nybgb/2017/djq/201801/t20180103_6133991.htm.

[82]中国共产党中央委员会办公厅，中华人民共和国国务院办公厅.中共中央 国务院印发《乡村振兴战略规划（2018—2022年）》[A/OL].（2018-09-26）[2023-04-30]. https://www.gov.cn/zhengce/2018-09/26/content_5325534.htm.

[83]中华人民共和国国家发展和改革委员会，国家市场监督管理总局.国家发展改革委 市场监管总局关于新时代服务业高质量发展的指导意见[A/OL].（2019-10-24）[2023-04-30]. https://www.ndrc.gov.cn/xxgk/zcfb/tz/201910/t20191024_1181944.html.

[84]中华人民共和国国家发展和改革委员会.国务院办公厅转发国家发展改革委关于推动生活性服务业补短板上水平提高人民生活品质若干意见的通知 [A/OL].（2021-11-02）[2023-04-30]. https://www.gov.cn/zhengce/zhengceku/2021-11/02/content_5648192.htm.

[85]中国共产党中央委员会办公厅，中华人民共和国国务院办公厅.中华人民共和国国民经济和社会发展第十四个五年规划和2035年远景目标纲要 [A/OL].（2021-03-13）[2023-04-30]. https://www.gov.cn/xinwen/2021-03/13/content_5592681.htm.

[86]芦千文.把握县域经济高质量发展着力点 [N].经济日报，2022-07-06（10）.

[87]麻吉亮，周慧，刘晓洁.发展县域富民产业 带动农民增收致富 [N].农民日报，2023-05-06（5）.

[88]中华人民共和国财政部，中华人民共和国商务部，国家乡村振兴局.关于支持实施县域商业建设行动的通知 [A/OL].（2022-03-29）[2023-04-30]. https://www.gov.cn/zhengce/zhengceku/2022-04/14/content_5685210.htm.

[89] 中华人民共和国农业农村部.农业农村部关于印发《“十四五”农业农村人才队伍建设发展规划》的通知 [A/OL].（2021-12-17）[2023-04-30]. https://www.gov.cn/zhengce/zhengceku/2022-01/27/content_5670819.htm.

[90]中华人民共和国农业农村部，中华人民共和国财政部.农业农村部 财政部关于印发《乡村产业振兴带头人培育“头雁”项目实施方案》的通知 [A/OL].（2022-03-17）[2023-04-30]. http://nynct.guizhou.gov.cn/zwgk/xxgkml/djrs/rsgz/202204/P020220419679900884551.pdf.

[91]中华人民共和国农业农村部，中华人民共和国国家发展和改革委员会，中华人民共和国教育部，等.农业农村部 国家发展改革委 教育部 科技部 财政部 人力资源社会保障部 自然资源部 退役军人部 银保监会关于深入实施农村创新创业带头人培育行动的意见[A/OL].（2020-06-13）[2023-04-30].https://www.gov.cn/zhengce/zhengceku/2020-06/17/content_5519976.htm.

[92]国家乡村振兴局，中华人民共和国教育部，中华人民共和国工业和信息化部，等.国家乡村振兴局 教育部 工业和信息化部 人力资源社会保障部 住房城乡建设部 农业农村部 文化和旅游部 全国妇联关于推进乡村工匠培育工作的指导意见 [A/OL].（2022-11-18）[2023-04-30]. https://nrra.gov.cn/art/2022/11/18/art_50_197677.html.

[93]中华人民共和国人力资源和社会保障部，中华人民共和国国家发展和改革委员会，中华人民共和国教育部，等.人力资源社会保障部、国家发展改革委等20部门关于劳务品牌建设的指导意见 [A/OL].（2021-08-24）[2023-04-30]. https://www.gov.cn/zhengce/zhengceku/2021-09/06/content_5635769.htm.

[94]中华人民共和国教育部办公厅.教育部办公厅关于印发《新农科人才培养引导性专业指南》的通知 [A/OL].（2022-08-31）[2023-04-30]. https://www.gov.cn/zhengce/zhengceku/2022-09/24/content_5711684.htm.

[95]中华人民共和国农业农村部办公厅.农业农村部办公厅关于全面实施农技推广服务特聘计划的通知 [A/OL].（2018-07-20）[2023-04-30]. http://www.moa.gov.cn/nybgb/2018/201807/201809/t20180912_6157147.htm.

[96]中华人民共和国农业农村部办公厅.农业农村部办公厅关于做好2023年基层农技推广体系改革与建设任务实施工作的通知 [A/OL].（2023-06-05）[2023-06-30]. https://www.gov.cn/zhengce/zhengceku/202306/content_6885199.htm.

[97]中华人民共和国国务院办公厅.国务院办公厅关于深入推行科技特派员制度的若干意见 [A/OL].（2016-05-19）[2023-04-30]. https://www.gov.cn/zhengce/content/2016-05/19/content_5074696.htm.

[98]中华人民共和国国务院.国务院关于印发全民科学素质行动规划纲要（2021—2035年）的通知 [A/OL].（2021-06-25）[2023-04-30]. https://www.gov.

cn/zhengce/content/2021-06/25/content_5620813.htm.

[99]习近平.在庆祝海南建省办经济特区30周年大会上的讲话 [N].人民日报，2018-04-14（2）.

[100]中华人民共和国农业农村部.关于实施家庭农场培育计划的指导意见 [A/OL].（2020-01-09）[2023-06-30]. http://www.moa.gov.cn/nybgb/2019/201909/202001/t20200109_6334653.htm.

[101]中国共产党中央农村工作领导小组，中华人民共和国农业农村部，中华人民共和国国家发展与改革委员会，等.关于开展农民合作社规范提升行动的若干意见 [A/OL].（2019-09-04）[2023-05-30]. http://www.moa.gov.cn/govpublic/NCJJTZ/201909/t20190905_6327320.htm.

[102]中华人民共和国农业部，中华人民共和国国家发展改革委员会，中华人民共和国商务部，等.共同推进“一带一路”建设农业合作的愿景与行动 [N].农民日报，2017-05-12（1）.